Robert Rieg

# Planung und Budgetierung

## Was wirklich funktioniert

GABLER

Bibliografische Information Der Deutschen Nationalbibliothek
Die Deutsche Nationalbibliothek verzeichnet diese Publikation in der
Deutschen Nationalbibliografie; detaillierte bibliografische Daten sind im Internet über
<http://dnb.d-nb.de> abrufbar.

1. Auflage 2008

Alle Rechte vorbehalten
© Betriebswirtschaftlicher Verlag Dr. Th. Gabler | GWV Fachverlage GmbH, Wiesbaden 2008

Lektorat: Ulrike M. Vetter | Stefanie Winter

Der Gabler Verlag ist ein Unternehmen von Springer Science+Business Media.
www.gabler.de

Umschlaggestaltung: Nina Faber de.sign, Wiesbaden

ISBN 978-3-8349-0290-0

# Vorwort

Ist Planung eine Selbstverständlichkeit, unabdingbar nötig für eine erfolgreiche Führung, um die man kein Aufheben zu machen braucht? Oder ist sie angesichts einer unsicheren Welt eigentlich ein Ding der Unmöglichkeit? Auf beide Sichtweisen treffen Sie in Wissenschaft und Praxis:

*Das Unternehmen „lebt von der Zukunft. Die Vergangenheit bringt Erkenntnis, schafft aber keinen Ertrag." Vor allem die Planung ist „imstande die Betriebsführung aus dem Bereich des Zufalls in den rationaler Gestaltung zu rücken."*[1]

*Das Scheitern ist die Regel in Unternehmen, nicht die Ausnahme. Die allermeisten Existenzgründungen scheitern, viele Markteinführungen scheitern, ebenso Pläne und Strategien.*[2]

Zwischen diesen beiden Polen bewegt sich wohl jeder, der plant: dem Optimismus, dass Pläne für eine erfolgreiche Unternehmensführung unbedingt nötig sind, und dem faktengestützten Pessimismus über das Scheitern der allermeisten Pläne, Ideen und Entscheidungen. Wozu dann Planung und Budgetierung? Besonders wenn man bedenkt, welcher Aufwand damit in Unternehmen getrieben wird.

In diesem Buch für die Unternehmenspraxis möchte ich Ihnen einen dritten Weg aufzeigen: wie Sie die für Ihr Unternehmen geeigneten Planungs- und Budgetierungsinstrumente finden, wie Sie dabei weder übertrieben optimistisch sein sollten, was den Nutzen der Planung angeht, noch allzu pessimistisch, denn Planung dient im Kern nicht der Vorhersage der Zukunft, sondern der Vorbereitung auf die Zukunft. Und das allein ist sehr viel wert!

Robert Rieg

# Inhaltsverzeichnis

# Teil I

## Grundlagen der Planung und Budgetierung

# 1 Planung und Budgetierung im Unternehmen

## 1.1 Pläne und Budgets

**Planen bedeutet Vorausdenken**

Wozu ist Planung gut? Am Beispiel Hausbau lässt sich das gut veranschaulichen: Kein Bauunternehmer käme auf die Idee, mit dem Dach zu beginnen, anschließend Stromleitungen verlegen zu lassen, um dann irgendwann den Keller zu bauen. Stattdessen folgt er einer Abfolge von Tätigkeiten, den Gewerken, die sowohl technisch sinnvoll ist als auch aus der Erfahrung vieler vorher erstellter Häuser herrührt. Mit dieser Vorgehensweise ist es viel wahrscheinlicher, dass ein Haus entsteht, das sowohl den Wünschen und Möglichkeiten der Bauherren entspricht als auch dem technischen Standard. Vor dem Arbeitsbeginn zu überlegen, welche Möglichkeiten und Grenzen es gibt und welche Wünsche (Ziele) vorhanden sind, ist der Kern jeder Planung. Sie erhöht damit die Wahrscheinlichkeit der Zielerreichung, garantieren kann sie die Zielerreichung nicht.

Planung ist allgemein durch **vier Merkmale** gekennzeichnet:[3]

1. Sie ist ein Hilfsmittel zur Zielerreichung, wie eben gezeigt.

2. Sie ist immer auch zukunftsgerichtet.

3. Sie ist systematisch, folgt also bestimmten Schritten und führt zu einer strukturierten Problem- und Lösungssicht im Gegensatz zum intuitiven oder spontanen Entscheiden und Handeln, und

4. sie benötigt zur Durchführung meist viele Informationen, von denen die wichtigsten nur prognostiziert sind.

Die Planung nützt dem Management auch dadurch, dass sie die Handlungen und Entscheidungen im Unternehmen auf die beabsichtigten Ziele lenkt. Im Rahmen einer Planung erkennt das Management frühzeitig, ob sich bestimmte Ziele überhaupt wie gewünscht erreichen lassen oder ob in Zukunft Probleme auf das Unternehmen zukommen. Weiterhin dient die Planung als Grundlage für eine spätere Kontrolle der Ziel- und Planerreichung.

Unterscheiden sollten Sie auch die Begriffe Planung und **Prognose** (Vorhersage). Eine Prognose möchte künftige Zustände oder Entwicklungen wie die Absatzmenge vorhersagen. Das macht sie durch eine Fortschreibung vergangener Werte oder durch die Ableitung aus einem Kausalmodell, worauf noch näher eingegangen wird. Der Planwert muss nicht mit der Vorhersage übereinstimmen: Prognostiziert das Unternehmen einen Absatz von 1.000 Stück, kann das Management den Absatzplan beispielsweise auf 1.100 Stück festlegen, damit die Mitarbeiter sich stärker anstrengen und hoffentlich mehr als die Prognose erreichen. Auch ist die Prognose nur eine Schätzung und die spätere Realität kann eine andere sein. Pläne können also der Prognose entsprechen; oder der Plan kann bewusst abweichen, um das Verhalten von Mitarbeitern zu lenken.

**Ein Budget ist auch ein Plan, nur monetär**

Ein Budget zu haben, bedeutet im deutschsprachigen Raum, über einen Geldbetrag verfügen zu können. Mit diesem Geldbetrag sollen bestimmte Ziele erreicht werden können, sei es Kauf von Material, von Dienstleistungen oder Ähnlichem. Budget bezieht sich also meist auf Auszahlungen. Genauso gut kann man aber auch Einzahlungen „budgetieren", also monetär planen. Unter Budgetierung versteht man dann den Prozess der Budgetaufstellung. Zwei Unterschiede weist ein Budget gegenüber dem allgemeinen Oberbegriff Plan auf: a) Es muss immer einen Verantwortlichen für das Budget geben und b) das Budget ist eine Geldgröße, es sagt nichts aus über die Maßnahmen, die durchgeführt werden sollten. Plan als Oberbegriff umfasst also streng genommen zwei Unterbegriffe: das Budget („Wie viel Geld steht zur Verfügung?") und den Maßnahmen- oder Aktionsplan („Was soll wann getan werden?").

**Prozess der Planung und Kontrolle**

Der idealtypische Ablauf einer Planung ist in Abbildung 1-1 dargestellt. Tabelle 1-1 zeigt dazu ein Beispiel. Am Anfang steht ein Ziel, das man erreichen möchte. Das Problem ist hier definiert als Abweichung zwischen dem Ziel und dem heutigen oder künftigen Zustand. Zur Überwindung dieser Ziellücke überlegt man sich verschiedene Alternativen. Jene Alternative, mit der man die Ziellücke am besten schließt und die die wenigsten negativen Seiteneffekte bewirkt, sollte man wählen. Damit endet die Planung und die Durchsetzung beginnt. An eine Planung sollte sich immer auch eine **Kontrolle** anschließen. Wieso? Die Realität kann sich anders entwickeln als geplant oder der Plan war einfach schlecht gemacht und wenig realitätsnah. Auch ist es nicht selbstverständlich, dass Mitarbeiter genau das tun, was ihnen gesagt wird. Aus vielen Gründen also kann und darf man nicht davon ausgehen, dass ein Plan genau so wie gedacht umgesetzt wird und funktioniert. Die Kontrolle dient im Wesentlichen drei Zwecken: a) Feststellen, ob das Ziel erreicht wurde, und wenn nein, welche Maßnahmen sollte man ergreifen, um es dennoch zu erreichen, b) Lernen aus den Fehlern, also den Zielverfehlungen der Vergangenheit, um in Zukunft bessere Pläne aufzustellen, und c) Überwachen des Verhaltens von Mitarbeitern, sowohl um beispielsweise aus der Zielerreichung eine variable Entlohnung abzuleiten als auch um durch die glaubhafte Ankündigung von Kontrollen zielkonformes Verhalten zu fördern.

*Abbildung 1-1:* Planungs- und Kontrollprozess[4]

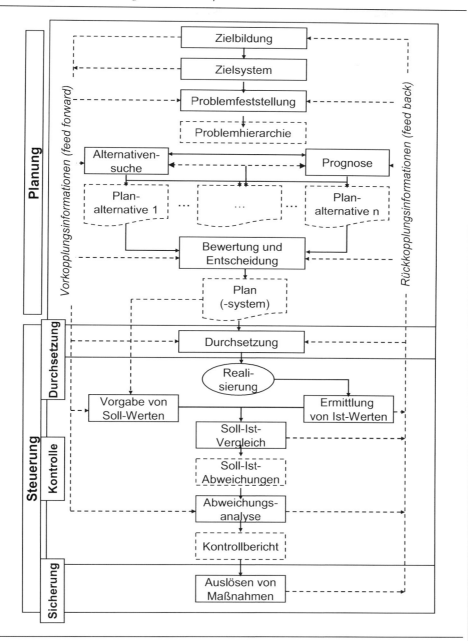

**1**

Tabelle 1-1:     Beispiel zum Planungs- und Kontrollprozess[5]

| Planungsschritt | Erläuterung | Beispiel |
|---|---|---|
| Zielbildung | Festlegung, wie der gewünschte Zustand aussehen soll | Erhöhung des Produktionsausstoßes in einem Autobatteriewerk auf 10.000 Stück pro Monat |
| Problemfeststellung | Ausgehend vom heutigen Zustand: Ermitteln, wie weit das Ziel entfernt ist | Heutige Monatsproduktionsmöglichkeit maximal 6.500 Stück. Ziellücke 3.500 Stück |
| Alternativensuche | Suche nach Lösungsmöglichkeiten und Prognose der Auswirkungen, falls umgesetzt | • A1: Übergang zu Mehrschichtbetrieb<br>• A2: Kauf einer modernen, elektronisch gesteuerten Fertigungsanlage<br>• A3: Vergabe von Teilmengen in Lohnfertigung ins Ausland |
| Bewertung und Entscheidung | Bewertung der Alternativen in ihren Zielwirkungen und Auswahl der am meisten geeigneten Alternative | • A1: Angestrebter Ausstoß nicht erreichbar, scheidet deshalb aus<br>• A2: Ausstoß erreichbar, Investition von 520.000 € nötig<br>• A3: Ausstoß erreichbar, Qualitäts- und Lieferzeitprobleme |
| (Durchsetzung)* | Umsetzung und Überwachung der gewählten Alternative | Anschaffung der Fertigungsanlage, Probebetrieb und anschließend Volllast-Betrieb |
| (Kontrolle)* | Ermittlung der tatsächlichen Zielerreichung und der Ursachen von Abweichungen | Produktionsausstoß erreicht, jedoch verzögert durch längere Anlernphase in der Fertigung |
| (Sicherung)* | Erarbeiten von Maßnahmen zur Gegensteuerung, um Ziel noch zu erreichen | Engere Zusammenarbeit zwischen Fertigungsmitarbeitern und Maschinenhersteller |

*) Kein Planungsschritt im engeren Sinne

**Inhalte eines Plans**

Ein Plan sollte letztlich **acht** verschiedene **Angaben** enthalten:[6]

1. Ziel: Woraufhin soll gearbeitet werden? Welcher Zustand ist erwünscht und angestrebt?

2. Planungsprämissen: Von welchen Annahmen ist auszugehen? Wie werden sich voraussichtlich Märkte entwickeln und die Wettbewerber reagieren, unabhängig von der eigenen Reaktion?

3. Problem: Eng mit dem Ziel zusammenhängend ist die Frage, warum der heutige Zustand oder die fortgeschriebene Ist-Situation nicht ausreicht. Die Lücke zwischen dem gewünschten und dem heutigen beziehungsweise prognostizierten Zustand ist das Planungsproblem. Liegt die Umsatzrendite aktuell bei 5 %, in der Branche aber durchschnittlich bei 7 % und die Gesellschafter des Unternehmens erwarten die Branchenrendite, ist die Abweichung (hier: 2 Prozentpunkte) das Problem.

4. Maßnahmen: Hier muss festgelegt werden, durch welche Maßnahmen das Problem gelöst beziehungsweise reduziert werden könnte. Aus alternativen Maßnahmen ist dabei jene auszuwählen, die das Ziel am besten erreicht und dabei die geringsten Nebenwirkungen zeigt.

5. Ressourcen: Jede Maßnahmen benötigt Ressourcen wie Geld, Material und Arbeitsleistung. Alle Ressourcenbedarfe sind mengen-, wert- und zeitmäßig darzulegen.

6. Termine: Die Umsetzungstermine geplanter Maßnahmen, die Gültigkeitszeiträume für Budgets oder Personalabstellungen und Zeitpunkte, bis sich die Wirkung des Plans zeigen soll. Sie sind alle im Plan zu beschreiben.

7. Planungsträger: Für die Zielerreichung, für Budgets sowie die Umsetzung der Maßnahmen sind verantwortliche Personen zu benennen.

8. Ergebnisse: Das Planergebnis sollte konkreter als das Ziel formuliert sein. Es beschreibt den Zustand, der nach Umsetzung der gewählten Maßnahme eintreten soll. Und es beschreibt auch, zu welchen Kosten dieses Ziel dann erreicht würde. Ist das Ziel beispielsweise die Erhöhung der Umsatzrendite um 10 %, könnte das Ergebnis sein, durch einen neuen Lieferanten die Kosten um 470.000 € zu senken, wodurch eine Renditesteigerung von 10,3 % erreicht würde.

## 1.2 Planungs- und Kontrollsystem

### 1.2.1 Unternehmensplanung besteht aus mehr als einem Plan

Ab einer gewissen Größe besteht die Unternehmensplanung immer aus mehreren Plänen und Kontrollen. Diese sind nicht unabhängig voneinander, sondern stehen in vielfältigen Beziehungen untereinander. Sei es, dass ein Plan auf Daten anderer Pläne basiert (so ergibt sich der Produktionsmengenplan aus dem Absatzmengenplan) oder dass Kontrollen sich auf bestimmte Pläne beziehen (Kontrolle der Beschaffungskosten benötigt als Vergleichsmaßstab die Planung der Beschaffungskosten). Man spricht dann von einem System der Pläne und Kontrollen.[7] Bei der Gestaltung dieses Planungs- und Kontrollsystems (oder kurz PuK-Systems) können verschiedene Gesichtspunkte diskutiert werden:

▪ Welche Arten von Plänen und welche Planungsebenen sollen eingeführt werden? (Kapitel 1.2.2)

▪ Welche Hierarchieebenen sollen in welcher Reihenfolge ihre Pläne erstellen und aufeinander abstimmen? (Kapitel 1.2.3)

▪ Wie hängen kurz-, mittel- und langfristige Pläne zusammen? (Kapitel 1.2.4)

▪ Wann und wie oft sollen Pläne angepasst werden? Diese Frage wird bei der Verbesserung der Planung diskutiert. (Kapitel 4.3.2)

▪ Wie detailliert sollen Pläne sein? Auch diese Frage werden wir bei der Verbesserung der Planung ansprechen. (Kapitel 4.2.2)

### 1.2.2 Teilpläne und Planungsebenen

Pläne lassen sich für alle Teile der Wertschöpfungskette erstellen, wie Abbildung 1-2 zeigt. Von Bedeutung sind hier zwei Aspekte: a) die Teilung in eine Mengen- und eine Wertplanung sowie b) der Ausgangspunkt der Planung.

Zu a) **Mengen- und Wertplanung:** Basis jeder Unternehmensplanung ist eine Mengenplanung: Absatz-, Produktions- und Beschaffungsmengen sowie Personalstellen sind zu planen. Multipliziert mit den Verkaufs- beziehungsweise Einkaufspreisen dieser Güter ergeben sich die entsprechenden Kosten- und Erlöspläne (die Wertplanung). Die Wertplanung ist im Wesentlichen identisch mit der Budgetierung.

**Abbildung 1-2:** *Betriebliche Pläne*[8]

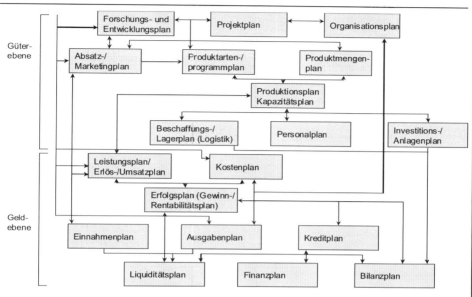

Zu b) **Ausgangspunkt** der Planung: Mit welchem Plan sollte man beginnen? Ein Unternehmen ist auf die Gewinnerzielung ausgerichtet und so könnte man schlussfolgern, mit dem Gewinn anzufangen. Das führt jedoch nicht weit. Denn Gewinn entsteht erst durch die Erstellung und den Verkauf von Produkten. Er ist das Ziel, nicht Mittel zum Zweck. Man kann jedoch fragen, welchen Umsatz benötigen wir und welche Kosten dürfen entstehen, wenn wir einen bestimmten Gewinn anstreben? Ist das Ziel klar, muss die Mengen- und Wertplanung folgen. Ein Vorschlag ist, mit dem größten Engpass[9] zu beginnen: In Märkten mit starker Konkurrenz ist das der Absatz- und Umsatzplan. Denn in solchen Märkten ist jeder Verkauf hart erarbeitet und umkämpft. Die Planungsabfolge wäre dann ganz grob: Absatzplan und Umsatzplan, Produktionsplan, Beschaffungsplan. Der Plan-Gewinn ergäbe sich als Folge davon. Ist dieser dem Management zu niedrig, kann es mit der Vorgabe Ziel-Gewinn starten, muss dann aber anschließend wieder die Reihenfolge einhalten: Absatzplan und Umsatzplan, Produktionsplan, Beschaffungsplan.

Neben der funktionalen Einteilung der Pläne finden Sie in der Praxis eine Einteilung in verschiedene **Planungsebenen:**[10]

- Zielplanung
  Das oberste Ziel eines Unternehmens ist idealtypisch die Erhaltung und erfolgreiche Weiterentwicklung des Unternehmens mit dem Zweck der Gewinnerzielung.

Das gilt natürlich nur dann, wenn sich das mit den Interessen der einzelnen Interessengruppen (Kapitalgeber, Mitarbeiter etc.) deckt. Um dieses oberste Ziel zu erreichen, sind weitere nachgeordnete Ziele im Sinne einer Mittel-Zweck-Beziehung nötig. In der Praxis wird mit dieser Ebene häufig die **strategische Planung** verbunden, die festlegen soll, in welche wesentliche Richtung sich das Unternehmen zu bewegen hat, damit das oberste Ziel erreicht wird. In einer aktuellen Umfrage hatten mehr als vier Fünftel der befragten Unternehmen eine strategische Planung, wobei sich zeigte: Je größer das Unternehmen, desto eher verwendete es eine strategische Planung.[11]

- Zielorientierte Aktionsplanung mit Potenzialänderungen (Programm- und Potenzialplanung)
  Zur Erreichung der gesetzten Ziele sind in einem Unternehmen entsprechende Maßnahmen zu planen und durchzuführen. Um jedoch in einem Unternehmen beispielsweise die Rendite zu erhöhen, sind zunächst Entscheidungen über die zu verkaufenden Produkte (Produktionsprogramm) zu treffen und entsprechende Strukturen wie Produktionskapazitäten, neue Vertriebsniederlassungen und Ähnliches aufzubauen (Potenzialplanung). Während die strategische Planung die wesentliche Ausrichtung und Wege dorthin festlegt, geht es hier um die Strategieumsetzung. Sie legt Kapazitäten, Investitionen, Rechtsstrukturen und dergleichen fest. Sie ist damit eine **langfristig operative Planung.**

- Zielorientierte Aktionsplanung ohne Potenzialänderungen (Programm- und Aktionsplanung)
  Auf der Grundlage des definierten Produktionsprogramms und der gegebenen Produktionspotenziale sind dann konkrete Entscheidungen über Absatz, Produktion und Beschaffung zu treffen. Da hier keine Änderung von Kapazitäten oder Bindungen durch Investitionen betroffen ist, bezeichnet man diese Art der Planung als **kurzfristig operative Planung.** Diese Art der Planung ist noch häufiger, wie auch die oben erwähnte empirische Untersuchung zeigte: Mehr als 86 % der befragten Unternehmen hatten eine solche operative Planung im Einsatz.[12]

Zur strategischen Planung gab und gibt es immer noch eine eigene intensive Diskussion über ihren Nutzen und ihre Probleme.[13] In der Praxis steht seit einigen Jahren eher die operative Planung im Kreuzfeuer der Kritik und Verbesserungsvorschläge. In diesem Buch konzentriert sich die Diskussion daher auf die operative Planung und Budgetierung.

## 1.2.3 Ableitungsrichtung

Die schon angerissene Frage, ob ein Zielgewinn vorgegeben werden soll oder nicht, deutet bereits auf einen weiteren Fragenkreis hin: die **Ableitungsrichtung** der Planung. Damit ist gemeint, welche Personen in der Unternehmenshierarchie in welcher

Reihenfolge bei der Planaufstellung mitwirken. Es bieten sich zwei grundlegende Möglichkeiten an: von der obersten Hierarchieebene bis hinunter zur untersten (top down) oder umgekehrt (bottom up). Oder man wählt eine Mischung aus beiden (Gegenstromverfahren). Die insgesamt drei Möglichkeiten sind also:

▨ Ableitung von „oben" nach „unten" (**top down**, retrograde Planung): Hierbei werden von der Unternehmensleitung Ziele gesetzt, die dann auf den nachfolgenden Ebenen schrittweise zu konkretisieren sind. Die Vorteile: Pläne lassen sich recht zügig ausarbeiten und alle Teilpläne sind auf das oben gesetzte Ziel ausgerichtet. Nachteilig ist jedoch, dass es mehr um das Gewünschte geht und die Machbarkeit dabei aus dem Blick geraten kann. Die Machbarkeit zeigt sich jedoch nicht in „hehren" Zielvorgaben, sondern in den geplanten Maßnahmen auf den unteren Ebenen. Dort ist das relevante Wissen um die Realisierbarkeit, dort sind Maßnahmen zur Umsetzung zu ergreifen. Typische Anwendungsfälle für die Top Down-Planung sind kleine Unternehmen wie etwa ein Handwerksbetrieb, bei dem der Leiter alle planrelevanten Informationen hat und die ausführende Ebene (Gesellen, Auszubildende) weder das Wissen noch die Motivation hat, in der Planung mitzuwirken. Sinnvoll ist die Top down-Ableitung auch im Krisenfall, wenn wenig Zeit bleibt und Pläne rasch erstellt und umgesetzt werden müssen.

▨ Ableitung von „unten" nach „oben" (**bottom up**, progressive Planung): Die unteren Hierarchieebenen erarbeiten Pläne für das Folgejahr. Sie werden auf der nächsten Führungsebene verdichtet und so immer weiter bis ein Gesamtplan entsteht. Zwar sind die Pläne damit vermutlich realistischer, andererseits auch unkoordinierter und vielleicht auch zu wenig anspruchsvoll. Letzteres insbesondere wenn der Plan als Zielvorgabe und später als Basis der Kontrolle dienen soll. Typische Anwendungen finden sich bei Unternehmen auf neuen, stark wachsenden Märkten oder sehr dezentralisierten Konglomeraten. Liegt das planungsrelevante Wissen in den einzelnen operativen Einheiten oder ist wenig über die künftige Marktentwicklung bekannt, lässt sich ein zentralistischer Top down-Plan kaum sinnvoll erstellen.

▨ Ableitung in mehreren Planungsrunden, das **Gegenstromverfahren:** Sozusagen die Kombination der besten Aspekte beider Ableitungsrichtungen soll das Gegenstromverfahren bieten. Es besteht aus mehreren Planungsrunden. Begonnen wird meist mit einer Top Down-Planung. Die konkretisierten Pläne werden auf den unteren Ebenen kommentiert und es werden dort Anpassungen vorgeschlagen. Diese werden im zweiten Planungslauf aggregiert bis hin zur Unternehmensspitze. Aufgrund der neuen Informationen passt die Unternehmensleitung gegebenenfalls die ursprünglichen Ziele und Pläne an. In einem dritten Planungslauf werden diese Änderungen wieder abwärts konkretisiert. Abbildung 1-3 zeigt die Gegenstromplanung bei der Robert Bosch GmbH.

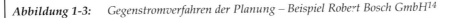

**Abbildung 1-3:** *Gegenstromverfahren der Planung – Beispiel Robert Bosch GmbH[14]*

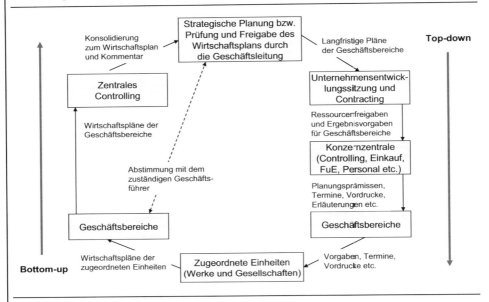

Alle drei Verfahren der Planableitung sowie weitere Mischformen finden sich in der Praxis. Unterschiedlich ist auch die Zahl der durchgeführten Planungsläufe oder -runden, also wie oft die Unternehmenshierarchie durchlaufen wird, bis ein Plan endgültig feststeht. Offenkundig ist, dass der Planungsaufwand mit der Zahl der Planungsläufe steigt. Abbildung 1-4 zeigt die Ergebnisse einer empirischen Untersuchung von *PriceWaterhouseCoopers*. Man sieht, dass größere Unternehmen, gemessen am Umsatz, eher die Gegenstromplanung anwenden. Eine reine Bottom-up-Planung ist sehr selten.

Interessant ist, dass viele Unternehmen mehrere Planungsläufe durchführen. Es ist also erlebte Praxis, dass Pläne in mehreren Runden immer wieder angepasst, überarbeitet und „geknetet" werden. Natürlich entsteht dadurch ein beträchtlicher Aufwand für die Planung selbst. Und eine gewisse Unzufriedenheit mit dem als aufwendig und lang andauernd erlebten Planungsprozess mag auch verständlich sein. Hier liegt vermutlich einer der Gründe für den schlechten Ruf der Planung und Budgetierung.

**Abbildung 1-4:** *Ableitungsrichtung und Zahl der Planungsrunden[15]*

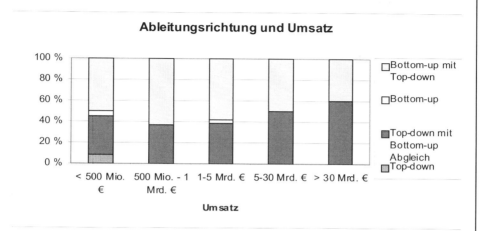

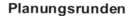

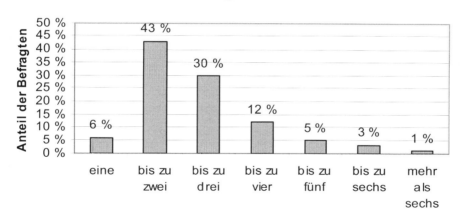

## 1.2.4    Schachtelung und Verkettung von Plänen

**Schachtelung** bedeutet die Gliederung der Pläne nach Planungshorizont, beispielsweise Ein-, Drei- und Fünfjahrespläne. Die **Verkettung** meint die einseitige oder wechselseitige inhaltliche Abstimmung dieser Pläne. So könnte zum Beispiel der Dreijahresplan einfach die Summe dreier einzelner Jahrespläne sein oder der Jahresplan 2008 könnte eine um bestimmte Faktoren korrigierte Fortschreibung des Jahresplans 2007 sein. Im Grunde muss jedes Unternehmen sich überlegen, ob:

- jeder Plan isoliert für sich steht, was häufig in Kleinunternehmen der Fall ist (so genannte Reihung),

- Pläne sich zeitlich überlappen sollen, also beispielsweise der Jahresplan 2007 fünf Quartale umfasst (01.01.07 bis 31.03.08) und der Jahresplan 2008 analog ebenso fünf Quartale (01.01.08 bis 31.03.09),

- Pläne ineinander geschachtelt sein sollen, wie oben erwähnt. Hierbei ist dann zu überlegen, welche Zeiträume die einzelnen Pläne abdecken sollen, also die Planungshorizonte.

In Unternehmen treten alle diese Formen auf, wobei in größeren Unternehmen meist eine geschachtelte Planung vorherrscht. Die Planungshorizonte der geschachtelten Pläne hängen hauptsächlich von der Branche ab, in der sich das Unternehmen befindet (Abbildung 1-5). Jede Branche weist eigene Produkt- und Marktzyklen auf, die es zu planen gilt. Plant beispielsweise ein Autohersteller mit einem Lebenszyklus für ein Automodell von fünf Jahren, wird er auch seine Mittelfristplanung daran ausrichten. In anderen Branchen wie Banken oder Textileinzelhandel macht ein so langer Zeitraum häufig keinen Sinn.

Die Abstimmung verketteter Pläne kann sehr vielfältig sein: Die kurzfristigen Pläne können aus den längerfristigen abgeleitet sein beziehungsweise diese detaillieren. Andererseits kann ein zusätzlich erarbeiteter kurzfristiger Plan zu einer Änderung des übergeordneten langfristigen Plans führen. Auch aus unterjährigen Ist-Daten oder Hochrechnungen könnten übergeordnete mittel- und langfristige Pläne geändert werden, oder eben auch nicht. Entscheidet man sich für eine sich wiederholende Fortschreibung (Ergänzung der Planung von Zeitraum t um den Zeitraum t+1) und gegebenenfalls Anpassung bereits aufgestellter Pläne an neue Erkenntnisse, spricht man auch von **rollender Planung** (manchmal auch rollierend oder revolvierend).[16] Sie spielt bei den Überlegungen zur Verbesserung der Planung und bei Beyond Budgeting eine große Rolle (siehe auch Kapitel 4.3.2).

**Abbildung 1-5:**   *Planungshorizonte in verschiedenen Branchen[17]*

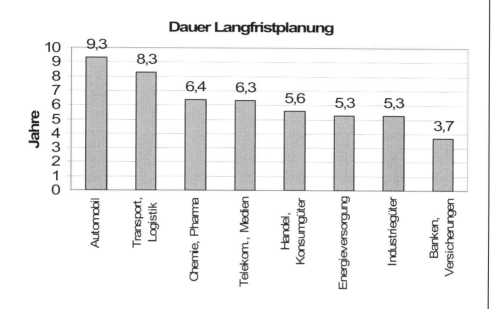

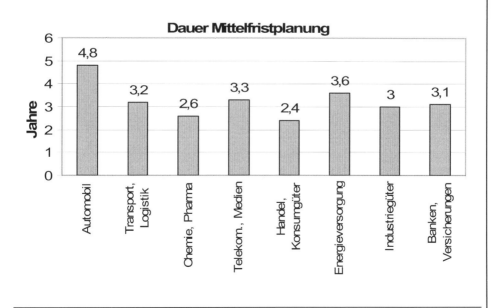

## 1.2.5 Budgetierung und Budgetprozess

Budgetierung und Budgetprozess meinen beide dasselbe: Das Aufstellen von Budgets. Beide sind letztlich nur eine besondere Variante des Planungs- und Kontrollsystems. Noch mehr als die Planung selbst, ist die Budgetierung in die Kritik geraten und es sind zahlreiche Vorschläge zur Verbesserung oder gar Abschaffung gemacht worden. Deshalb bespreche ich hier die Budgetierung zunächst ausführlich in ihrer „traditionellen" Form. In den Kapiteln 4 und folgende werden dann die Weiterentwicklungen dargestellt und diskutiert.

Die Budgetierung soll grundsätzlich vier **Aufgaben** erfüllen: a) einen Leistungsmaßstab vorgeben, b) Ziele für die nächste Geschäftsperiode festlegen, c) betriebliche Teilbereiche aufeinander abstimmen und c) die finanzielle Entwicklung prognostizieren helfen. Dass diese Aufgaben nicht frei von Konflikten sind, wird im folgenden Kapitel 1.3 deutlich werden. Was ist der wesentliche **Vorteil** von Budgets? Statt eines Budgets könnte das Management ja auch detaillierte Maßnahmenpläne vorgeben. Dann müsste man jedoch sehr viel Planungswissen besitzen und die ausführenden Mitarbeiter hätten nur noch wenig Handlungsfreiheit. Das Budget erlaubt den Mitarbeitern dagegen größere Entscheidungs- und Handlungsspielräume. Es weist nur einen Geldbetrag aus und bestimmt nicht, was damit genau getan werden soll. Damit sollen die Mitarbeiter auch stärker motiviert sein und rascher reagieren können. Weiterhin reduziert sich für die Unternehmensleitung der Planungsaufwand, da nicht mehr jedes Detail, jede Maßnahme zu planen ist.[18]

Analog zu den unterschiedlichen Arten von Plänen (Abbildung 1-2) lassen sich auch unterschiedliche **Budgetarten** benennen. Abbildung 1-6 zeigt den Aufbau eines typischen Budgetsystems. Diese monetäre Gesamtplanung des Unternehmens wird im angloamerikanischen Unternehmen als **Master Budget** bezeichnet. Man sieht leicht, dass sie eine Mengenplanung voraussetzt und benötigt. Ohne Planung der Absatzmengen, kombiniert mit den Absatzpreisen, ergibt sich kein Umsatzbudget, Entsprechendes gilt für das Produktionsbudget wie auch für jedes Budget.

Der Ablauf der Budgetaufstellung – der **Budgetprozess** – besteht im Wesentlichen aus sechs Phasen:[19]

1. Entwicklung von Budgetrichtlinien: In die Budgetaufstellung gehen eine Reihe von Informationen ein: Vorgaben aus der strategischen Planung und der langfristig operativen Planung, weitere budgetrelevante Faktoren wie die Änderung des Produktionsprogramms und Erkenntnisse aus der Abweichungsanalyse des letzten Budgets. Weiterhin wird das Management Ziele und Restriktionen vorgeben. So könnten Einsparungsziele genannt sein oder Begrenzungen der Finanzmittel, Absatzmengen und Ähnliches.

2. Aufstellen der Teilbudgets: Jeder Budgetverantwortliche wird für seinen Verantwortungsbereich auf der Basis der Budgetvorgaben sowie einer Mengen- und Wertplanung ein erstes Budget aufstellen.

3. Budgetabstimmung und Budgetverhandlung: Bei der Budgetaufstellung muss der Budgetverantwortliche seine Pläne meist unternehmensintern noch abstimmen. So hat er auch interne Leistungsverflechtungen mengen- und wertmäßig zu berücksichtigen. Auch werden mit über- und untergeordneten Führungsebenen Abstimmungsgespräche zu führen sein.

4. Budgetprüfung und Budgetkonsolidierung: Das zentrale Controlling wird die eingehenden Budgets auf ihre inhaltliche und formale Richtigkeit prüfen. Inhaltlich meint hier nicht so sehr, ob die Planinhalte selbst korrekt sind, sondern ob sie korrekt gerechnet, nachvollziehbar begründet und mit anderen Plänen abgestimmt sind. Formal prüft der Controller die Einhaltung der Richtlinien zur Darstellung und Gliederung der Budgets. Nach dieser Prüfung und gegebenenfalls Anpassung sind die Budgetpläne zu einem Gesamtbudget zu konsolidieren: Ähnlich wie in der Konzernkonsolidierung des Konzernrechnungswesens müssen interne Liefer- und Leistungsbeziehungen so eliminiert werden, dass am Ende ein Gesamtbudget ohne Mehrfachzählungen entsteht. Der vierte Schritt des Budgetprozesses führt meist zu mehreren Budgetierungsläufen („Knetphasen") mit den Führungskräften und Controllern im Unternehmen.

5. Genehmigung und Vorgabe: Sind alle Abstimmungen zwischen Führungskräften derselben Ebene sowie zwischen allen Hierarchieebenen einschließlich des obersten Managements erfolgreich abgeschlossen, erhält die Unternehmensleitung die Budgets zur Genehmigung. Damit erhalten alle Budgetverantwortlichen ihre Zielvorgabe und ihren Kompetenzrahmen für die Folgeperiode.

6. Kontrolle und Abweichungsanalyse: Die Budgetkontrolle prüft sowohl während der Budgetperiode als auch nach Ablauf der Periode die Zielerreichung. Eine Zielverfehlung ist zunächst nur ein Symptom für ein mögliches Problem, und so müssen in der Abweichungsanalyse die Ursachen für Budgetabweichungen herausgearbeitet werden ebenso wie die Verantwortlichen für Abweichungen und mögliche Gegenmaßnahmen.

Der regelmäßige, oft jährliche Budgetprozess ist in vielen Unternehmen sehr aufwändig und bis ins letzte Detail durchstrukturiert. Die einzelnen Schritte werden in einem Budget- und Planungskalender detailliert festgehalten. Damit erleichtert man sich komplexe Planungen in großen Unternehmen, handelt sich dafür jedoch auch eine geringe Flexibilität ein, wenn sich Märkte rasch entwickeln oder die Organisation verändert wird.

**Abbildung 1-6:** *Beispiel eines Budgetsystems[20]*

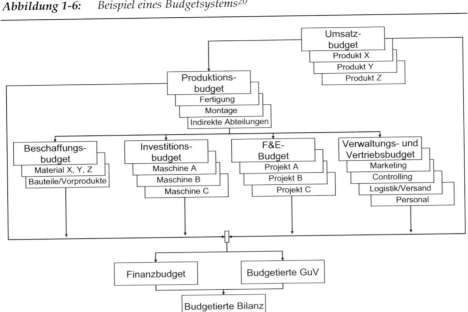

## 1.3 Planungszwecke - oft in Konkurrenz zueinander

### 1.3.1 Zweck 1: Hilfe bei Entscheidungen

**Entscheidungsunterstützung im Rahmen des PuK-Prozesses**

Am Planungs- und Kontrollprozess aus Abbildung 1-1 lässt sich schnell erkennen, für welche Entscheidungen die Planung weiterhelfen kann. Tabelle 1-2 beschreibt einige typische Entscheidungen innerhalb des PuK-Prozesses. Zum einen finden sich Entscheidungen innerhalb des PuK-Prozesses, die dazu dienen, das festgelegte Ziel zu erreichen. Zum anderen kann man das Überdenken der Planung als Lernprozess ansehen mit dem Ziel, eine bessere Planung in der Zukunft zu erreichen (Metaplanung). Das Lernen aus der Planung und Kontrolle bedeutet also zweierlei: die Planungsinhalte und Planungsziele zu verbessern sowie den PuK-Prozess selbst weiterzuentwickeln. Beides hängt miteinander zusammen. Nicht jeder Planungsprozess ist für jedes Planungsproblem geeignet.

*Tabelle 1-2:*     *Entscheidungsunterstützung im PuK-Prozess*

| Phase | Typische Entscheidung | Unterstützung durch Planung |
|---|---|---|
| Zielplanung | Ziele festlegen | Effekte unterschiedlicher Ziele bestimmen |
| Alternative Maßnahmen | Planmaßnahmen auswählen | Auswirkungen unterschiedlicher Pläne auf die Zielerreichung ermitteln |
| Umsetzung | Planumsetzung überwachen und gegebenenfalls Gegenmaßnahmen treffen | Während Umsetzung: Hochrechnung auf das Planende durchführen. Nach Umsetzung: Abweichungen ermitteln und Abweichungsanalysen durchführen |
| Folgeplanungen | Planungsprozess verbessern oder Ziele anpassen | Qualität der bisherigen Planung ermitteln |

**Planungszwecke in der Praxis**

In einer Studie der Unternehmensberatung *Cartesis* wurde auch nach den Zielen oder Zwecken der Planung gefragt (siehe Abbildung 1-7). Der am häufigsten genannte Zweck der Planung ist danach die Ableitung der operativen Planung aus der Strategie. Mit etwas Abstand folgen die Kostenkontrolle, die Priorisierung von Investitionen beziehungsweise Allokation von Ressourcen sowie die Umsatz- oder Gewinnmaximierung. Alle diese Zwecke fallen unter die Entscheidungsunterstützung im weitesten Sinne. Nur wenige Zwecke dienen der Beeinflussung des Verhaltens von Führungskräften und anderen Mitarbeitern (Nr. 2, 6, 7). Dieser Aspekt wird nachfolgend behandelt.

Die Reihenfolge der Planungszwecke verändert sich leicht je nach Umsatzgröße der Unternehmen. Nur bei sehr großen Unternehmen liegt die Optimierung des Kapitalertrags auf dem zweiten Platz, vermutlich da solche Unternehmen häufiger börsennotiert sind und sich als Ziel die Steigerung der Rendite vorgeben. Auch in den vier Ländern, aus denen die befragten Unternehmen stammen, zeigen sich Unterschiede: In den USA liegt die Optimierung des Kapitalertrags weiter vorne. In Großbritannien verfolgen Unternehmen stärker die Kostenkontrolle und Maximierung von Umsatz beziehungsweise Gewinn als Planungszwecke, während in Deutschland die Planungsgenauigkeit höher gewichtet wird als in den anderen Ländern. Die Einschätzung französischer Unternehmen deckt sich weitgehend mit der Rangfolge aller Befragten.

*Abbildung 1-7:*    *Planungszwecke in der Praxis*[21]

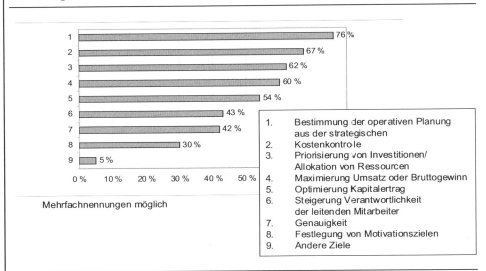

Mehrfachnennungen möglich

1. Bestimmung der operativen Planung aus der strategischen
2. Kostenkontrolle
3. Priorisierung von Investitionen/ Allokation von Ressourcen
4. Maximierung Umsatz oder Bruttogewinn
5. Optimierung Kapitalertrag
6. Steigerung Verantwortlichkeit der leitenden Mitarbeiter
7. Genauigkeit
8. Festlegung von Motivationszielen
9. Andere Ziele

## 1.3.2    Zweck 2: Zielvorgabe und Verhaltenssteuerung

Die Vorgabe von Zielen an Führungskräfte und Mitarbeitern soll ihnen nicht nur vermitteln, welche Themen wichtig sind im Unternehmen oder worauf hingearbeitet werden soll. Sie dient auch und vor allem dazu, die Motivation und Leistungsbereitschaft der Mitarbeiter anzusprechen. Insbesondere dann, wenn die Zielvorgabe mit der Entlohnung verbunden wird. Das Verhalten soll also beeinflusst werden (sogenannte **Verhaltenssteuerung**). Die Verhaltenssteuerung liegt jedoch oft in Widerspruch zur Entscheidungsunterstützung, wie man sich an einem einfachen Beispiel klarmachen kann:[22]

**Beispiel zur Verhaltenssteuerung**

Aufgrund seiner Schwäche für edle Weine wird der frisch gebackene Dipl.-Kfm. *Sunny Strebsam* direkt nach seinem Studium als Vertriebsbeauftragter für die Gutgläubig & Söhne GmbH tätig. Diese lagert und befüllt 5-Liter-Fässchen eines besonders edlen Bordeaux und vertreibt sie an exklusive Großhändler und Restaurants. Die sowohl *Sunny* als auch dem Inhaber *Jean Gutgläubig* zunächst bekannte Kostenfunktion lautet K = 1.000.000 + 80x, wobei x die Anzahl der Fässchen ist. Je Fässchen fallen 80 € variable Kosten an. Fixe Kosten betragen 1,0 Mio. €. *Jean* hat entschieden, dass *Sunny* kein Fixum, sondern 4 % der von ihm pro Jahr getätigten Umsätze als Entlohnung erhält. *Sunny* plant basierend auf folgenden, nur ihm bekannten Informationen:

Kommt es zum Vertragsabschluss, kaufen die Kunden durchschnittlich 100 Fässchen. Der Preis pro Fässchen hängt allerdings von der Länge der Verkaufsgespräche ab. Aufgrund diverser Ferienjobs als Sommelier und Weinverkäufer schätzt *Sunny*, dass ein Preis von p = 500 € im Schnitt ein vierstündiges Gespräch mit dem Kunden erfordert. Bei einem Preis von p = 260 € sind dagegen nur zwei Stunden erforderlich und bei einem Preis von p = 100 € sogar nur eine halbe Stunde. Er geht ferner davon aus, dass er pro Jahr neben Papierkram, Verwaltung, Messebesuchen und Fahrzeiten 200 Stunden reine Verkaufszeit zur Verfügung hat. Da sich Weinhändler und Restaurantbesitzer meist sehr gut kennen, muss sich *Sunny* definitiv für eine Strategie (also einen Preis für alle Kunden) entscheiden.

1. Welches ist die optimale Verkaufsstrategie für *Sunny Strebsam beziehungsweise Jean Gutgläubig?*

2. Wie ändert sich die Situation, wenn *Jean Gutgläubig* mit einer Plan-Vollkostenrechnung rechnet, die von 10.000 hergestellten und abgesetzten Fässchen ausgeht? Was wäre die Folge, wenn *Jean* mit *Sunny* eine Klausel vereinbarte, die es ihm untersagt, unter den Vollkosten zu verkaufen?

Zur Frage 1: Wie man durch die Berechnung sieht, ergeben sich für *Sunny* beziehungsweise *Jean* folgende Provisionen beziehungsweise Gewinne (siehe Tabelle 1-3).

*Tabelle 1-3:*      *Beispielrechnung Verhaltenssteuerung*

| Aus Sicht von Sunny Strebsam | | | Aus Sicht von Jean Gutgläubig | | |
|---|---|---|---|---|---|
| **Strategie 1** | Preis = | 500 € | **Strategie 1** | Umsatz | 2.500.000 € |
| | Umsatz | 2.500.000 € | | Kosten | 1.500.000 € |
| | Provision (4 %) | 100.000 € | | Gewinn | **1.000.000 €** |
| **Strategie 2** | Preis = | 260 € | **Strategie 2** | Umsatz | 2.600.000 € |
| | Umsatz | 2.600.000 € | | Kosten | 1.904.000 € |
| | Provision (4 %) | 104.000 € | | Gewinn | 696.000 € |
| **Strategie 3** | Preis = | 100 € | **Strategie 3** | Umsatz | 4.000.000 € |
| | Umsatz | 4.000.000 € | | Kosten | 4.360.000 € |
| | Provision (4 %) | **160.000 €** | | Verlust | - 360.000 € |

*Sunnys* optimale, das heißt provisionsmaximale Preisstrategie ist es, einen Preis von 100,- € zu verlangen. Für *Jean* bedeutet diese Strategie jedoch einen Verlust von 360.000 €. Für ihn wäre ein Preis von 500 € je Fässchen am besten. Die Zielvorgabe für *Sunny* führt also hier nicht zur besten Lösung für *Jean*, dem Auftraggeber. Zentral für das Verständnis dieser und vieler anderer Planungssituationen ist die ungleiche Informationsverteilung. *Sunny* weiß mehr und besser Bescheid über den Markt als *Jean*. Letzterer kann sich dieses Wissen meist nicht aneignen (langjährige Erfahrung!) und selbst wenn, ist es nicht kostenlos zu haben. Gerade dass *Sunny* einen Informations-

**1**

vorsprung über den Markt und die Kunden besitzt, macht ihn ja für *Jean* als Verkäufer interessant. Das Problem für *Jean* ist, dass *Sunny* seine eigenen Interessen verfolgen und nicht ohne weiteres im Sinne seines Auftraggebers handeln wird.

Zur Frage 2: Die Vollkosten errechnen sich hier zu 180 € je Fässchen. Die Vorgabe, nicht unter diese Vollkosten zu verkaufen, führt dazu, dass *Sunny* nicht mehr seine optimale Strategie durchführen kann. Er darf nicht mehr einen Preis von nur 100 € verlangen. Mit dieser Nebenbedingung wird allerdings nicht garantiert, dass *Jean* seinen Maximalgewinn erzielen kann. Sie begrenzt nur die negativen Auswüchse von *Sunnys* Entscheidungen.

**Probleme der unausweichlichen Delegation**

Die im Beispiel angesprochene Situation ist typisch für jedes größere Unternehmen.[23] Die Unternehmensleitung muss zwangsläufig Aufgaben und Kompetenzen delegieren. Weder kann sie aus zeitlichen Gründen noch aus Kompetenzgründen alle Entscheidungen selbst treffen. Außerdem macht sie sich durch die Delegation die Erfahrungen, das Wissen und das Können anderer Mitarbeiter zunutze – so wie *Jean* von *Sunny* als erfahrenem Verkäufer profitiert. Delegation ist also ab einer gewissen Unternehmensgröße unausweichlich. Und sie ist unausweichlich mit Problemen behaftet: Die Auftragnehmer verfolgen eventuell andere Ziele als das Unternehmen und nutzen ihren Informationsvorsprung zu ihren Gunsten aus. Das oberste Management kann diesen Informationsvorsprung im Allgemeinen nicht wettmachen. Die Beschaffung von Informationen ist aufwändig und manchmal auch unmöglich. So kann die Erfahrung des Mitarbeiters nicht wirklich aus ihm herausgeholt und extern gespeichert werden. Allenfalls kann und wird das Management versuchen, die Probleme der Delegation zu reduzieren. Ganz vermeiden lassen sie sich nicht. Betrachtet man den PuK-Prozess als zeitliche Abfolge, so lassen sich daran folgende **Delegationsprobleme** erkennen:

- Vor Beginn der Planung: Zunächst steht die Auswahl der einzubeziehenden Mitarbeiter an, sofern diese nicht vorgegeben ist. Dabei stellt sich das Problem der „Qualität" dieser Mitarbeiter: Besitzen sie Erfahrung mit der Planung, verfügen sie über die nötigen Kenntnisse und Kompetenzen? Vorab lässt sich die Eignung der Mitarbeiter für die Planung nicht vollständig erkennen (sogenannte Qualitätsunsicherheit).

- Während der Planaufstellung: Zusammen mit den Mitarbeitern sind die Pläne zu erarbeiten. Hierbei kann es passieren, dass manche Mitarbeiter versuchen, auf die Zielbildung einzuwirken, um leichter erreichbare Zielvorgaben zu erhalten (Beeinflussung oder Lobbyismus). Auch sind die Absichten der Beteiligten nicht wirklich ersichtlich (hidden intention).

- Während der Planumsetzung: Die einzelnen Handlungen von Mitarbeitern lassen sich weder permanent überwachen noch können sie immer von außen auf ihre Sinnhaftigkeit beurteilt werden.[24] Damit Delegation Sinn macht, muss der Mitarbeiter auch einen Handlungsfreiraum erhalten. Man spricht von verborgenen Handlungen (hidden action) oder verborgenen Absichten (hidden intention). Der Handlungsspielraum eröffnet dem Mitarbeiter auch Freiraum für so genanntes opportunistisches Verhalten. Er kann Budgets für über Gebühr aufwändige Repräsentation verwenden oder auf eher unnötige Dienstreisen gehen (moral hazard[25])

- Kontrolle der Planerreichung: Wäre die erreichte Leistung, beispielsweise ein Umsatzziel, allein auf die Anstrengung des Verkäufers zurückzuführen, wären die Leistungsmessung und Entlohnung einfach. In der Praxis stößt man auf mindestens zwei Probleme: Erstens, die erzielte Leistung, hier Umsatz, hängt noch von vielen weiteren Faktoren ab, deren Wirkung nicht immer ermittelbar ist. So wirken auf den Umsatz auch die allgemeine wirtschaftliche Entwicklung, die Reaktionen der Konkurrenz, die Steuerpolitik des Staates und so weiter. Eine Trennung in denjenigen Umsatz, den der Mitarbeiter tatsächlich verursachte, und jenen, der durch andere Effekte entstand, ist in der Praxis kaum möglich. Zweitens, zwischen den Handlungen und Entscheidungen des Mitarbeiters und der Zielerreichung müsste ein klarer Zusammenhang bestehen. So müsste zum Beispiel ein Messeauftritt mit den dadurch ausgelösten Umsätzen verknüpft werden, was jedoch in der Regel scheitern dürfte.

### Lösungsmöglichkeiten: Planung und Kontrolle

Planung und Kontrolle sind zwei wichtige Instrumente, um Delegationsprobleme zu reduzieren.[26] Die Planung hilft vor allem durch das **Aufdecken von Informationen** im Rahmen der Planaufstellung, die Mitarbeiter sind gezwungen, bei der Planerstellung ihr Wissen zum Teil preiszugeben. Ihr Informationsvorsprung wird damit reduziert. Auch müssen sie ihre Absichten, geplanten Handlungen und Ziele offenbaren. Planungsrechnungen können zusätzlich die Stimmigkeit von Planungen überprüfen, Prämissen klarlegen und Schlussfolgerungen rechnerisch bewerten.

Kontrollen wirken zweifach auf die Delegationsprobleme: Allein schon die glaubhafte **Ankündigung** von späteren Kontrollen (und Sanktionen!) wird ungewolltes Verhalten bei dem einen oder anderen Mitarbeiter reduzieren. Die spätere tatsächliche **Durchführung** der Kontrolle sollte dann die restlichen ungewollten Verhaltensweisen aufdecken und entsprechend sanktionieren als auch die erwünschte Leistung belohnen. Das Rechnungswesen ist dabei eines der wichtigsten Kontrollinstrumente zur Verhinderung unerwünschter Verhaltensweisen im Unternehmen – ein Aspekt, der oft noch zu wenig gesehen wird.[27]

### Verhaltenssteuerung und Entscheidungsfindung

Beide Hauptzwecke der Planung lassen sich meistens nicht gleichzeitig erreichen. Angenommen ein Vertriebsleiter erhält den Auftrag, den Umsatz im nächsten Jahr zu planen, wobei sein variables Gehalt von der Erreichung des Planumsatzes abhängt. Wenn er aufgrund seiner Erfahrung mit einem Planumsatz von 10 Mio. € rechnet, hat er allen Grund, nur beispielsweise 8 Mio. € als Planwert anzugeben. Die Planübererfüllung wird ihn dann einen satten Bonus einstreichen lassen. Das Unternehmen aber, das sich auf einen geringeren Umsatz eingerichtet hat, wird neben der eigentlich unnötigen Bonuszahlung auch Probleme haben, die Kundenaufträge zu erfüllen. Es hat seine Fertigungskapazität auf ein zu niedrigeres Niveau eingerichtet und muss mit Mehrarbeit oder Terminverschiebungen reagieren.

Die traditionelle Diskussion der Planung und Budgetierung in Deutschland ist eher auf das Thema der Entscheidungsunterstützung gerichtet. Die neueren Diskussionen über Better Budgeting und Beyond Budgeting beziehen sich dagegen primär auf die Verhaltenssteuerung.

## 1.4    Grenzen der Planbarkeit

Dass Pläne nicht eintreffen, ist eine alltägliche Erfahrung. Selbst große Automobilkonzerne sind vor Fehlkalkulationen nicht sicher: So plante Daimler-Chrysler ursprünglich mit einem Absatz von mindestens 1.000 Exemplaren des Luxuswagens Maybach. Die Absatzzahlen betrugen jedoch in den Jahren 2003 ca. 600 Einheiten, 2004 waren es nur rund 500 Fahrzeuge und 2005 dürften es wohl noch weniger gewesen sein. Bei einem Gesamtmarktvolumen von ca. 1.500 Luxusfahrzeugen pro Jahr weltweit erscheinen die im Jahr 2002 anvisierten Ziele in der Tat als sehr ehrgeizig.[28]

Welche Ursachen könnten dafür verantwortlich sein? Es gibt zwei prinzipielle Grenzen der Planbarkeit und einige unternehmensspezifische Gründe.[29]

**Prinzipielle Grenzen** sind: a) Die Zukunft ist kaum vorhersehbar und b) Menschen entscheiden selten rational im ökonomischen Sinne.

Zu a) Die mangelnde Vorhersehbarkeit der Zukunft: Jeder realistische Plan benötigt Prognoseinformationen. Seien es Absatzchancen, Produktionszahlen oder das vermutete Verhalten von Mitarbeitern. Nicht alle für eine Prognose nötigen Informationen lassen sich erheben und messen. Oft stehen die Prognoseobjekte in vielfältigen, nicht genau bestimmbaren Beziehungen zueinander und verändern sich unter dem Einfluss der Prognose.[30]

Einerseits ist diese Unsicherheit ein Problem für das Unternehmen. Andererseits kann Erfolg in einem Wettbewerbsmarkt nur in einer Welt mit nicht vorhersehbarer Zukunft entstehen. Erst die Unsicherheit eröffnet Erfolgschancen in einem umkämpften Markt. Nur wenn unklar ist, welche Kunden bei welchem Unternehmen einkaufen, lohnt sich das Bemühen um neue Kunden, und nur dann eröffnen sich Chancen, Kunden zu sich zu ziehen.

Zu b) Kein ökonomisch rationales Entscheidungsverhalten: Reale Menschen verhalten sich nicht als Nutzenmaximierer bei jeder Gelegenheit, wie es die klassische ökonomische Theorie annimmt. Menschliches Verhalten ist sehr vielschichtig, vielgestaltig und nie wirklich vorherzusehen. Somit können auch die Reaktionen von Außendienstmitarbeitern auf eine neue Zielvorgabe oder ein neues Prämiensystem nicht wirklich geplant werden, man ist auf Schätzungen angewiesen und vor Überraschungen nicht gefeit.

An **unternehmensspezifischen Grenzen** lassen sich drei Gruppen nennen:

a) Unpassende Methoden und Instrumente: Wollte man eine strategische Planung allein mit Mitteln der Kostenrechnung aufbauen, wäre das nicht zielführend.

b) Unpassende Organisation der Planung und Kontrolle: Ein Handwerksbetrieb mit drei Gesellen benötigt kaum einen Planungsprozess im Gegenstromverfahren. Hier würde mit Kanonen auf Spatzen geschossen.

c) Mangelnde Erfahrung oder ungenügendes Wissen der involvierten Mitarbeiter: Unmittelbar einleuchtend ist, dass zur Planung unbedingt Erfahrung und Wissen nötig sind. Beides betrifft sowohl den Gegenstand der Planung (Absatz, Produktion etc.) als auch die Organisation und den Ablauf einer Planung sowie die Planungsmethoden.

Aus den Grenzen der Planbarkeit sollten Sie nicht folgern, dass man Planung nicht bräuchte oder wie ein Sprichwort sagt: Planung sei der Ersatz des Zufalls durch den Irrtum. Vielmehr verweisen diese Grenzen darauf, dass es weniger darauf ankommt zu versuchen, die Zukunft detailliert vorherzusehen. Im Vordergrund sollte stehen, sich über mögliche Entwicklungen und Handlungen Gedanken zu machen und sich auf unterschiedliche Situationen in der Zukunft vorzubereiten. Unternehmen, die vorbereitet sind, werden mit neuen Situationen besser umgehen können und damit erfolgreicher sein als andere.

# 2 Instrumente und Methoden der operativen Planung und Budgetierung

## 2.1 Planungsinstrumente im PuK-Prozess

Entlang des PuK-Prozesses kommen unterschiedliche Verfahren und Werkzeuge zum Einsatz. In der Phase der **Zielfindung** sind die Führungskräfte des Unternehmens natürlich grundsätzlich frei, sich die Ziele zu setzen, die sie für richtig halten. Das ist schließlich Ausdruck der unternehmerischen Freiheit und Verantwortung, für die sie später Rechenschaft ablegen müssen. Dennoch kann die Unternehmensleitung mit Hilfe bestimmter Methoden eine Orientierung für angemessene Ziele erhalten. Eine häufig verwendete Methode ist das **Benchmarking** (allgemein: Vergleich, Orientierung an Referenzwerten). Hierbei orientieren sich Unternehmen an den Zielen anderer Unternehmen, an Referenzwerten von Märkten, Branchen etc. So lassen sich in unterschiedlichen Branchen auch unterschiedliche Renditen erzielen und ein Unternehmen der Verlagsbranche könnte sich dann bei seinen Zielen und Zielwerten an typischen anderen Verlagsunternehmen orientieren.

In der Phase der Problemfeststellung und Problemanalyse spielen aus betriebswirtschaftlicher Sicht Abweichungsanalysen und Hochrechnungen eine große Rolle. Allgemein geht es hier darum, das gewünschte Ziel mit der heutigen Situation oder mit einer künftigen zu vergleichen. Die Differenz ist die Ziellücke (das Problem), die es zu überwinden gilt. Die **Abweichungsanalyse** vergleicht Ziel- und Ist-Werte und ermittelt entsprechende detaillierte Abweichungen. Mit ihnen können Hinweise auf mögliche Ursachen gewonnen werden. Im folgenden Kapitel werden sie ausführlicher behandelt. Eine **Hochrechnung** in der Phase der Problemfeststellung funktioniert im Grunde folgendermaßen: Man schreibt die bisherige Entwicklung fort bis zum Ende des Planungszeitraums. So könnte man etwa im Mai eines Jahres die Umsätze der Monate Januar bis April auf das Jahresende hin hochrechnen. Anschließend vergleicht man den so gewonnenen Endwert mit dem ursprünglichen Zielwert und erhält meist eine Ziellücke. Beträgt der hochgerechnete Umsatz für das Jahr 1,5 Mio. €, das Ziel war jedoch 1,7 Mio. €, so errechnet sich eine **Ziellücke,** und das damit festgestellte Problem, von 0,2 Mio. €.

Die Ziellücke lässt sich schließen durch Maßnahmen, die die „künftige Realität" an das Ziel annähern helfen, oder durch Senken des Ziels. Im ersten Fall muss nach alternativen Maßnahmen gesucht werden. Für diese **Alternativensuche** kommen zum Beispiel Kreativitätstechniken in Betracht, auf die ich hier nicht eingehe. Jede Alternative ist auf ihre Zielwirkung hin zu prüfen. Auch dazu dienen Planungsrechnungen, wie sie im Folgekapitel beschrieben werden. Die Umsetzung der gewählten Maßnahme ist dann regelmäßig zu überwachen. Dazu dient im Unternehmen das **Berichtswesen.** Folgende zwei Inhalte sind praktisch zwingend: Die Dokumentation des Erreichten und der Vergleich mit dem Geplanten. Häufig finden sich ergänzend eine Abweichungsanalyse und oft auch eine Hochrechnung. Berichte benötigt das Management sowohl während der Planumsetzung (monatlicher Kostenbericht, Planfortschrittskontrolle) als auch am Ende des Planungshorizonts (Ergebnisbericht).

Gerade in der operativen Planung und Kontrolle finden sich also viele Planungs- und Kontrollrechnungen wieder. Das verwundert nicht: Die Erzeugung und der Verkauf von Produkten und Dienstleistungen müssen über Preise und Mengen bewertet, in Kalkulationen und Ergebnisrechnungen übersetzt und als „Wirtschaftsplan" aufgestellt und kontrolliert werden. Nur dann kann das Unternehmen – der „Kaufmann", wenn man so will – das monetäre Ergebnis erkennen, das Ziel und Ausgangspunkt seiner Tätigkeit und seines Zwecks ist.

## 2.2    Planungs- und Kontrollrechnungen

### 2.2.1    Typische PuK-Rechnungen

Operative PuK-Rechnungen bilden den Prozess der Leistungserstellung und Leistungsverwertung ab. Sie werden fallweise ergänzt durch Projektrechnungen und andere Sonderrechnungen.[31] Die verschiedenen Rechnungen fußen zum Teil auch auf verschiedenen Wertgrößen. Üblich ist die Unterteilung in zwei Gruppen von Rechnungen, innerhalb denen weitere Einteilungen sinnvoll sind:[32]

a) Finanzielle PuK-Rechnungen betrachten Einzahlungen und Auszahlungen sowie die Veränderungen der Forderungen und kurzfristigen Schulden. Aus ihnen ergeben sich die

■ **Finanzrechnung** oder Liquiditätsrechnung als Saldo aus Ein- und Auszahlungen, sowie die

■ **Finanzierungsrechnung.** Sie ermittelt man als Saldo aus Finanzrechnung inklusive Forderungen und kurzfristigen Verbindlichkeiten.

▓ Berücksichtigt man auch die Zahlungsströme für Investitionen und für die langfristige Finanzierung aus Eigenkapital und Fremdkapital, erhält man die heute immer wichtigere Kapitalflussrechnung **(Cashflow-Rechnung)**. Sie ergänzt die Erfolgsrechnung des Unternehmens und deckt zusätzliche Informationen auf über die wirtschaftlichen Verhältnisse im Unternehmen.

b) Die finanziellen Rechnungen erfassen Zahlungen aus Geschäftsvorfällen zu ihrem Zahlungsdatum. Das Rechnungswesen, ob intern oder extern, bildet Geschäftsvorfälle nach wirtschaftlichen Kriterien ab. So sind bilanzielle Abschreibungen die idealisierte Abbildung der Nutzung einer Maschine in der Produktion. Die Abschreibungen verteilen die ursprüngliche Anschaffungsauszahlung über die Jahre der Nutzung.[33] Die eben beschriebene **Periodenabgrenzung** ist ein wesentliches Merkmal des Rechnungswesens. Es unterteilt sich in:

▓ **Bilanz** als Bestandsrechnung der Vermögens- und Kapitalwerte im Unternehmen.

▓ **Gewinn- und Verlustrechnung** als Stromrechnung, das heißt als Netto-Veränderung der Vermögens- und Kapitalwerte.

▓ Das Interne Rechnungswesen kommt durch andere, meist detailliertere Gliederungen und abweichende Wertansätze zu einer **internen Ergebnisrechnung**. Sie kann sich beziehen auf: das gesamte Unternehmen, organisatorische oder rechtliche Teile davon, Produkte sowie Kunden, Projekte usw.

Hilfreich ist es, die Ergebnisrechnung in verschiedene Zwischensalden zu gliedern, die sogenannte **Ergebnisspaltung**, wie sie Abbildung 2-1 zeigt.

*Abbildung 2-1:*   *Typische Ergebnisspaltung*[34]

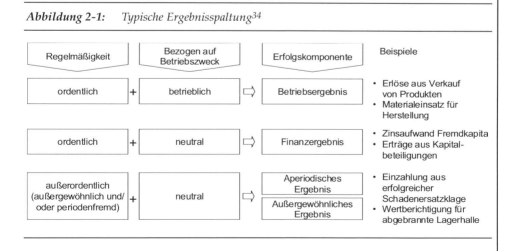

In den letzten Jahren haben viele Praktiker und Wissenschaftler vorgeschlagen, die Trennung in internes und externes Rechnungswesen aufzugeben und stattdessen ein einziges Rechenwerk aufzustellen. Ohne hier die Harmonisierung des Rechnungswesens ausführlich zu diskutieren, kann man festhalten, dass es Gründe für eine Angleichung gibt, genauso wie Gründe für unterschiedliche Rechnungen.[35] Einige wenige Empfehlungen sollen genügen.[36] Sie reduzieren nicht nur die Unterschiede zwischen den verschiedenen Rechenwerken, sondern auch den Planungs- und Kontrollaufwand.

▨ Daten möglichst stark angleichen:

— Das bedeutet den weitgehenden Verzicht auf eigenständige, kalkulatorische Kosten und Leistungen. Stattdessen sollen die Wertansätze der Bilanzierung auch intern verwendet werden.

— Wenn überhaupt, sollten höchstens kalkulatorische Zinsen auf das Eigenkapital verwendet werden. Eigenkapitalgeber haben im Gegensatz zu den Fremdkapitalgebern keinen vertraglichen Zinsanspruch, sondern nur einen Residualanspruch, sie erhalten also den Nettoertrag, der nach Abzug und Befriedigung aller anderen Anspruchsgruppen (Lieferanten, Staat, Mitarbeiter, Kreditgeber) vom Umsatz übrig bleibt. Um den Zahlungsanspruch der Eigenkapitalgeber stärker hervorzuheben, können kalkulatorische Zinsen ertragsmindernd angesetzt werden.

▨ Strukturen nur auf aggregierter Ebene angleichen:[37]

— Bedingt auch durch die Hinwendung zur internationalen Rechnungslegung sind Bilanz- und Ergebnisgrößen der externen Rechnungslegung so zu berichten, wie sie die Unternehmensleitung verwendet (management approach). Das bedeutet nicht, jedes interne Detail an die Öffentlichkeit zu bringen, wohl jedoch die intern verwendeten Führungsstrukturen in der extern so genannten Segmentrechnung zu publizieren, also Geschäftsfelder, Profit Center, Regionen und Ähnliches.

— Eine vollständige Angleichung der Inhalte ist nicht nötig. Vielmehr wird in begründeten Einzelfällen von der externen Bilanzierung abgewichen. Zu jeder Abweichung muss eine Überleitung vorhanden sein, damit sie nachvollziehbar und die Stimmigkeit der Zahlen überprüfbar ist.

— Die regelmäßige Planung und Kontrolle der operativen Wirtschaftlichkeit wird weiterhin eigenständige Größen wie Stück-Deckungsbeiträge, Opportunitätskosten, Mengen- und Qualitätskennzahlen etc. umfassen müssen und kann nicht rein bilanziell geprägt sein. Dasselbe trifft zu für Sonderrechnungen wie Zielkostenrechnung (Target Costing), Prozesskostenrechung oder das Projekt-Controlling.

Die Gliederung einer Ergebnisrechnung erfolgt heute meist nach dem Umsatzkosten-verfahren. Dazu werden den Umsätzen die dafür nötigen Kosten gegenübergestellt (daher Umsatzkosten = cost of sales). Unterscheidet man die Kosten weiter in variable und fixe Kosten, erhält man die aussagekräftigere mehrstufige Deckungsbeitragsrech-nung. Abbildung 2-2 zeigt die Grundstruktur einer Erfolgsrechnung nach dem Um-satzkostenverfahren. Sie kann auf unterschiedlichen Ebenen aggregiert und analysiert werden. Innerhalb eines Teilbereichs des Unternehmens oder für ein Kleinunterneh-men ist es zweckmäßig, sich mehr auf die Details der Produkte und Kunden zu kon-zentrieren und eine mehrstufige Deckungsbeitragsrechnung auszuweisen, wie sie Abbildung 2-3 zeigt.

*Abbildung 2-2:*    *Typische Struktur einer Ergebnisrechnung[38]*

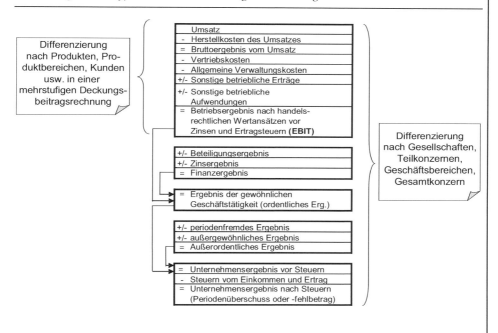

EBIT = Earnings before Interest and Taxes

In einer PuK-Rechnung tauchen verschiedene Datenarten auf. Der Plan selbst umfasst verschiedene Planwerte, aber auch Hochrechnungen. Während ein Planwert auf der Grundlage des Ziels definiert wird, ist eine Hochrechnung eine Fortschreibung des Ist-Zustands in die Zukunft. Die Kontrollrechnung benötigt neben den Planwerten dann noch die realisierten Istwerte als Vergleichswerte.

*Abbildung 2-3:* Beispiel zur mehrstufigen Deckungsbeitragsrechnung

| Unternehmen | | | Auto-Teile Hunger AG | | | | Summe |
|---|---|---|---|---|---|---|---|
| Bereich | Bremstechnik | | Öl- und Filtertechnik | | | | |
| Produktgruppe | | | Öle | | Filter | | |
| Produkt | Scheibenbr. | Trommelbr. | Vollsynth. | Halbsynth. | Ölfilter | Benzinfilter | |
| Umsatz | 150.000 | 210.000 | 128.000 | 88.000 | 96.000 | 84.000 | 756.000 |
| abzgl. Rabatt u. ä. | 6.000 | 9.000 | 2.000 | 1.000 | 1.000 | 3.000 | 22.000 |
| = Nettoumsatz | 144.000 | 201.000 | 126.000 | 87.000 | 95.000 | 81.000 | 734.000 |
| - Materialkosten | 66.000 | 140.000 | 80.000 | 48.000 | 42.000 | 21.000 | 397.000 |
| - Löhne | 24.000 | 35.000 | 32.000 | 16.000 | 18.000 | 28.000 | 153.000 |
| **= DB I** | **54.000** | **26.000** | **14.000** | **23.000** | **35.000** | **32.000** | **184.000** |
| - produktfixe Kosten | 5.000 | 12.000 | 30.000 | 25.000 | 15.000 | 12.000 | 99.000 |
| **= DB II** | **49.000** | **14.000** | **-16.000** | **-2.000** | **20.000** | **20.000** | **85.000** |
| Summe DB II | 63.000 | | -18.000 | | 40.000 | | 85.000 |
| - produktgruppenfixe Kosten | | | 4.000 | | 7.400 | | 11.400 |
| **= DB III** | **63.000** | | **-22.000** | | **32.600** | | **73.600** |
| Summe DB III | 63.000 | | 10.600 | | | | 73.600 |
| - bereichsfixe Kosten | 21.800 | | 24.000 | | | | 45.800 |
| **= DB IV** | **41.200** | | **-13.400** | | | | **27.800** |
| Summe DB IV | 27.800 | | | | | | 27.800 |
| - Unternehmensfixkosten | 58.000 | | | | | | 58.000 |
| **= DB V = Gewinn** | -30.200 | | | | | | **-30.200** |

DB = Deckungsbeitrag, DB I, II, … = DB-Stufen

## 2.2.2 PuK-Rechnungen und Unternehmensorganisation

Alle PuK-Rechnungen müssen sich an die Organisation des Unternehmens anpassen. Ein Kleinunternehmen ist typischerweise geprägt durch eine funktionale Struktur, und sie dominiert dann auch die Planung. Wächst das Unternehmen, wird die Aufbauorganisation differenzierter und es entstehen vielleicht Geschäftsbereiche oder regionale Verantwortungsbereiche. Dann wird die PuK-Rechnung innerhalb der Geschäftsbereiche funktional gegliedert sein und auf einer höheren Ebene nach Geschäftsbereichen bis hin zum Gesamtunternehmen. Die erste Frage, die hier zu beantworten ist, handelt weniger von der Art der Planungsrechnung, sondern von der Entscheidung, wie Verantwortung delegiert wird. Die Planungsrechnung folgt also der Führungsentscheidung über die Gliederung der Verantwortung im Unternehmen und nicht umgekehrt.

In der Praxis finden sich häufig Unterteilungen in Profit Center, Service Center und Cost Center. Ein Center ist ein abgegrenzter Verantwortungsbereich. Die unterschiedlichen Begriffe verweisen auf die unterschiedlichen Ziele und Kompetenzen, die ein Center-Leiter vorgegeben bekommt (siehe Abbildung 2.4). Die Praxis verzichtet meist auf die Unterteilung in ein Investment Center und Profit Center: Während der Leiter eines Investment Centers für eine Kapitalverzinsung einstehen muss, hat der Profit-Center-Leiter einen Gewinn zu erzielen.[39]

In der Betriebswirtschaftslehre wird empfohlen, in einer Center-Ergebnisrechnung zunächst nur die Erlöse und Kosten aufzuführen, die der Center-Leiter auch beeinflussen kann.[40] Die Empfehlung ist jedoch einfacher formuliert als praktiziert: Im Einzelfall dürfte es sehr schwierig sein nachzuweisen, ob ein Sachverhalt beeinflussbar war oder nicht und welche Konsequenzen sich daraus ergeben hätten.

*Abbildung 2-4:*    *Verantwortungsbereiche und deren Ziele und Kompetenzen*

| Centertyp | Investment Center (IC) | Profit Center (PC) | Service Center (SC) | Cost Center (CC) |
|---|---|---|---|---|
| Zielgröße | Rendite auf das eingesetzte Kapital | Gewinn/Erfolg | Kostendeckung, Einhaltung bzw. Unterschreitung Planverrechnungssätze | Kostendeckung, Einhaltung bzw. Unterschreitung Planbudget |
| Entscheidungsrechte | Kapitaleinsatz, Beschaffung, Produktion, Absatz | Beschaffung, Produktion, Absatz | Beschaffung, Produktion | Beschaffung |
| *Beispiele* | *Geschäftsbereich Nutzfahrzeuge* | *Vertriebsniederlassung Ratingen* | *Produktion Achsen* | *Rechtsabteilung* |

## 2.2.3   Verdichtung von PuK-Rechnungen zu Kennzahlen

Wollte man der Geschäftsführung alle Planzahlen im Detail vorlegen, wäre sie schnell durch die schiere Menge des Zahlenmaterials überfordert. Stattdessen werden Controller die PuK-Rechnungen zu Kennzahlen verdichten. Kennzahlen sollen über Sachverhalte in konzentrierter und quantitativer Form Auskunft geben.[41] So ist die Abweichung der normalen Körpertemperatur beim Menschen ein Indikator für Krankheit, weist also als Symptom auf mögliche Probleme hin.

Neben der Verdichtung von Informationen und der Funktion als Signal für Veränderungen ist die dritte Funktion von Kennzahlen die Zielvorgabe und Leistungsmessung. Sie spielt in der Diskussion um die Planung und Budgetierung eine große Rolle und sie erklärt vielleicht auch teilweise die große Verbreitung von Kennzahlen.[42] Betrachtet man ein Unternehmen als „Maschine", so suggerieren Kennzahlen die Stellschrauben zur Beeinflussung der Maschine. Durch das Drücken von Tasten und das Verstellen von Schaltern sollen der Kurs des Unternehmens und das Verhalten der Mitarbeiter festlegbar sein. Dem ist natürlich nicht so.

Kennzahlen und Kennzahlensysteme lassen sich sehr unterschiedlich einteilen. Ganz grob in finanzielle und nicht-finanzielle Kennzahlen oder differenzierter in:[43]

- **Finanzkennzahlen:** Solche Kennzahlen können Aspekte der Liquidität erfassen, die Ein- und Auszahlungen betrachten oder auf dem internen und externen Rechnungswesen fußen. Bei Letzteren unterscheidet man auch in Erfolgs- und Renditekennzahlen. Monetäre Kennzahlen sind in Unternehmen die wichtigsten Kennzahlen.

- **Markt- und Kundenkennzahlen:** Um Gewinnziele zu erreichen, sind entsprechende Produkte und Dienstleistungen an Kunden zu verkaufen unter Beachtung von Marktgegebenheiten und Wettbewerberreaktionen. Entsprechende Kennzahlen wie Marktanteile, Kundenzufriedenheit oder Akquisitionserfolg sollen helfen, diese Ziele zu erreichen.

- **Prozesskennzahlen:** Produkte und Dienstleistungen sind über Prozesse zu erstellen. Erfolgreiche Produkte benötigen auch entsprechend funktionierende Prozesse. Zur Steuerung der Prozesse können Kennzahlen dienen, wie Fehlerquoten, Durchsatz je Zeiteinheit oder Produktivität (Ausstoßmenge im Verhältnis zur Einsatzmenge).

- **Mitarbeiterkennzahlen:** Letztlich baut ein Unternehmen auf die Erfahrung, das Wissen und die Arbeit der Mitarbeiter, um erfolgreich zu sein. Entsprechende Kennzahlen sollen Einblick geben in die Qualifikation, die Verfügbarkeit und Zufriedenheit von Mitarbeitern.

- **Innovationskennzahlen:** Häufig vernachlässigt, jedoch sehr wichtig sind Kennzahlen, die Auskunft geben über die Innovationsfähigkeit des Unternehmens als Voraussetzung für künftigen Erfolg. Allerdings ist es auch sehr schwierig, hierfür geeignete Kennzahlen zu finden.

Finanzkennzahlen sind nachlaufende Kennzahlen oder Spätindikatoren, da sie über das Ergebnis der wirtschaftlichen Tätigkeit berichten, also erst nach Ablauf eines Zeitraums aussagekräftig sind. Die anderen Kennzahlen sind meist vorlaufende Kennzahlen oder Frühindikatoren. Sie zeigen bereits recht schnell Probleme an, die später die finanziellen Ziele beeinflussen können. So wirkt sich eine steigende Ausschussquote auf den später ermittelten Gewinn negativ aus.

**Empirie zur Kennzahlennutzung**

Welche Kennzahlen verwenden Unternehmen und zu welchem Zweck? Hierzu liegen mehrere Untersuchungen vor. Die bisher umfangreichste und aktuellste von *Sandt* ergab folgende, wesentliche Erkenntnisse:[44]

- Umfang und Art der Kennzahlen: Die meisten Führungskräfte erhalten eher zu viele als zu wenige Kennzahlen. So erhält die Mehrheit der Befragten mehr als zehn Finanzkennzahlen, während umgekehrt die meisten nur weniger als fünf nicht-finanzielle Kennzahlen je folgender Kategorie erhalten: Kunden/Märkte, Prozesse, Mitarbeiter oder Innovationsthemen.

- Bedeutung und Verfügbarkeit von Kennzahlen: Wie gesagt, dominieren die finanziellen Kennzahlen in der tatsächlichen Berichterstattung an das Management. Demgegenüber wünschen sich Manager nach eigener Aussage jedoch mehr nichtfinanzielle Kennzahlen, besonders für die Kategorien Kunden/Märkte, Prozesse und Innovation.[45]

- Häufigkeit der Berichterstattung und Kennzahlenlieferant: Auch hier zeigen sich Unterschiede in den einzelnen Kategorien: Finanzielle Kennzahlen werden meist monatlich berichtet, während die Kennzahlen der anderen Kategorien höchstens quartalsweise oder noch seltener berichtet werden. Die befragten Führungskräfte wünschen durchweg häufiger, über Kennzahlen informiert zu werden. Interessant ist, dass diese Kennzahlen in praktisch allen Fällen von verschiedenen Abteilungen geliefert und in verschiedenen Berichten übermittelt werden.

- Nutzung von Kennzahlen (I): Entgegen manch landläufiger Meinung verwenden die befragten Manager Kennzahlen nur selten zur Entscheidungsfindung. Hauptsächlich soll damit das Verhalten anderer Mitarbeiter beeinflusst werden, also Entscheidungen durchgesetzt, oder es sollen damit Entscheidungen (nachträglich) gerechtfertigt werden.

- Nutzung von Kennzahlen (II): Eine etwas andere Sicht auf die Nutzung betrachtet Kennzahlen einerseits als Diagnoseinstrument. Dann sollen sie vor allem Abweichungen im normalen Tagesgeschäft anzeigen. Andererseits können Kennzahlen auch eine Fokussierung bieten auf neue Strategien und deren Umsetzung.[46] Viele der Befragten nutzen Kennzahlen im zweiten Sinne. Das ist so lange unkritisch, wie das Tagesgeschäft nicht aus den Augen verloren wird.

Neben den Vorteilen von Kennzahlen gibt es auch **Grenzen** ihrer Anwendung, die man im Auge behalten sollte. Die Verdichtung von Informationen auf einen Schlüsselwert ist ein großer Vorteil von Kennzahlen, zugleich werden dadurch Details oder andere nicht in Kennzahlen abgebildete Inhalte ausgeblendet, als nicht relevant oder nicht bedeutsam betrachtet. Auch entstehen leicht Fehlinterpretationen, wenn die zugrunde liegenden Sachverhalte nicht bekannt sind oder nicht verstanden werden.[47] Damit kann auch die Täuschung entstehen, das Unternehmen im Griff zu haben, die so genannte **Kontrollillusion**.[48]

## 2.3    Budgetierungsverfahren

Ein Budgetierungsverfahren soll die Frage beantworten: Wie ermittelt man die Budgethöhe? Allgemein gilt: Budgets als monetäre Pläne sind immer dann gut zu berechnen, wenn die dahinter liegenden wirtschaftlichen Zusammenhänge bekannt und gut beschreibbar sind. Gut erfassbare Zusammenhänge erfordern jedoch die Kenntnis der ablaufenden Prozesse der Leistungserstellung in dem zu budgetierenden Bereich. Leicht zu erstellen ist eine Budgetierung bei Prozessen, (1) die ein physisches Ergebnis erzeugen (Beispiel Kühlschränke), (2) das sich monetär messen lässt (Beispiel Zuschlagskalkulation für Kühlschrank), (3) sowie bei Prozessergebnissen, die immer gleichartig sind und in hohen Mengen auftreten (Beispiel Großserienfertigung weniger Kühlschrankvarianten) und sofern (4) die gerade genannten Prozessmerkmale eindeutig definierbar sind. Dieser Fall entspricht der Produktionsplanung industrieller Güter. Sie erzeugt über ihre Mengenplanung und Kalkulation ein Budget für die Fertigung – und benötigt es eigentlich gar nicht. Denn wichtiger als die geplanten Gesamtkosten der Fertigung (also das Fertigungsbudget) sind Größen wie Durchlaufzeiten, Ausschussraten, Stückkosten oder Deckungsbeiträge.[49]

Das andere Extrem ist die Budgetierung der Forschung. Ihre Ergebnisse sind immateriell, sie lassen sich nicht direkt monetär bewerten und schwanken von Forschungsprojekt zu Forschungsprojekt. Kaum ein Projekt gleicht dem anderen, so dass sich keine eindeutigen Zusammenhänge zwischen Einflussgrößen, Randbedingungen und Forschungsergebnissen erkennen lassen. Die Budgetermittlung ist also sehr schwierig. Sie wird aber in der Praxis als sehr wichtig angesehen, da man kaum andere Anhaltspunkte zur Planung hat. Hier zeigt sich ein Dilemma: In den Anwendungsfeldern, in denen sich Budgets einfach ermitteln lassen, ist ihre Bedeutung eher gering, und in jenen Bereichen, in denen sie nur schwer zu ermitteln sind, werden Budgets dringend benötigt.

*Küpper* teilt Budgetierungsverfahren oder Budgetierungstechniken ein in zwei Gruppen: a) problemorientierte Techniken, die an bekannten Produktions-, Kosten- und Leistungsfunktionen ansetzen, und b) verfahrensorientierte Techniken, die Regeln definieren, wie Budgets zu ermitteln sind, ohne tiefer gehendes Wissen voraussetzen zu können.

Zu a) **problemorientierte Budgetierungstechniken**: Das obige Beispiel der Kühlschrankproduktion ist ein Musterfall einer problemorientierten Budgetierung. Sie beginnt mit der Absatzmengen- und Absatzpreisplanung, ermittelt die herzustellenden Endprodukte, über die Bedarfsauflösung und Bedarfsrechnung die Mengen und Termine der Vorprodukte und Einsatzgüter sowie der benötigten Ressourcen und kommt so zu einem abgestimmten Absatz-, Produktions- und Beschaffungsplan. Bewertet man diesen mit entsprechenden Preisen beziehungsweise kalkulierten Kosten, gelangt man zu den entsprechenden Budgetansätzen, also Umsatz-, Produktions- und Beschaffungsbudget. Abbildung 2-5 zeigt die generelle Struktur einer solchen Gesamtplanung (engl. master budget).

*Abbildung 2-5:*    *Struktur der Gesamtplanung (master budget)⁵⁰*

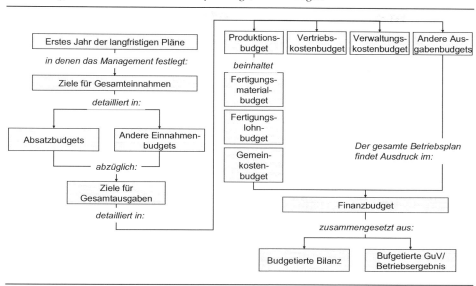

Zu b) **verfahrensorientierte Budgetierungstechniken**: In vielen Fällen helfen die problemorientierten Techniken nicht weiter, da ihre Anwendungsvoraussetzungen nicht zutreffen.① Häufig lässt sich das Ergebnis nicht oder nur schwer messen, wie bei der Forschung der Fall, der Ressourceneinsatz jedoch schon. Daher setzt eine Gruppe von Verfahren am Ressourceneinsatz an (inputorientiert). Andere Verfahren versuchen trotz der Schwierigkeiten, stärker outputorientiert Budgets abzuleiten. Eine dritte Gruppe fokussiert auf Prozesse und die letzte Gruppe der Verfahren versucht, das Problem über die Änderung der Strukturen zu lösen.⁵¹

b.1) Das einfachste inputorientierte Budgetierungsverfahren ist die **Fortschreibung** der Vergangenheitswerte. Das Budget des Folgejahres ergibt sich als prozentuale Veränderung des bisherigen Budgets. Statt jedes Jahr Budgets um x % zu erhöhen, haben japanische Unternehmen bereits seit langem gute Erfahrungen damit gemacht, Budgets jährlich um einen Prozentbetrag zu **kürzen.** Damit soll die Wirtschaftlichkeit erhöht werden, ohne dass die Unternehmensleitung vorgeben müsste, wie genau dies geschehen soll. Diese Idee firmiert unter **Kaizen Budgeting** und wird uns in Kapitel 4 wiederbegegnen.⁵² Eine zweite Art der inputorientierten Budgetableitung ist die **Gemeinkostenwertanalyse**. Hierbei wird in einem systematischen Prozess hinterfragt, ob die Ressourcen der Organisationseinheit wirklich nötig sind und ob nicht kostengünstigere Lösungen denkbar wären. Ziel ist also primär die Kosteneinsparung, die über ehrgeizige Vorgaben erreicht werden soll. Zum einen führt aber diese „Rasenmäher-

---

① Hiermit sind die eingangs erwähnten vier Bedingungen gemeint.

methode" schnell zu Akzeptanzproblemen und Widerständen, zum anderen nutzt sich die Methode ab, wenn man sie öfter durchführt, und sie berücksichtigt nicht den Zweck von Ressourcen und Budgets, also für welche Leistungen sie eingesetzt werden.

b.2) Bei outputorientierten Budgettechniken setzt die Ableitung der Budgethöhe an den Leistungen an. Deren Sinn und Zweck sowie deren Kosten stehen im Fokus. Damit dreht sich die Diskussion nicht nur um Einsparungen wie oben ausgeführt, sondern auch um die Fragen: Werden die richtigen Leistungen erzeugt, sollen neue eingeführt werden und wenn ja, zu welchen Kosten? Das bekannteste Instrument in dieser Gruppe ist **Zero Base Budgeting.** Wie der Name andeutet, soll das Unternehmen von Grund auf neu gestaltet werden, so als ob es gar nicht existierte. Man überlegt zunächst, welche Ziele verfolgt werden sollen und welche Leistungen dazu nötig sind. Die Budgets der Leistungen hängen dann unter anderem davon ab, auf welchem Niveau, mit welcher Güte diese Leistung erbracht werden soll. Ordnet man diese Leistungen und ihre benötigten Budgets in Rangfolgen, so kann man im Vergleich zum verfügbaren Gesamtbudget erkennen, welche Leistungen finanzierbar sind und welche nicht mehr. Hier deutet sich schon an, dass die Methode recht aufwändig ist und auch teilweise schwierig umzusetzen. Denn wie soll man zu einer von allen Führungskräften akzeptierten Rangfolge aller Leistungen über das Gesamtunternehmen kommen? Hier wird man aus praktischen Gründen Kompromisse eingehen müssen. Dennoch dürfte es helfen, immer wieder einmal die Budgetsachverhalte zu hinterfragen und sich über neue Lösungen Gedanken zu machen.

b.3) **Prozessorientierte Budgetierung:** Hierbei setzt die Budgetierung an den Prozessen an, die mengen- und wertmäßig zu planen sind. Prozesse sind das Bindeglied zwischen der oben genannten Leistung und dem Ressourceneinsatz. Die Vorgehensweise ist der Prozesskostenrechnung entlehnt, jedoch mit einer spezifischen Abfolge von Schritten, auf die in Kapitel 4 eingegangen wird. Der Vorteil der prozessorientierten Budgetierung ist die verfeinerte Planung und damit bessere Begründung der Budgethöhe. Gleichzeitig ist das Instrument natürlich komplexer und nicht mehr so einfach anwendbar wie die Fortschreibungsbudgetierung.

b.4) **Strukturorientierte Instrumente:** Etwas verbrämt meint man damit im Grunde die Vorgabe anspruchsvoller Ziele oder die Einführung marktähnlicher Ziele und Sanktionsmechanismen, zum Beispiel durch die Einführung verbindlicher Qualitätsstandards für Dienstleistungen **(Service Level Agreements)**, marktorientierter Verrechnungspreise oder die Schaffung von Centern (siehe Kapitel 2.2.2). Damit verlässt man die Budgetierung im Sinne der Ermittlung von Plankosten oder Planerlösen. Kern der Diskussion ist vielmehr die Art und Weise der Führung dezentraler Organisationseinheiten im Sinne von Zielvorgabe, Leistungsmessung und Sanktionierung. Diese Sichtweise nimmt auch das Konzept des Beyond Budgetings ein, das in Kapitel 5 ausführlich vorgestellt wird.

Welche Verfahren wenden Unternehmen in der Praxis an? Abbildung 2-6 zeigt, dass die meisten befragten Unternehmen sich an Vergangenheitswerten orientieren, also die oben erwähnte Fortschreibungstechnik verwenden, gefolgt von der Ableitung von Budgets aus anderen Zielen. Das aktuell diskutierte Konzept des Beyond Budgeting findet nur selten Anwendung.

***Abbildung 2-6:*** *Budgetierungsverfahren in der Praxis*[53]

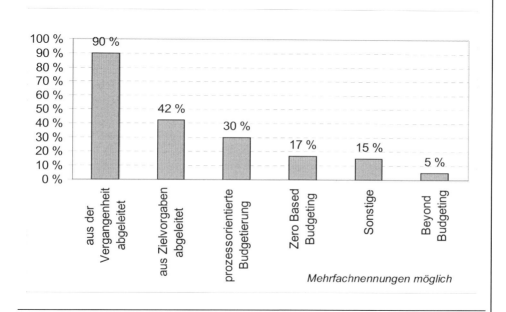

# 3 Stand und Probleme der Planung und Kontrolle in der Praxis

## 3.1 Einfluss individuellen Verhaltens auf Planung und Kontrolle

Nicht alle Führungskräfte halten Planung für gleich bedeutsam. Die **Einstellung zur Planung** ist durchaus unterschiedlich.[54] Mindestens vier Typen finden Sie in der Praxis vor:

- Der programmatische Fantast hält Planung für sinnvoll, allerdings mangelt es ihm an Willen zur Durchsetzung von Plänen. Letztere bleiben oft Wunschträume.

- Der Planungsintellektuelle versucht, die Realität über möglichst detaillierte Pläne zu gestalten. Das fördert eine realistische Planung und Umsetzung, birgt andererseits die Gefahr, sich in Details zu verlieren und sehr großen Aufwand in die Planung zu stecken.

- Planungsasketen sehen keinen Sinn darin, mit der Planung zu versuchen, die Wirklichkeit zu beeinflussen. Sie wollen sich angesichts der vielen Veränderungen und Wissensdefizite lieber auf Ad-hoc-Entscheidungen verlassen.

- Dagegen hält ein Antiplaner Pläne für unsinnig. Er handelt und entscheidet lieber, als dass er ausgefeilte Pläne erstellt und abarbeitet.

Ebenso unterschiedlich ist die **Einstellung zur Kontrolle:** In ihrer Funktion als Verhaltenslenkung bewirkt die Kontrolle zum einen eine Orientierung und Bestätigung des eigenen Tuns, was Mitarbeiter als positiv empfinden können. Diese Orientierung sehen andere dagegen als Bevormundung. In ihrer Funktion als Lernanregung kann die Kontrolle im besten Fall dazu führen, dass Entscheidungen und Pläne besser werden. Im schlechteren Fall empfinden sie Mitarbeiter als Schuldnachweis oder Repression und letztlich eine Zumutung: Zeigt die Kontrolle einen Misserfolg an, so empfinden viele das als unangenehm und keineswegs als Lernanreiz. Gemäß der Theorie der kognitiven Dissonanz werden Mitarbeiter versuchen, die Ursachen herunterzuspielen oder auf andere abzuwälzen, schon um ihr Selbstbild aufrechtzuerhalten.

Abgesehen von den generellen Einstellungen wirken weitere **typische Verhaltensweisen** oft negativ auf die Planung und Kontrolle. Eine kleine Auswahl soll illustrieren, welches Verhalten vorkommen kann:

- Überschätzung der eigenen Möglichkeiten, auch **Illusion der Unverwundbarkeit** genannt (overconfidence bias): Es liegt offenbar in der Veranlagung der meisten Menschen, ihre eigene Kompetenz, ihre gesundheitlichen Aussichten und ihren Erfolg zu überschätzen.[55] Es wird allerdings von Managern erwartet, dass sie optimistisch sind und eine überaus positive Zukunft für das Unternehmen anstreben. Somit dürfte es wenig wundern, wenn Pläne meist (zu) optimistisch hinsichtlich der Möglichkeiten des Unternehmens ausfallen.

- **Überschätzung der eigenen Bedeutung,** beispielsweise bei der Beurteilung des eigenen Anteils an einem gemeinsamen Erfolg. Das finden Sie bei der Selbstbeurteilung des eigenen Beitrags eines Managers am Unternehmenserfolg wieder.

- Damit zusammen hängt das **Wunschdenken,** man hätte gerne eine bestimmte Entwicklung angenommen und blendet Probleme oder Risiken aus. Insbesondere negative Folgen eigenen Handelns möchte man ungern zur Kenntnis nehmen, um nicht die eigenen Fähigkeiten anzweifeln zu müssen. Diese Art der Kompetenzillusion verschärft noch das Festhalten an unrealistischen Schlussfolgerungen.

- **Entscheidungsbindung:** Festhalten an Überzeugungen, auch wenn sie sich als falsch erwiesen haben. So versuchte der Medienunternehmer *Leo Kirch,* mit dem Bezahlfernsehsender Premiere den wirtschaftlichen Erfolg des Bezahlfernsehens in anderen Ländern wie Großbritannien auch in Deutschland zu wiederholen. Nach Meinung mancher Experten übersah er jedoch, dass der Erfolg des Bezahlfernsehens umgekehrt zur Zahl der frei verfügbaren Fernsehkanäle ist. Die Chancen in Deutschland waren also von Beginn an begrenzt, trotzdem hielt *Leo Kirch* an der Idee fest, bis das Unternehmen Premiere und seine gesamte Mediengruppe 2002 Insolvenz anmelden musste.[56]

- **Ungeeigneter Umgang mit Wahrscheinlichkeiten:** Menschen bewerten Risiken und Häufigkeiten anders als in der mathematischen Wahrscheinlichkeitstheorie. Hierzu ein kleines Beispiel: Angenommen, ein Geschäftsbereich erwirtschaftet seit drei Jahren Gewinne deutlich über dem relevanten Durchschnitt seiner Branche. Die meisten Manager würden annehmen, dass dies auch im Folgejahr geschehen dürfte. Dieselbe Haltung finden Sie auch bei Investmentfonds. Käufer von Fonds bevorzugen solche, die in der jüngeren Vergangenheit überdurchschnittliche Renditen abwarfen, in der Hoffnung, dass dies so weitergeht. Die Realität ist meist trister: Nach einigen erfolgreichen Jahren stellen sich wieder magere Jahre mit geringen Gewinnen oder gar Verlusten ein. Der Grund ist die so genannte Regression zum Mittelwert. Das bedeutet, dass kein Geschäftsbereich oder Fonds in der Regel dauerhaft überdurchschnittlich sein kann, sondern zum allgemeinen Durchschnitt zurückkehrt.[57]

▦ Einfluss von **Emotionen** und **situativen Randbedingungen:** Menschen, und insbesondere Controller, meinen zwar, dass sie streng rational entscheiden, das ist jedoch nicht der Fall: Stimmungslagen, unbewusste Motive und Einstellungen beeinflussen Entscheidungen genauso wie Stress, Zeitdruck oder aktuelle Ereignisse.

In den letzten Jahren wurden verschiedene Theorien entwickelt und getestet, die solches und ähnliches Verhalten besser abbilden, als das in der früheren, sehr restriktiven Entscheidungstheorie der Fall war. Besonders die **Prospect Theorie** und die Idee der **mentalen Konten** können eine Reihe typischer Planungs- und Entscheidungsprobleme erklären.

Die meisten Menschen scheuen das Risiko eher, als dass sie es suchen. Sie gehen jedoch mit Verlusten und Gewinnen unterschiedlich um. Nehmen wir an, eine Tochtergesellschaft wurde einst im asiatischen Markt gegründet, um dort die viel diskutierten Gewinnchancen wahrzunehmen. Leider macht die Tochtergesellschaft seit Jahren nur Verluste. Eine rationale Planung und Entscheidung müsste dann die Idee von Grund auf neu bewerten und käme vielleicht zu dem Schluss, die Gesellschaft rasch zu schließen. In der Wirklichkeit findet man jedoch häufig die Entscheidung, noch weiter daran festzuhalten oder gar noch weiteres Geld zu investieren, um endlich, endlich den versprochenen großen Gewinn einzufahren. Dieses Verhalten lässt sich dadurch erklären, dass Menschen unterschiedlich reagieren, je nachdem ob bereits Verluste eingetreten sind oder nicht. Bei eingetretenen Verlusten sind sie bereit, eher weitere und sogar hohe Risiken in Kauf nehmen, nur um noch die Chance zu haben, doch noch einen Gewinn zu erwirtschaften (Verlusteskalation). Bei Gewinnen versucht man jedoch das Risiko zu vermeiden. Auch auf die Gefahr, dass einem zusätzliche Gewinne entgehen. Dieser Effekt verstärkt sich noch durch die „mentale Kontoführung". Menschen neigen dazu, bei ihren Projekten im Kopf die Gewinne und Verluste mitzurechnen. Man hat nun herausgefunden, dass bei verlustreichen Projekten solche Konten möglichst lange gedanklich offen gehalten werden, um die Realisierung des Verlustes und das Eingestehen des Scheiterns zu vermeiden. Ein offenes Verlustkonto eröffnet scheinbar die Chance, den Verlust doch noch zu einem Gewinn zu machen.

## 3.2 Gruppenverhalten, Planung und Kontrolle als soziale Aktivität

### Gruppendenken und Gruppenverhalten

In der Gruppe können sich die vorigen Verhaltensweisen noch verstärken, vor allem dann, wenn eine Arbeitsgruppe sich aus ähnlich denkenden Mitgliedern zusammensetzt, ein Meinungsführer vorhanden ist und hoher Entscheidungsdruck besteht. Auch hat man festgestellt, dass Menschen in einer Gruppe bereit sind, höhere Risiken einzugehen als bei einer individuellen Entscheidung. Der vermeintliche oder tatsächliche

Gruppendruck führt dazu, dass die Meinungen sich angleichen, abweichende Meinungen unterdrückt werden und zu schnell eine Einmütigkeit aufkommt, die Risiken oder negative Aspekte ausblendet. Nicht umsonst war die Antwort des Industriellen *Alfred P. Sloan* auf eine rasche Entscheidungsfindung: „Wenn das so ist, dann schlage ich vor, dass wir die Sitzung hier unterbrechen – und uns Zeit nehmen, zu unterschiedlichen Meinungen zu gelangen."[58] Er suchte nach Dissens, da er aus Erfahrung wusste, dass zu rascher Konsens Zeichen einer oberflächlichen Auseinandersetzung mit Sachverhalten war. Man würde sich wünschen, dass diese Haltung auch heute noch vorkäme.

Solche Gruppeneffekte können in Planungsrunden bewirken, dass Risiken oder Alternativen ausgeblendet werden, man zu rasch einen oberflächlichen und vielleicht zu optimistischen Plan verabschiedet. In Kontrollgesprächen kann es zu der oben beschriebenen Verlusteskalation kommen. Man entscheidet sich in der Gruppe, weitere Finanzmittel bereitzustellen, um bei aufgelaufenen Verlusten hoffentlich doch noch das Blatt zu wenden. Kritische Stimmen werden nicht gehört oder gar nicht zur Sitzung zugelassen.

Dass Gruppen von unterschiedlichen Meinungen und Personen profitieren und nicht vom Konsens, konnte auch in neueren Studien gezeigt werden. Bei der Zusammenstellung eines Planungsteams sollten daher Personen aus unterschiedlichen Unternehmensbereichen und mit unterschiedlichem Wissen und Erfahrungen einbezogen werden. Auch sollte die Planungsdiskussion nicht durch eine Person dominiert werden oder Meinungen unterdrückt werden.[59]

**Menschen neigen zur Kooperation, aber nicht bedingungslos**

Etwas allgemeiner betrachtet, geht es bei der Planung nicht nur darum, eine rationale Führungsaufgabe abzuarbeiten. Es geht in Unternehmen auch um soziale Zugehörigkeit sowie um Macht, Status und Rangordnung.

Erleichtert wird die Planung dadurch, dass Menschen zu einer Gruppe dazugehören wollen und bereit sind, von sich aus zu kooperieren. Das tun sie jedoch nicht vorbehaltlos, sondern auf lange Sicht nur dann, wenn keine Trittbrettfahrer kooperatives Verhalten für sich ausnutzen können. Oder wenn solches abträgliches Verhalten auf irgendeine Weise bestraft wird. Man bezeichnet das auch als Präferenz der starken Gegenseitigkeit (Strong Reciprocity).[60] Für die Gestaltung von Planungsprozessen bedeutet das, man sollte folgende Punkte beachten:

1. Ein **übergeordnetes Ziel,** das nur gemeinsam erreicht werden kann und das eine von allen geteilte Bedeutung besitzt, erleichtert die Kooperation. Denn dann wird jedem der Sinn und Zweck der Zusammenarbeit einsichtig. Der alljährliche Anlass, mal wieder einen Plan für das Folgejahr aufzustellen, ist zu wenig überzeugend. Eher schon fördert es die Zusammenarbeit, den Jahresplan als Baustein eines positiven längerfristigen Zieles zu formulieren.

2. Erreicht man dieses Ziel, muss jeder einen Nutzen davon haben. Das kann ein finanzieller Vorteil sein, muss es aber nicht. **(Individuelle Anreize)**

3. Der Vorteil für jeden Einzelnen muss aus Sicht der Beteiligten gerecht ermittelt und gerecht verteilt werden. **(Gerechte Verteilung)**

4. Jene, die in der Planung oder Umsetzung nicht kooperieren oder für sich Vorteile heraus schinden und entdeckt werden, müssen negative Konsequenzen erleben. **(Sanktionierung von Fehlverhalten)**

**Es geht bei Planung und Kontrolle auch um Macht, Status und Rangordnung.**

Nur selten spricht man in Unternehmen offen darüber: Es geht den Menschen auch um Macht und um einen vorderen Platz in der Rangordnung. Zunächst einmal ist eine Rangordnung oder Hierarchie nicht so schlecht, wie es manchmal behauptet wird. Sie ist meines Erachtens vielmehr nötig, um eine Organisation am Laufen zu halten. Hierarchie hat folgende Vorteile:[61]

Hierarchie nützt auch denen, die unten stehen: Auch der Mitarbeiter am untersten Ende der Rangordnung profitiert noch vom Schutz, den Sozialleistungen und der zwischenmenschlichen Interaktion, die ihm eine Organisation bietet.

Hierarchie reduziert Konflikte: Solange die Hierarchie nicht infrage gestellt wird, bietet die Hierarchie klare Strukturen und Regeln und vereinfacht das Miteinander. Es sind dann keine Diskussionen über Kompetenzen und Aufgabenverteilungen nötig.

Führungskräfte setzen Standards und dienen als Vorbilder: Im Guten wie im Schlechten wirken Führungskräfte direkt und indirekt auf das Verhalten und die Entscheidungen der anderen Mitarbeiter ein.

Hierarchie motiviert: Die Privilegien, die ein hoher Rang bietet, sind ein starker und positiver Anreiz für Mitarbeiter. Es motiviert sie, sich anzustrengen, zu kooperieren und Wege zu finden, in der Hierarchie aufzusteigen.

Hierarchie ist durch eine zu große Machtfülle und autoritäres Verhalten der Ranghöheren bedroht. Zur Stabilisierung der Hierarchie hilft Großzügigkeit und Glaubwürdigkeit gegenüber den Organisationsmitgliedern.

Für die Planung und Kontrolle bedeutet das:

Eine Planung muss die Hierarchie des Unternehmens berücksichtigen. Sie kommt dann nicht in Konflikte mit der „Hackordnung" und die Abarbeitung der Planungsaufgaben wird erleichtert. Denn dadurch wird zur Mitarbeit motiviert, die Aufgaben sind klar verteilt und es gibt keine Diskussionen darüber.

Die Kontrolle hat zunächst einmal entlang der Hierarchie zu erfolgen, eine zu starke Kontrolle der Mitarbeiter gefährdet jedoch deren Unterstützung und Kooperation und destabilisiert ironischerweise die Hierarchie.

Gefährlich wird eine Rangordnung, wenn sich die Ranghöheren ihrer Sache zu sicher fühlen, Gegenmeinungen unterdrücken und nur noch egoistisch handeln. Beispiele dafür sind Legion. Wie Gruppen dennoch in der Planung erfolgreich einsetzbar sind, zeigt Kapitel 4.4.5.

## 3.3 Die ökonomische Seite der Planung

Mehrere Studien haben sich in jüngerer Zeit mit der Planung in Unternehmen beschäftigt, insbesondere mit den Schwierigkeiten, die Unternehmen mit der Planung erfahren. Tabelle 3-1 zeigt die hier ausgewerteten Studien.[2] Sie werden im Folgenden in ihren Kernaussagen in drei Hauptgruppen zusammengefasst: Zeitaspekte, Inhalte sowie Werkzeuge und Methoden. Anschließend folgt eine Auflistung der wichtigsten Schwachstellen und Probleme, die von den Unternehmen genannt wurden.

*Tabelle 3-1:*      *Ausgewertete empirische Studien zur Planung*

| Autor bzw. Herausgeber | Art | Jahr der Unter- suchung | Kernziele | Typ | Anzahl Befragte | Herkunft |
|---|---|---|---|---|---|---|
| **Bearing Point (Hrsg.) 2006** | Beratung | 2000, 2006 | Probleme und Verbesse- rungsmöglich- keiten von Planungspro- zessen | Fragebö- gen, Inter- views mit Controllern | Keine Angabe | Vermutlich nur deut- sche Unter- nehmen |
| **Cartesis (Hrsg.) 2006** | Beratung | 2006? | Probleme und Verbesse- rungsmöglich- keiten von Planungspro- zessen | Fragebögen | 282 | Unter- nehmen aus D, F, GB, USA ab 100 Mio. USD Umsatz |
| **Deloitte & Touche (Hrsg.) 2006** | Beratung | 2005 | Stand und Prob- leme der Pla- nung | Fragebögen | 146 | Deutsche Unter- nehmen ab 150 Mio. € Umsatz |

---

[2]   Unter der Rubrik Autor/Herausgeber finden Sie zugleich den Verweis im Literaturverzeichnis.

| Autor bzw. Herausgeber | Art | Jahr der Untersuchung | Kernziele | Typ | Anzahl Befragte | Herkunft |
|---|---|---|---|---|---|---|
| PriceWaterhouse Coopers (Hrsg.) 2006 | Beratung | 2005? | Probleme und Verbesserungsmöglichkeiten von Planungsprozessen | Fragebögen | 162 | Deutsche Unternehmen |
| The Hackett Group (Hrsg.) 2003, 2005 | Beratung | 2003, 2005 | Stand und Probleme der Budgetierung und Planung | Fragebögen, ergänzt um eigene Daten | Über 70 beziehungsweise 80 | Europäische Großunternehmen |

Zunächst zu den Zeitaspekten der Planung, hier geht es um die Häufigkeit und Dauer der Planungstätigkeiten:

- **Frequenz** der **Planaufstellung und -aktualisierung:** Mehr als die Hälfte der Befragten der *Cartesis*-Studie erstellt beziehungsweise aktualisiert ihre operativen Pläne einmal pro Jahr. Die meisten würden ihre Pläne gerne öfter aktualisieren. Im Ländervergleich aktualisieren deutsche und US-amerikanische Unternehmen ihre Pläne am häufigsten vierteljährlich (etwa jedes dritte Unternehmen).[62] Das wird für deutsche Unternehmen in der Studie von *Deloitte & Touche* bestätigt: Unterjährige Aktualisierungen sind eher die Regel und zwar meist quartalsweise, seltener monats- oder halbjahresweise. Nur ein Fünftel verwendet eine rollierende Planung.[63]

- **Frequenz** der **Hochrechnung, Prognoseerstellung:** Wichtig ist es, zwischen der Aktualisierung von Plänen, Hochrechnungen und Prognosen klar zu unterschieden. Die meisten Unternehmen erstellen laut der *Cartesis*-Studie eine unterjährige Hochrechnung, knapp die Hälfte aktualisiert ihre Daten monatlich oder kürzer, die anderen quartalsweise. Eine Hochrechnung zielt zunächst darauf ab, ausgehend von der derzeitigen Situation die weitere Entwicklung zu prognostizieren. Die unterjährige Aktualisierung eines Plans dagegen ist die unterjährige Anpassung von Zielen und Maßnahmen. Aus beiden Aspekten lassen sich viele Gestaltungsmöglichkeiten ableiten (siehe dazu Kapitel 4.3.2).

- **Dauer** der **Planungsprozesse:** In diesem Punkt differieren die einzelnen Studien, wenn auch der allgemeine Tenor der Befragten ist, dass ihre Planungsprozesse aus ihrer Sicht zu lange dauern. Die von *The Hackett Group* befragten, europäischen Großunternehmen benötigen tendenziell länger für die Planung als die Unternehmen, die an den anderen Studien teilnahmen (Tabelle 3-2). Dieselbe Tendenz zeigt sich in der Studie von *Deloitte & Touche*, die nur deutsche Unternehmen umfasst. Was folgt daraus? Erstens, nicht jedes Unternehmen verwendet denselben Zeitaufwand für die Planung. Der Zeitaufwand richtet sich, wie nachfolgend deutlicher wird, nach der Struktur der Pläne und den Planungsinhalten, wie etwa: nach der Zahl der Planungszeilen, nach Zahl und Art der einzubeziehenden Geschäftsbereiche, nach Art und Zahl der Produktgruppen etc., nach Art und Zahl der zu planenden Leistungsverflechtungen und so weiter. Zweitens folgt daraus, dass nicht jedes Unternehmen demselben Leidensdruck unterliegen dürfte. Nicht jedes Unternehmen muss seine Planung deutlich vereinfachen oder beschleunigen. Das allgemeine Lamento über die angeblich zu aufwändige Planung wird durch die Befragungen nicht pauschal gestützt, es handelt sich vermutlich um ein „Herdenverhalten". Man stimmt in die Klagen ein, obwohl sie objektiv nicht unbedingt zutreffen.[64]

---

*Tabelle 3-2:*　　*Planungsdauer unterscheidet sich je nach Studie*

---

Ergebnisse aus einzelnen Studien*
Anteil der Befragten benötigt für die Jahresplanung …

| Studie Kalendertage | The Hackett Group (2005) | Deloitte & Touche (2006) | Cartesis (2006) | Bearing Point (2006) |
|---|---|---|---|---|
| bis 30 | 2 % | 5 % | 30 % | 25 % |
| 31-60 | 18 % | 29 % | 42 % | 25 % |
| 61-90 | 16 % | 26 % | | 25 % |
| 91-120 | 27 % | 20 % | 28 % | |
| 121-150 | 10 % | 9 % | | 25 % |
| größer 150 | 27 % | 11 % | | |

*) z.T. unterschiedliche Kategorien, deshalb wurden die Daten, soweit möglich, angepasst!

---

Die Planungsinhalte betreffen das „Was" der Planung. Sie erschweren oder erleichtern je nachdem eine Planung:

- **Transparenz** der **Planannahmen:** Es zeigt sich in der *Cartesis*-Studie folgendes Bild: Weniger als ein Fünftel waren sehr zufrieden damit, wie klar und eindeutig Planungsannahmen sind. Und Planungsannahmen sind wesentlich für das Verständnis und die Erstellung von Plänen. Bei deutschen Unternehmen war die Zufriedenheit höher, die Gründe dafür bleiben unklar.

- **Planungsdimensionen** sind typischerweise Geschäftsbereiche, Tochterunternehmen (Rechtseinheiten), Produkte und Produktgruppen. Seltener sind Regionen oder Kundengruppen in der Planung.[65] Mehr als die Hälfte der befragten Unternehmen verwendet zwei oder drei dieser Dimensionen in der Planung, ein kleiner Teil nur eine und fast ein Drittel vier oder mehr. Einleuchtend dürfte sein: Je höher die Zahl der Planungsdimensionen, die man verwendet, desto komplexer und aufwendiger wird die Planung.

▓ **Kennzahlen** und andere Inhalte: In Unternehmen dominieren verständlicherweise finanzielle und damit zusammenhängende Planungsinhalte, das heißt, die Unternehmen planen Ergebnisse, Personal, Absatz und Umsatz und Investitionen, häufig ergänzt durch Bilanzplanung und Kapitalflussrechnungen. Andere Größen wie unternehmenswertorientierte Kennzahlen und Balanced Scorecard landen weit abgeschlagen auf hinteren Rängen.[66] Die oft gehörte Forderung nach nichtfinanziellen Größen, die auch Manager selbst gerne äußern, findet sich im Planungsalltag nicht wieder.

▓ **Detailgrad** der **Planung:** In der Studie von *The Hackett Group* wurde nach der Zahl der Budgetierungszeilen („line items") gefragt. Darunter kann man sich beispielsweise die Gliederung der Plan-Ergebnisrechnung vorstellen. Sie umfassen auch die Zahl an Organisationseinheiten, Produktbereichen etc. Abbildung 3-1 zeigt, dass neben den für die Unternehmenszentrale nötigen Budgetzeilen in den dezentralen Einheiten noch erhebliche Zusatzinformationen geplant werden müssen. Die Hälfte der Antwortenden plant im Zentralbudget bis zu 50 Zeilen, in den dezentralen Budgets bereits weitere knapp 60 Zeilen. Durch die organisatorische Differenzierung verdoppelt sich also grob gesagt der Planungsinhalt. Die Studie von *Bearing Point* förderte dazu ein weiteres interessantes Detail zutage: Je dynamischer die Unternehmensumwelt für die Unternehmen erscheint, desto eher versuchen sie detaillierter zu planen, erhöhen also angesichts der Unsicherheit und Veränderungen die Planungstätigkeit.[67] Das ist erstaunlich vor dem Hintergrund der Prognoseunsicherheit, die die Planungsgüte konterkariert.

*Abbildung 3-1:*   *Planungsdetails als Ursache der Planungskomplexität[68]*

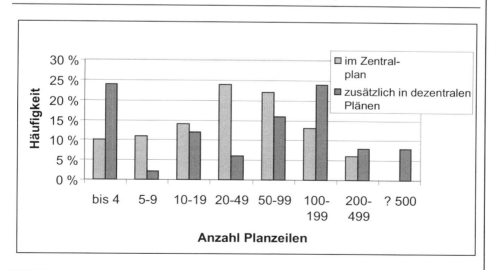

Werkzeuge und Methoden der Planung umfassen die wesentlichen Softwarenanwendungen und ideellen Instrumente für Prognose, Planung und Kontrolle:[3]

- **Verwendete Planungssoftware:** Die am häufigsten eingesetzte Software für Planungszwecke ist immer noch die Tabellenkalkulation. Abbildung 3-2 zeigt die verwendeten Softwarewerkzeuge aus der Studie von *PriceWaterhouseCooper*. Interessanterweise gaben 88 % der Befragten an, dieselben Datenstrukturen für Plan-, Ist- und Hochrechnungsdaten zu verwenden, jedoch nur 64 % dasselbe IT-System für die Planung, Kontrolle und Hochrechnung. Logischerweise kommt es dann zu fehleranfälligen Datenübertragungen oder Medienbrüchen. Andere Studien kommen zu ähnlichen Ergebnissen.[69]

***Abbildung 3-2:*** *Verwendete Software für Planungszwecke[70]*

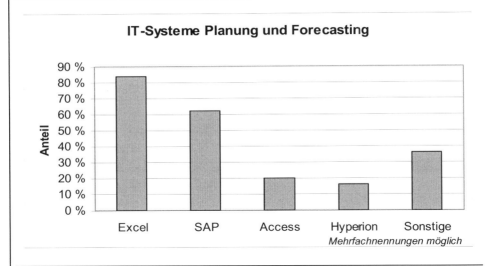

**IT-Systeme Planung und Forecasting**

*Mehrfachnennungen möglich*

- **Basis** der **Planungsinhalte:** Was schon bei der Budgetierung[4] erkennbar war, bestätigt sich auch hier: Die große Mehrheit der Unternehmen plant ihre Daten auf der Grundlage der Vergangenheit, wobei mehr oder weniger Anpassungen, Änderungen oder Neufestlegungen vorgenommen werden.[71] Da ein Unternehmen auf Dauer angelegt ist und sich und seine Prozesse und Strukturen nicht jedes Jahr „neu erfindet", ist das auch nachvollziehbar. Vergangenheitswerte zu übernehmen hilft, den Planungsaufwand zu verringern. Manches lässt sich direkt übernehmen

---

[3] Zu den Planungsmethoden zählen auch die Ableitungsrichtung und Schachtelung. Beide sind in den Kapiteln 1.2.3 und 1.2.4 schon behandelt worden.

[4] Kapitel 2.3, Abb. 2-6, S. 49.

(beispielsweise gleichbleibende Kosten eines Mietvertrags), manches gibt Anhaltspunkte für Entwicklungen (Trendfortschreibung aus Absatzmengen der Vergangenheit) und einiges muss auch neu geplant werden (Markteinführung eines neuen Produktes). Die Kunst und Schwierigkeit ist, die richtige Unterscheidung zu treffen.

**Hauptprobleme der Planung:**

▓ **Reaktionsfähigkeit** der Planung auf Veränderungen: Nur rund ein Fünftel der Befragten äußern sich sehr zufrieden damit, wie ihre Planung auf Veränderungen im und außerhalb des Unternehmens reagieren kann. Die allermeisten sind einigermaßen bis gar nicht zufrieden. Interessanterweise sind jedoch 40 % der deutschen Unternehmen, die befragt wurden, sehr zufrieden mit der Reaktionsfähigkeit. Das verblüfft, denn die befragten deutschen Unternehmen schätzen ansonsten ihre Pläne ebenso schlecht ein wie die Befragten aus anderen Ländern.

▓ **Abstimmungsprobleme** und **Terminüberschreitungen:** Idealerweise läuft die Planung als eine stringente Abfolge von Prozessschritten ab, in der es keine Rückfragen gibt, keine Unsicherheiten über die Planerstellung oder über die Behandlung bestimmter Sachverhalte auftreten, die Qualität der gelieferten Daten hervorragend ist und alle Beteiligten ihre Terminvorgaben einhalten. Eine große Zahl an Unternehmen klagt jedoch darüber, dass genau solche Punkte nicht zutreffen. Neben diesen prozessbezogenen Problemen wird häufig auch bemängelt, dass Pläne untereinander kaum abgestimmt sind, insbesondere finden sich Vorgaben der Strategie kaum in operativen Plänen wieder.

▓ **Struktur-** und **Medienbrüche:** Abbildung 3-2 weist schon auf ein erstes technisches Problem hin: unterschiedliche Software für die Planung und für die operative Abwicklung der Geschäftsvorfälle. Für die Planung dominieren Tabellenkalkulation oder eigene Planungssoftware, für die Abwicklung des Tagesgeschäfts ERP-Systeme (Enterprise Resource Planning) wie SAP.[5] Da die Planung auch auf der Vergangenheit aufbaut (siehe vorhergehende Seite, Basis der Planung), benötigt sie Informationen aus dem ERP-System. Will man eine Abweichungsanalyse im ERP-System durchführen, müssen Plandaten aus der Planungssoftware zurückübertragen werden. Ein weiteres Problem entsteht, wenn Plan- und Istdaten unterschiedlich strukturiert sind. Plant man beispielsweise nur einen Quartalswert für den Umsatz, will jedoch in der Abweichungsanalyse monatliche Plan-/Ist-Abweichungen ermitteln, fehlen schlichtweg Daten. Zwar könnte man den Planumsatz des Quartals dritteln, was jedoch nicht angemessen erscheint.

---

[5] ERP-Systeme werden in Kapitel 4.4.6 erläutert.

- **Messung** der **Managerleistung:** Nicht jeder Manager, der den Plan erreicht, ist erfolgreich in dem Sinne, dass er die Planerreichung wesentlich verursacht hat. Zum einen entsteht der Unternehmenserfolg auch und wesentlich durch das Zuarbeiten der weiteren Mitarbeiter, durch die Finanzkraft, durch günstige Beschaffungsquellen und anderes. Zum anderen spielen Zufall und Glück eine bedeutende Rolle. Die Zuschreibung des finanziellen Unternehmenserfolgs einer einzelnen Person, dem Vorstandsvorsitzenden, ist damit im besten Falle schmeichelhaft, im schlimmsten Falle grob falsch.

- Hohe **Kosten** der Planung: Schon die Ermittlung der Kosten für die Planung ist nicht einfach und so wundert es nicht, wenn viele Unternehmen ihre Planungskosten gar nicht nennen können. Einzig die Studie von *The Hackett Group* nennt hier Zahlen: Danach wenden die Befragten ca. 450.000 € je Mrd. € Umsatz auf. Ein Unternehmen mit einem Jahresumsatz von 20 Mrd. € Umsatz käme auf Kosten von ca. 9 Mio. € allein für die Planung. Das beste Viertel an Unternehmen benötigte etwa die Hälfte davon.[72] Die Kosten allein sagen jedoch noch wenig aus, verglichen werden müssen sie mit dem Nutzen der Planung, der allerdings noch schwerer zu ermitteln ist.

- **Umsetzungsprobleme:** Viele Unternehmen haben in der Vergangenheit versucht, ihre Planung deutlich zu verbessern, meist gelingen aber nur kleine Veränderungen: So planten nach der Studie von *The Hackett Group* 2003 zwei Drittel der Befragten, ihre Planungsprozesse zu optimieren, gar 12 % wollten sie abschaffen. Zwei Jahre später haben nur 18 % ihr Optimierungsziel erreicht, ganz wenige die Budgetierung abgeschafft (4 %) und fast zwei Drittel nur eine kleinere Verbesserung erreicht. Allgemein zeigt sich eine große Zurückhaltung, auf Planung und Budgetierung zu verzichten. Wenn man Veränderungen möchte, treffen sie offenkundig auf erhebliche Schwierigkeiten. Manche streben sie von vornherein nicht an.[73]

## 3.4 Prognosefähigkeit – Anspruch und Realität

Die Fähigkeit, zutreffende Prognosen erstellen zu können, ist entscheidend für jede Art der Planung. Zutreffend meint hier, dass eine Prognose künftige Ereignisse voraussagt, die dann auch tatsächlich eintreffen. Dabei wäre schon viel erreicht, wenn die Abweichung zwischen Vorhersage und künftiger Realität nur wenige Prozent betrüge. Abbildung 3-3 zeigt die prozentualen Abweichungen zwischen Prognose und Realität für Absatzprognosen auf unterschiedlichen Ebenen. Es ist zu erkennen, dass tendenziell die Prognosegenauigkeit abnimmt, je länger der Prognosehorizont ist und je näher man zu Vorhersagen für einzelne Produkte kommt.

*Abbildung 3-3:*    *Genauigkeit von Absatzprognosen[74]*

| | Planungshorizonte | | |
|---|---|---|---|
| | unter 3 Monaten | 3 Monate bis 2 Jahre | über 2 Jahre |
| Gesamte Branche | 8 | 11 | 15 |
| Unternehmen | 7 | 11 | 18 |
| Produktgruppe | 10 | 15 | 20 |
| Produktlinie | 11 | 16 | 20 |
| Produkt | 16 | 20 | 26 |

Angaben: mittlerer absoluter Fehler in % Ist zur Prognose

Viele Unternehmen sind mit ihren Prognosen unzufrieden und halten es für möglich, sie zu verbessern. Erstaunlich ist, dass Unternehmen die Chance sehen, ihre Prognosen mindestens auf eine Genauigkeit von 10 % und besser zu steigern.[75] Das erscheint doch eher ehrgeizig, wenn man sich die oben genannten Schwankungen ansieht.

Genaue Prognosen müssen eine Vielzahl an Aspekten berücksichtigen: saisonale Schwankungen, Trends, die unterschiedlich lange anhalten, plötzliche Brüche und Umwälzungen, Einzelereignisse, die das Unternehmen in eine bestimmte, oft unumkehrbare Richtung führen. Weiterhin kommt es vor, dass früher geltende Zusammenhänge sich ändern. Angesichts solcher Schwierigkeiten hat man versucht, die statistischen Instrumente für Prognosen immer weiter zu verbessern und zu verfeinern. Auch die steil angestiegene Rechenleistung hat diese Hoffnung weiter genährt. Ist sie auch erfüllbar?

In der Vergangenheit wurden bereits mehrere so genannte Vorhersage-Wettbewerbe durchgeführt: Dabei ließ man verschiedenste Prognoseverfahren gleichzeitig gegeneinander antreten, das heißt, sie mussten Prognosen für verschiedenste reale Zeitreihen abliefern und ihre Vorhersagequalität konnte so getestet werden. Nun, die Ergebnisse sind ernüchternd. Die allermeisten Verfahren, gerade auch komplexere, wurden ihren eigenen Ansprüchen nicht gerecht, sondern lieferten mehr oder weniger ungenaue Prognosen ab. Folgende Schlüsse lassen sich daraus ziehen:[76]

Für ein noch unbekanntes Prognoseproblem lässt sich vor der Prognose in den meisten Fällen nicht sagen, welches Prognoseverfahren am besten ist. Statt nach dem optimalen Verfahren zu suchen, ist es zweckmäßiger, von der aktuellen Situation auszugehen und schrittweise Verbesserungen zu versuchen.

Komplexere Prognoseverfahren sind einfacheren nicht unbedingt überlegen. Besonders neuere und häufig aggressiv vermarktete Verfahren wie neuronale Netze oder Data Mining bringen nicht den Fortschritt in der Genauigkeit wie behauptet.

Dass Prognosen unsicherer werden, je weiter man in die Zukunft schauen will, ist ein Allgemeinplatz. Doch die Unsicherheit regiert auch in kürzeren Prognosezeiträumen. So mag im Mittel die Ausfallrate von Forderungen gering sein und insbesondere für eine Vorschau von wenigen Wochen minimal. Zahlt jedoch ein Großkunde plötzlich nicht, sind die Auswirkungen erheblich. Solche seltenen Ereignisse werden statistisch scheinbar korrekt als wenig wahrscheinlich eingestuft. Ihre Bedeutung und ihre Konsequenzen sind aber erheblich. Die üblichen Prognoseverfahren unterschätzen oder ignorieren solche Extremereignisse.[77]

# Teil II

## Wie lassen sich Planung und Budgetierung verbessern?

# 4 Verbesserte Planung = Better Budgeting

## 4.1 Verbesserungsmöglichkeiten aus Sicht der Unternehmen und Systematisierung

In den verschiedenen zitierten Studien wurde neben Problemen auch nach Zielen und Maßnahmen der Verbesserung von Planung und Budgetierung gefragt. Die Verbesserungsziele betreffen meist zeitliche Verkürzungen, Vereinfachungen und Straffungen der Prozesse und Planungsinhalte (siehe Abbildung 4-1). Interessanterweise wollen nur sehr wenige Befragte ihre Planung dadurch verbessern, dass sie Teile davon auslagern, beispielsweise in Shared Service Center, im Gegensatz also zu manchen lautstarken Meinungen in der Wirtschaftspresse.

**Abbildung 4-1:**  *Verbesserungsziele aus Sicht von Unternehmen[78]*

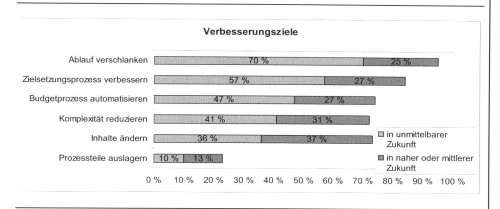

Die Umsetzung dieser Ziele kann auf sehr verschiedene Art und Weise geschehen. Abbildung 4-2 zeigt eine große Bandbreite an Maßnahmen. Auf den ersten Blick erscheint es sehr schwierig, sie zu ordnen. Orientieren wir uns aber an den Hauptaspekten der Planung, wird deutlicher, auf welche Aspekte sich welche Verbesserungsvorschläge auswirken und wie sie zu beurteilen sind. Denn meist wirken die einzelnen Vorschläge auf mehrere Aspekte ein, sie zeigen andererseits Schwerpunkte in ihren Wirkungen. Folgende vier Hauptaspekte scheinen hier wesentlich:

1. Planungsinhalte und Planungsaufgaben: Die Inhalte lassen sich unterteilen in wert- und mengenmäßige Pläne, Erstere noch in die Frage, welche Wertansätze verwendet werden (auf Basis Zahlungsgrößen, Rechnungswesendaten). Planaufgaben sind beispielsweise funktional die Beschaffungs-, Produktions- und Absatzplanung.

2. Planungssystem: Hierunter fallen das Zusammenspiel der einzelnen Pläne, die Schachtelung und Verkettung, die Ableitungsrichtung, die Zeit- und Aufgabenabfolge und auch Fragen der unterjährigen Anpassung von Plänen sowie dem Neuplanungsanteil in der Planung.

3. Planungsmethoden und Planungsinstrumente: Entlang dem Planungsprozess kann man Methoden der Zielbildung, Prognose, Alternativensuche und Bewertung/Entscheidung unterscheiden. Die Instrumente sind nach *Horváth* einteilbar in „ideelle" und „reelle", gemeint ist ein gedankliches Instrument wie Mind Mapping und sind EDV-technische Instrumente wie die Umsetzung in einer Software.

---

***Abbildung 4-2:***    *Verbesserungsmaßnahmen aus Sicht von Unternehmen*[79]

---

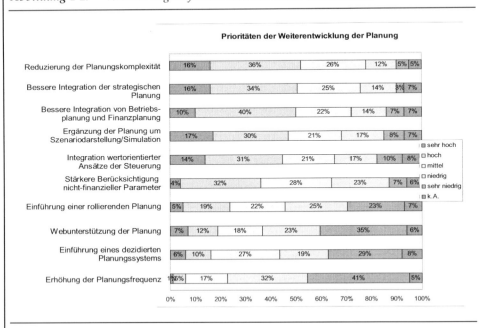

**Prioritäten der Weiterentwicklung der Planung**

| | sehr hoch | hoch | mittel | niedrig | sehr niedrig | k.A. |
|---|---|---|---|---|---|---|
| Reduzierung der Planungskomplexität | 16% | 36% | 26% | 12% | 5% | 5% |
| Bessere Integration der strategischen Planung | 16% | 34% | 25% | 14% | 3% | 7% |
| Bessere Integration von Betriebsplanung und Finanzplanung | 10% | 40% | 22% | 14% | 7% | 7% |
| Ergänzung der Planung um Szenariodarstellung/Simulation | 17% | 30% | 21% | 17% | 8% | 7% |
| Integration wertorientierter Ansätze der Steuerung | 14% | 31% | 21% | 17% | 10% | 8% |
| Stärkere Berücksichtigung nicht-finanzieller Parameter | 4% | 32% | 28% | 23% | 7% | 6% |
| Einführung einer rollierenden Planung | 5% | 19% | 22% | 25% | 23% | 7% |
| Webunterstützung der Planung | 7% | 12% | 18% | 23% | 35% | 6% |
| Einführung eines dezidierten Planungssystems | 6% | 10% | 27% | 19% | 29% | 8% |
| Erhöhung der Planungsfrequenz | 1% 5% | 17% | 32% | 41% | 5% | |

0%  10%  20%  30%  40%  50%  60%  70%  80%  90%  100%

4. Organisation: Darunter fallen Fragen der Orientierung von Plänen an der Aufbau- und Ablauforganisation, Berücksichtigung von Weisungsbefugnissen und Kompetenzen, die Verteilung planungs- und kontrollrelevanter Informationen, Beteiligung der Mitarbeiter in der Planung und Ähnliches, also ein breites, aber auch sehr bedeutendes Themenfeld.

Die vielen Verbesserungsvorschläge legen häufig einen Schwerpunkt auf einen bestimmten Planungsaspekt, so dass es sinnvoll ist, die einzelnen Schwerpunkte nacheinander zu besprechen. Daneben gibt es einzelne Vorschläge, die übergreifend sind oder sein wollen. Zu Letzterem gehört das Konzept des Advanced Budgetings, aber auch Beyond Budgeting. Sie werden separat besprochen. Im Einzelnen werden hier folgende Verbesserungen diskutiert:

- Verbesserungen mit Schwerpunkt Planungsinhalte (Kapitel 4.2),

- Verbesserungen mit Schwerpunkt Planungssystem (Kapitel 4.3)

- Verbesserungen mit Schwerpunkt Planungsmethoden (Kapitel 4.4)

- Verbesserungen mit Schwerpunkt Organisation (Kapitel 4.5)

- Verbesserungen ohne eindeutigen Schwerpunkt (Kapitel 4.6)

In Kapitel 4.7 wird der Vorschlag des „advanced budgeting" von Horváth & Partners beschrieben. Er greift mehrere der davor erwähnten Verbesserungsvorschläge auf und verbindet sie zu einem eigenen Konzept. Abschließend wird beschrieben, wie ein Verbesserungsprojekt aufgesetzt werden kann (Kapitel 4.8). Kapitel 5 widmet sich dann ganz dem Konzept des Beyond Budgeting. Es umfasst verschiedene Verbesserungsansätze, ist aber ein Führungskonzept und kein Planungskonzept.

*Tabelle 4-1:* Einordnung von Vorschlägen zur Planungsverbesserung

| Planungsaspekte/ Verbesserungsvorschläge | Inhalte, Aufgaben | PuK-System | Methoden, Instrumente | Organi-sation | Kapitel |
|---|---|---|---|---|---|
| Inhalte standardisieren | XXX | X | X | X | 4.2.1 |
| Entfeinerung (gröbere und weniger Inhalte) | XXX | X | X | X | 4.2.2 |
| Ergänzen um nicht-finanzielle Plangrößen | XXX | | | XX | 4.2.3 |
| Zeit- und Sachstruktur än-dern (Ebenen, Zeiträume, Kopplung) | | XXX | | XX | 4.3.1 |
| Rollende Planung und Hoch-rechnung | | XXX | XX | X | 4.3.2 |
| Verbesserung Prognosen | | | XXX | | 4.4.1 |
| Prozessorientierte Budgetie-rung | X | | XXX | X | 4.4.2 |
| Kaizen Budgeting | | | XXX | XX | 4.4.3 |
| Flexible Planung, Szenarien | X | X | XXX | X | 4.4.4 |
| Entscheidungsfindung durch Gruppen | | | XXX | XX | 4.4.5 |
| IT-Unterstützung verbessern | X | X | XXX | X | 4.4.6 |
| Prozessoptimierung | X | X | X | XXX | 4.5.1 |
| Centersteuerung einführen | X | X | X | XXX | 4.5.2 |
| Stärkere Top-down-Planung | | XX | | XXX | 4.5.3 |
| Relative Ziele einführen | X | | X | XXX | 4.5.4 |
| Bessere Planintegration, beispielsweise strate-gisch/operativ | XX | XX | XX | XX | 4.6.1 |
| Fokussierung auf Kernauf-gaben: Strategie und Aus-führung | XX | XX | XX | XX | 4.6.2 |

XXX = starke Auswirkung, XX = mittlere Auswirkung, X = geringe Auswirkung

# 4.2 Verbesserungen mit Schwerpunkt Inhalte

## 4.2.1 Standardisierung der Planungsinhalte

Eine erste Möglichkeit zur Verbesserung von Planung, Budgetierung und Kontrolle ist, klar definierte und einheitliche Inhalte zu verwenden. Das ist besonders dann vielversprechend, wenn in einem Unternehmen viele verschiedene Stellen planen, Unternehmensteile zugekauft wurden oder in der Vergangenheit die einzelnen Unternehmensbereiche sehr autonom gehandelt haben und die Zentrale das ändern möchte.

Was kann ein Unternehmen für **Vorteile** aus der Standardisierung erwarten? Durch Standardisierung erhofft und erreicht man, die Zahl an verschiedenen Planungsdaten zu reduzieren. Das schafft wiederum geringeren Planungsaufwand und durch die Vereinheitlichung hoffentlich auch eine Verbesserung der Planung selbst, da Inhalte trennschärfer und genauer zu fassen sind.

Am Beginn der Standardisierung steht die **Bestandsaufnahme:** Welche Begriffe und Definitionen liegen für Planungs- und Kontrollinhalte vor? Hierzu analysiert man beispielsweise vorhandene Dokumente: Planungshandbücher, PuK-Berichte und Ähnliches sowie Software. Problematisch ist die Analyse von PuK-Software, wenn dort die verwendeten Begriffe und Definitionen nicht explizit dokumentiert sind oder selbst wenn dokumentiert, sie nicht unbedingt so implementiert sind. Auch ist zu prüfen, ob beim Einsatz verschiedener Softwarepakete oder beim Datentransfer zwischen Softwareanwendungen auch Definitionen und Bedeutungen erhalten bleiben.

Im zweiten Schritt ist zu klären, welchen **Zweck** die Standardisierung konkret haben soll und welches **Ausmaß** der Standardisierung angestrebt wird. Es ist meist nicht wirtschaftlich und angemessen zu versuchen, alles zu vereinheitlichen. Man wird sich zum Beispiel auf diejenigen Inhalte beschränken, die in Aufsichtsgremien vorzustellen sind, oder auf solche, die wesentlich für das eigene Geschäft sind. Bei einem Softwaredienstleister könnte das die Definition von Umsatz und Erlösschmälerungen sein. Es muss eindeutig sein, welche Art von Geschäften in welcher Form und welcher Höhe als Umsatz zählen, man denke beispielsweise an Leasing, mehrjährige Wartungsverträge oder auch an die Abgrenzung und Zurechnung von Rabatten, Boni usw. Neben der Vereinheitlichung als Mittel der Vereinfachung können Standards auch als Vorgaben verstanden werden. Durch die Vereinheitlichung sollen dann einheitliche Normen oder Ziele durchgesetzt werden; so könnte die Vorgabe eines Standard-Kapitalkostensatzes auch dazu dienen, das Ziel einer einheitlichen Kapitalverzinsung von Investitionsprojekten durchzusetzen.

Konkret lassen sich folgende **Ansatzpunkte** für eine Vereinheitlichung nennen:

- Einheitliche **Definition** des Inhalts und der Formate: Es muss jedem Planenden klar sein, was unter Umsatz, Materialkosten oder Rohmarge zu verstehen ist. Nur dann ist die Grundlage für eine überall im Unternehmen aussagekräftige Planung gegeben.

- Standardisierung von **Dateninhalt** oder -wert: Noch weiter geht die Verwendung eines Standardwertes, zum Beispiel könnte für die Planung von Fremdkapitalkosten ein unternehmenseinheitlicher Zinssatz festgelegt werden. Damit ersparte man jedem Unternehmensteilbereich Überlegungen zur Höhe und Angemessenheit des Zinssatzes. Gleiches gilt für Planverrechnungssätze wie die Plankosten einer Fertigungsstunde.

- Einheitliche **Rechenschemata** verwenden: Nicht nur einzelne Positionen, auch die Art und Weise der Verknüpfung der Planungsinhalte muss eindeutig definiert sein und verwendet werden. Wenn unterschiedliche Ergebnisrechnungen im Unternehmen verwendet werden, muss man sich nicht wundern, wenn Ergebniszahlen abweichen und eine Abstimmung und Überleitung schwierig ist.

Anstatt sich der mühevollen Detailarbeit zu unterziehen, vorhandene Planungsdaten zu analysieren oder selbst aufzubauen, lassen sich auch **Referenzmodelle** verwenden.[80] Sie definieren von vornherein bestimmte Planungsinhalte. Viele Softwaremodelle enthalten Referenzmodelle für den Aufbau einer eigenen Planung, besonders für kleinere Unternehmen und in der Bilanzplanung. So ist der DATEV-Kontenrahmen ein Referenzmodell genauso wie die Planung in einem ERP-Softwaresystem. Für die Verwendung von Referenzmodellen sprechen die Anpassung an einen allgemein verwendeten, erprobten und als zweckmäßig empfundenen Standard und die leichtere Implementierung. Kritisiert wird daran hauptsächlich die mangelnde Berücksichtigung von Besonderheiten des Unternehmens, seiner Produkte, seiner Organisation und Planungsansprüche. Aus diesem Grund können Strukturen und Inhalte in vielen Softwareanwendungen angepasst, erweitert oder verändert werden.

Gegen die Standardisierung, egal in welcher Form, wird immer wieder das folgende Argument vorgebracht: Für die spezifische Planungssituation bräuchte man auch spezifische Begriffe und Inhalte. Das ist auf den ersten Blick richtig, würde aber in letzter Konsequenz bedeuten, dass alle Pläne völlig unterschiedliche Begriffe und Inhalte haben müssten. Das trifft in dieser Form wohl auch nicht zu. Aus der Erfahrung heraus ist das genannte Argument oft nur eines der Unkenntnis, Bequemlichkeit oder Gewohnheit. Standards können oft umfassender verwendet werden als so mancher annimmt.

## 4.2.2 Entfeinerung der Planungsinhalte

Beim Festlegen des Detailgrads der Planung offenbart sich ein Dilemma aus Genauigkeit versus Aufwand: Einerseits ist für eine detaillierte Abweichungsanalyse eine entsprechend detaillierte Planung nötig, andererseits steigt der Planungsaufwand mit dem Detailgrad deutlich an.[6] Im Gegenzug erleichtert eine Verringerung der Planungsdetails auch erkennbar die Planung. Der Detailgrad der Planung zeigte sich in Kapitel 3.3 als einer der Komplexitätstreiber der Planung (siehe Abbildung 3.1).

Entfeinerung bedeutet, dass man Planungsinhalte reduziert, um damit den Planungsaufwand zu verringern. Reduzieren kann man:[81]

▨ die Zahl der Produkte oder Produktvarianten durch Bündelung. Das ist insbesondere dann möglich, wenn die einzelnen Produkte oder Varianten kurzfristig in die Produktion oder die Beschaffung eingesteuert werden können, eine detaillierte Planung im Voraus bringt in dieser Situation nur einen geringen Nutzen,

▨ die Zahl der zu planenden Kostenarten, etwa durch Bildung von Gruppen oder Verzicht von Unterteilungen,

▨ die Zahl der unterschiedlichen Leistungsverrechnungen, beispielsweise durch Standardisierung oder durch Verzicht auf solche Verrechnungen, die unter einer festgelegten „Wesentlichkeitsschwelle" liegen. Wenn die Gesamtsumme einer Leistungsverrechnung nur 25 Tsd. € beträgt, die gesamten zu planenden Kosten aber 10 Mio. €, so führte ein Verzicht zu einer Ungenauigkeit von 0,25 %,

▨ die Zahl der zu planenden Organisationseinheiten, so etwa durch die Zusammenfassung von Kostenstellen zu Kostengruppen. Manche Unternehmen führen zum Beispiel ihre Anlagen in eigenen Kostenstellen. Durch Zusammenfassung gleichartiger Anlagen zu Gruppen ließe sich Planungsaufwand einsparen.

Eine Vielzahl weiterer Verbesserungsoptionen der Planung wirken auch auf die Planungsinhalte. Sei es die stärkere Übernahme von Vergangenheitswerten für die Planung (Reduzieren des Neuplanungsanteils), kürzere Planungshorizonte oder eine geringere zeitliche Unterteilung der Pläne und so weiter. Gegenläufige Effekte sind jedoch auch erkennbar, so bei der Forderung nach Einbezug nicht-finanzieller Kennzahlen in der Planung (siehe Folgekapitel).

Wie bereits ausgeführt, liegt der Vorteil der Entfeinerung bei der Verringerung des Planungsaufwands. Die Nachteile sollten Sie jedoch auch bedenken: ein gröberes Kontrollraster mit geringerer Aussagekraft und unter Umständen Brüche in der Trendanalyse beim Übergang zur gröberen Planung. Anschaulich zeigt das folgende Beispiel, welches Ausmaß an Informationen in der Abweichungsanalyse verloren gehen kann,

---

[6] Fügt man in einer Planung aus 5 Kostenarten und 4 Kostenstellen eine weitere Kostenart hinzu, muss man auf einen Schlag vier weitere Kostenstellen für eine neue Kostenart planen. Eine Matrix aus n Zeilen (Kostenarten) und m Spalten (Kostenstellen) erhöht sich bei Erhöhung der Zeilenzahl um eins um m Werte.

wenn man den Umsatz pauschal plant, anstatt Absatzpreise und Absatzmengen zu planen.[82] Die Planung der Preise, Mengen und Stückkosten je Produkt erlaubt eine sehr detaillierte Abweichungsanalyse (Abbildung 4-3). Ohne diese Plan- und Istdaten lassen sich statt neun nur noch drei Abweichungsarten rechnen (Abbildung 4-4).

---

**Abbildung 4-3:** *Detaillierte Planung ermöglicht detaillierte Abweichungsanalyse*

---

| Jun 07 | Produkt A | | Produkt B | | Gesamt | | |
|---|---|---|---|---|---|---|---|
| | Ist | Plan | Ist | Plan | Ist | Plan | |
| Absatzvolumen | 3.000 | 3.500 | 3.500 | 2.500 | 6500 | 6000 | [ME] |
| Absatzpreis | 6,00 € | 7,50 € | 10,50 € | 10,00 € | | | [€/ME] |
| Umsatz | 18.000 € | 26.250 € | 36.750 € | 25.000 € | 54.750 € | 51.250 € | [€] |
| variable Stückkosten | 2,90 € | 3,00 € | 5,00 € | 3,00 € | | | [€/ME] |
| variable Gesamtkosten | 8.700 € | 10.500 € | 17.500 € | 7.500 € | 26.200 € | 18.000 € | [€] |
| Stück-DB | 3,10 € | 4,50 € | 5,50 € | 7,00 € | | | [€/ME] |
| Gesamt-DB | 9.300 € | 15.750 € | 19.250 € | 17.500 € | 28.550 € | 33.250 € | [€] |
| produktartbezogene Fixkosten | 7.500,00 € | 8.000,00 € | 15.000,00 € | 12.000,00 € | 22.500,00 € | 20.000,00 € | [€] |
| | | | Sonstige Fixkosten | | 3.000,00 € | 3.000,00 € | [€] |
| | | | Gewinn | | 3.050,00 € | 10.250,00 € | [€] |

| **Abweichungsanalyse** |
|---|

| Umsatzabweichung | Ist-Umsatz | Planumsatz | Abweichung | | |
|---|---|---|---|---|---|
| | 54.750,00 € | 51.250,00 € | 3.500,00 € | (G) | |

| Absatzpreisabw. | | Preisdiff. | Ist-Menge | Diff. | |
|---|---|---|---|---|---|
| A | - | 1,50 € | 3000 - | 4.500,00 € | (U) |
| B | | 0,50 € | 3500 | 1.750,00 € | (G) |
| | | | - | 2.750,00 € | (U) |

| Absatzmengenabw. | | Planpreis | Mengendiff | | |
|---|---|---|---|---|---|
| A | | 7,50 € | -500 - | 3.750,00 € | (U) |
| B | | 10,00 € | 1000 | 10.000,00 € | (G) |
| | | | | 6.250,00 € | (G) |

| Absatzmix-abweichung | | Ist-Absatz | Absatzanteil | Planabsatz | Absatzanteil | Diff |
|---|---|---|---|---|---|---|
| A | | 3000 | 0,4615 | 3500 | 0,5833 | -0,1218 |
| B | | 3500 | 0,5385 | 2500 | 0,4167 | 0,1218 |
| | | 6500 | | 6000 | | |

| | | Planpreis | Mixdiff. | Gesamt-Ist-Menge | | |
|---|---|---|---|---|---|---|
| A | | 7,50 € | -0,1218 | 6500 - | 5.937,50 € | (U) |
| B | | 10,00 € | 0,1218 | 6500 | 7.916,67 € | (G) |
| | | | | | 1.979,17 € | (G) |

| Absatzvolumen-abweichung | | Planpreis | Planmix | Diff. Ist/Plan | | |
|---|---|---|---|---|---|---|
| A | | 7,50 € | 0,5833 | 500 | 2.187,50 € | (G) |
| B | | 10,00 € | 0,4167 | 500 | 2.083,33 € | (G) |
| | | | | | 4.270,83 € | (G) |

| DB-Absatzmengen-abweichung | | Plan-db | Mengendiff. | | |
|---|---|---|---|---|---|
| A | | 4,50 € | -500 - | 2.250,00 € | (U) |
| B | | 7,00 € | 1000 | 7.000,00 € | (G) |
| | | | | 4.750,00 € | (G) |

| DB-Absatzmix-abweichung | | Plan-db | Mixdiff. | Gesamt-Ist-Menge | | |
|---|---|---|---|---|---|---|
| A | | 4,50 € | -0,1218 | 6500 - | 3.562,50 € | (U) |
| B | | 7,00 € | 0,1218 | 6500 | 5.541,67 € | (G) |
| | | | | | 1.979,17 € | (G) |

| DB-Absatzvolumen-abweichung | | Plan-db | Planmix | Diff. Gesamtmengen | | |
|---|---|---|---|---|---|---|
| A | | 4,50 € | 0,5833 | 500 | 1.312,50 € | (G) |
| B | | 7,00 € | 0,4167 | 500 | 1.458,33 € | (G) |
| | | | | | 2.770,83 € | (G) |

| DB-Preisabweichung | | db Diff. | Ist-Menge | | |
|---|---|---|---|---|---|
| A | - | 1,50 € | 3.000 - | 4.500,00 € | (U) |
| B | | 0,50 € | 3.500 | 1.750,00 € | (G) |
| | | | - | 2.750,00 € | (U) |

| DB = Deckungsbeitrag | db = Stück-DB | U = Ungünstig | G = Günstig | Diff. = Differenz |
|---|---|---|---|---|

---

**Abbildung 4-4:**    *Eine grobe Planung erlaubt nur eine grobe Abweichungsanalyse*

| Jun 07 | Produkte A und B | | |
|---|---|---|---|
| | Ist | Plan | |
| Absatzvolumen | 6500 | 6000 | [ME] |
| Absatzpreis | | | [€/ME] |
| Umsatz | 54.750 € | 51.250 € | [€] |
| variable Stückkosten | | | [€/ME] |
| variable Gesamtkosten | 26.200 € | 18.000 € | [€] |
| Stück-DB | | | [€/ME] |
| Gesamt-DB | 28.550 € | 33.250 € | [€] |
| produktartbezogene Fixkosten | 22.500,00 € | 20.000,00 € | [€] |
| Sonstige Fixkosten | | | |
| Gewinn | 3.000,00 € | 3.000,00 € | [€] |
| | 3.050,00 € | 10.250,00 € | [€] |

### Abweichungsanalyse

| Umsatzabweichung | Ist-Umsatz | Planumsatz | Abweichung | |
|---|---|---|---|---|
| | 54.750,00 € | 51.250,00 € | 3.500,00 € | (G) |

Absatzpreisabweichung — nicht berechenbar, da Einzelpreise fehlen

Absatzmengenabweichung — nicht berechenbar, da Absatzmengen fehlen

Absatzmixabweichung — nicht berechenbar, da Absatzmengen fehlen

Absatzvolumenabweichung — nicht berechenbar, da Absatzmengen fehlen

DB-Absatzmengenabweichung — nicht berechenbar, da Absatzmengen und Stück-Deckungsbeiträge fehlen

DB-Absatzmixabweichung — analog

DB-Absatzvolumenabweichung — analog

DB-Preisabweichung — analog

| Gesamt-DB-Abweichung | Ist-DB | Plan-DB | Abweichung | |
|---|---|---|---|---|
| | 28.550,00 € | 33.250,00 € | - 4.700,00 € | (U) |

| Kostenseitig verursachte DB-Änderung | Ist-Kosten | Plan-Kosten | Abweichung | |
|---|---|---|---|---|
| | 26.200,00 € | 18.000,00 € | 8.200,00 € | (U) |

damit ergibt sich die marktseitig verursachte DB-Änderung zu    3.500,00 € (G)
Sie entspricht und resultiert aus der Umsatzerhöhung

DB = Deckungsbeitrag    U = Ungünstig    G = Günstig

## 4.2.3 Ergänzung um nicht-finanzielle Kennzahlen

Finanzielle Plan- und Istdaten sind unbedingt nötig, um den Erfolg und die Erfolgsaussichten eines Unternehmens zu beurteilen. Sie reichen jedoch nicht aus – und das aus mehreren Gründen. Die wichtigsten sind:[83]

- **Früher statt später eingreifen:** Finanzielle Daten sind häufig Spätindikatoren. Sie zeigen erst relativ spät Erfolg oder Misserfolg an. Sinkt beispielsweise die Produktqualität, zeigt sich das erst mit zeitlicher Verzögerung in sinkenden Umsätzen und Gewinnen.

- **Direkt statt indirekt steuern:** Man sieht an dem obigen Beispiel auch, Gewinn lässt sich seltener direkt und häufiger indirekt beeinflussen. Finanzielle Kennzahlen sind meist Resultate anderer, vorgelagerter Handlungen und Entscheidungen. Will man in obigem Beispiel die sinkenden Gewinne beeinflussen, ist es zielführender, an der Produktqualität anzusetzen, beispielsweise durch Einführen einer effektiveren Qualitätsüberwachung.

- **Zukunfts- statt vergangenheitsorientiert:** Natürlich sind finanzielle Plandaten zukunftsorientiert. Die Kritik richtet sich eher an eine zu starke Fokussierung auf Bilanzdaten, die aus der Vergangenheit stammen.

- **Mehrdimensional statt einseitig:** Finanzielle Informationen bilden eine wichtige, aber eben auch nur eine Seite wirtschaftlichen Handelns ab. Hinzu kommen Aspekte der Qualität und Produktivität, des Wettbewerbs und Markts oder weitere Mengen- oder Zeitgrößen. Sie alle erst zeigen ein umfassendes Abbild des Unternehmens.

Zur Behebung der genannten Nachteile finanzieller Kennzahlen wurden verschiedenste Ideen und Konzepte entwickelt. Sie firmieren unter dem Oberbegriff **Performance Measurement**. Gemeinsam sind ihnen allen zwei Punkte: Erstens werden Kennzahlen unterschiedlicher Dimensionen und Art vorgeschlagen und zweitens, diese Kenzahlen sollen unterschiedliche Leistungsebenen im Unternehmen auf ihre Effektivität und Effizienz hin messen.

**Dimensionen und Arten nicht-finanzieller Kennzahlen**

In Kapitel 2.2.3 wurde bereits eine Einteilung erwähnt. Sie umfasste Finanzkennzahlen, Markt- und Kundenkennzahlen, Prozesskennzahlen, Mitarbeiterkennzahlen und Innovationskennzahlen. Sozusagen quer zu dieser Einteilung können nach der Art der Kennzahlen oder Informationen vier weitere unterschieden werden:

- **Strukturkennzahlen:** Sie beschreiben Größenordnungen und wenig veränderliche Merkmale, so zum Beispiel die Anzahl der unterschiedlichen Teilearten in der Beschaffung. Dazu gehören auch Umsatz und Mitarbeiterzahl. Mit ihrer Hilfe gelingt eine wenn auch grobe Einordnung beispielsweise der Unternehmensgröße.

▨ **Produktivitätskennzahlen:** Produktivität richtet sich physikalisch nach der erbrachten Leistung in einer Periode, beispielsweise Anzahl der verpackten Artikel je Stunde. Sie kann aber auch die Effizienz widerspiegeln, etwa den Ressourcenverbrauch je Ausstoßeinheit, zum Beispiel Stahlverbrauch je produzierten Kühlschrank.

▨ **Wirtschaftlichkeitskennzahlen:** Durch die monetäre Bewertung von Mengen mit Preisen erhält man Wirtschaftlichkeitskennzahlen. Seien es Deckungsbeiträge je Produkteinheit, Kosten je Mitarbeiterstunde oder durchschnittliche Reisekosten je Neukunde.

▨ **Qualitätskennzahlen:** Solche Kennzahlen wollen Eigenschaften und Gütemerkmale beschreiben, in technischen Anwendungsfeldern beispielsweise die Fehlerhäufigkeiten oder Lebensdauern von Produkten.

Zusammen mit den erstgenannten Dimensionen spannt sich eine Matrix auf, aus der eine Vielzahl an Kennzahlenideen entnommen werden kann (Tabelle 4-2).

*Tabelle 4-2:*    *Arten und Dimensionen finanzieller und nicht-finanzieller Kennzahlen*

| Arten<br>Dimensionen | Struktur | Produktivität | Wirtschaft-lichkeit | Qualität |
|---|---|---|---|---|
| ▨ **Finanzen** | Umsatz | Forderungsdauer | Wertberichtigungen auf Forderungen | Einstufung Kreditwürdigkeit (Rating) |
| ▨ **Markt und Kunden** | Anzahl Kunden | Anzahl Besuche bis Vertragsabschluss | Deckungsbeitrag je Kunde | Kundenzufriedenheit |
| ▨ **Prozesse** | Art und Anzahl der Hauptprozesse und Geschäftsprozesse | Durchlaufzeit eines Prozesses | Kosten je Prozessdurchführung (Prozesskostensatz) | Häufigkeit Bearbeitungsfehler |
| ▨ **Mitarbeiter** | Anzahl Mitarbeiter | Anteil Verwaltungsmitarbeiter an Gesamtzahl | Kosten je Arbeitsstunde | Entsprechung von Qualifikationsbedarf und -angebot |
| ▨ **Innovation** | Anzahl Mitarbeiter in Forschung und Entwicklung | Zeit bis zur Marktreife neuer Produkte | Durchschnittliche Entwicklungskosten je Neuprodukt | Ausschussquote im Serienanlauf |

### Unterscheidung in Leistungsebenen

Betriebliche Handlungen und Entscheidungen finden auf unterschiedlichen Ebenen statt: ausgehend vom Gesamtunternehmen über die jeweiligen Hierarchiestufen bis hin zum einzelnen Mitarbeiter. Analog zu den in Kapitel 3.3 angesprochenen Planungsdimensionen können Leistungen und Leistungskennzahlen auf verschiedenen Ebenen zugeordnet werden: Konzern, Einzelunternehmen, Geschäftsfeld, Geschäftsbereich, Produktgruppen, Kundengruppen, Regionen, Funktionsbereiche, Abteilungen, Kostenstellen, Arbeitsgruppen sowie einzelne Mitarbeiter. Zusätzlich denkbar sind die Ebenen der Prozesse, wie Geschäfts-, Haupt- und Teilprozesse.[84]

Die Absicht dahinter ist, für jede Leistungsebene Messwerte und Steuerungskennzahlen zu erhalten, das Unternehmen also umfassend sowohl auf aggregierter wie auch auf sehr detaillierter Ebene zu steuern, und das durch ein einziges Kennzahlen-System! Die Praxis scheint diesen Zustand bisher noch nicht erreicht zu haben.[85] Eine Schwierigkeit dabei ist die schnell zunehmende Zahl an Kennzahlen, so dass der Überblick verloren gehen kann. Allein Tabelle 4-2 umfasst schon 20 Felder. Nimmt man je Feld zwei Kennzahlen an, eine strategisch relevante und eine operative, erhält man 40 Kennzahlen. Je Leistungsebene benötigt man prinzipiell alle 40 Kennzahlen. Bei drei Leistungsebenen also 120 – und drei Leistungsebenen sind eher wenig. Allein deshalb wird sich je Leistungsebene eine Führungskraft nur auf wenige Kennzahlen beschränken. Die Frage ist dann nicht mehr, welche Kennzahlen sollen verwendet werden, sondern welche sollen weggelassen werden?

Die Auswahl geeigneter nicht-finanzieller Kennzahlen erfordert damit eine sehr starke Selektion und Prioritätensetzung. Helfen können dabei verschiedene Fragen: Welche nicht-finanziellen Kennzahlen werden in derselben Branche verwendet oder als nützlich angesehen? Sind die nicht-finanziellen überhaupt beeinflussbar durch Führungskräfte, anders formuliert, eignen sie sich als Zielvorgaben? Sind Ursache-Wirkungsbeziehungen zwischen den nicht-finanziellen und finanziellen Kennzahlen vorhanden oder zumindest plausibel begründbar? Besitzen die gewählten Kennzahlen einen Bezug zu den übergeordneten operativen oder strategischen Zielen?[86]

Neben der Schwierigkeit, die richtigen nicht-finanziellen Kennzahlen zu definieren, tauchen zwei weitere Probleme auf:

a) Ausreden werden erleichtert: Die Vielzahl und Unterschiedlichkeit an Kennzahlen wird oft dazu führen, dass die Beziehungen zwischen Kennzahlen nicht mehr gleichgerichtet sein werden. Vielmehr können mehrere Kennzahlen gegenläufig, zeitverzögert oder auch unkorreliert sein. So führt eine höhere Kundenzufriedenheit, die durch höhere Rabatte oder Gratiszugaben „erkauft" wird, zu sinkenden Gewinnen. Aufwendungen für die Entwicklung senken zunächst auch den Gewinn, bevor sie sich hoffentlich in Form neuer Produkte auszahlen. Eine Führungskraft kann dann schnell zu Ausreden kommen, wie: „Zwar ist der Gewinn um x % gesunken, dafür haben wir zufriedenere Kunden, was sich später auszahlen wird." Das Top-Management müsste Ziele gegeneinander abwägen und Zielkonflikte lösen. In der Praxis ist das sehr schwierig.[87]

b) Fördern nicht-finanzielle Ziele wirklich finanzielle Ziele? Am obigen Beispiel der Kundenzufriedenheit und ihrer Wirkung auf den Gewinn wurde das Problem schon anschaulich. Es ist häufig schwer festzustellen, welche Art der Beziehung besteht und wie diese gerichtet ist.[88] Das häufige Eintreten für nicht-finanzielle Kennzahlen geht über den Kenntnisstand der Betriebswirtschaftslehre hinaus, man kann den Eindruck gewinnen, es handele sich um ein Modethema.

# 4.3 Verbesserungen mit Schwerpunkt Planungssystem

## 4.3.1 Zeit- und Sachstruktur ändern

Jede Änderung der Zeit- und Sachstrukturen wirkt sich auf den Planungsaufwand aus: Je länger die Planungshorizonte, desto mehr Prognose- und Plandaten müssen erarbeitet werden – und umgekehrt. Dasselbe gilt für Planungsebenen und die zwischen ihnen definierten Verbindungen. Die Zeit- und Sachstruktur orientiert sich oft an der Aufbauorganisation, den Aufgaben und der Hierarchie eines Unternehmens. Man kann beide Themen, also Planungsstruktur und Organisation, nicht unabhängig voneinander ändern. Das zeigen auch die nachfolgenden Praxisfälle. Welche Änderungen und kritischen Fragen spielen hier eine Rolle? Das soll am Beispiel der früheren Mannesmann AG illustriert werden (siehe Abbildung 4-5).

1.  Welche Planungsebenen sollen unterschieden werden?

    In Abbildung 4-5 werden drei große Planungsebenen unterschieden: eine langfristige Zielplanung, eine Fünfjahresplanung zu Zielen, Strategien und Wirtschaftsplänen sowie eine operative Jahresplanung. Die Einteilung spiegelt die unterschiedlichen Fragen wider, die der Führung gestellt werden: Die Steuerung der unterjährigen Leistungserstellung und Marktprozesse in der Jahresplanung, die Entscheidung über Investitionen und Desinvestitionen (Potenzialplanung) in der mittelfristigen Fünfjahresplanung sowie die langfristige Positionierung des Unternehmens insgesamt. Diese Einteilung ist geradezu klassisch und lehrbuchhaft. Sie ist dann angemessen, wenn sich das Unternehmen und seine Umwelt nur wenig ändern und lange Produktions- und Marktzyklen existieren. Seit der Mannesmann-Konzern neben den Geschäftsfeldern Stahl/Röhren und Maschinenbau auch den Mobilfunk aufbaute, mussten die Planungsebenen angepasst werden: Der noch junge und unbekannte Markt, seine raschen Veränderungen, kurzen Produktzyklen und immensen Wachstumsraten erlaubten es nicht mehr, eine einigermaßen verlässliche Planung für lange Zeiträume in vielen Stufen und Abstimmungsrunden zu erstellen.

**Abbildung 4-5:** *Komplexes Planungssystem, Beispiel Mannesmann AG 1980[89]*

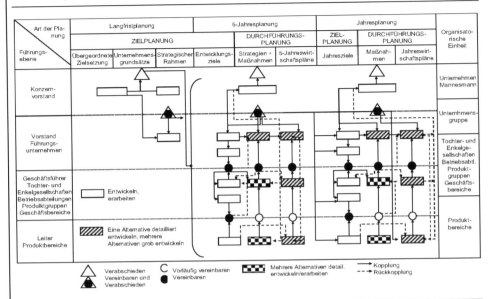

2. Welche Periodenlänge ist in den einzelnen Ebenen die jeweils angemessene?

   Im Mannesmann-Fall war die oberste Planungsebene zeitlich unbestimmt, die zweite dauerte fünf Jahre und die unterste ein Jahr. Allgemein sollte man davon ausgehen, dass die Planungshorizonte nach der Dauer der durch sie geplanten Prozesse, Handlungen und Entscheidungswirkungen bestimmt werden. Abbildung 1-5 bestätigt diese These: Die durchschnittlichen Dauern der Langfrist- beziehungsweise Mittelfristplanung unterscheiden sich von Branche zu Branche. Die Kurzfristplanung ist dagegen in allen Branchen gleich lang – ein Jahr. Letzteres hat sicher etwas mit der Orientierung des Rechnungswesens und auch vieler Führungs- und Aufsichtsgremien am Jahresabschluss und an Geschäftsjahren zu tun.

3. Wie sind die Planungsebenen miteinander zu verknüpfen?

   Damit ist nicht die Ableitungsrichtung gemeint, also die Frage, ob die einzelnen Pläne von oben nach unten vorgegeben oder von unten nach oben aggregiert werden. Diese wird in Kapitel 4.5.3 diskutiert. Die Verknüpfung bezieht sich auf den sachlichen Zusammenhang der Planungsebenen: Leiten sich Kurzfristpläne aus den Mittelfristplänen ab, ist also die Jahresplanung beispielsweise einfach ein Teil einer Dreijahresplanung? Auch zu beantworten ist, ob bei Änderungen der Jahrespläne beziehungsweise bei neuen unterjährigen Erkenntnissen die übergeordnete Kurz- und Mittelfristplanung angepasst werden soll. Exakte Antworten kann es auf beide Fragen nicht geben. Zur ersten Frage: Die einzelnen Planungsebenen können und werden sich nicht nur in der Detaillierung, sondern auch in ihren Inhalten unterscheiden. Eine Langfristplanung über strategische Aspekte behandelt ganz andere Themen als eine Jahresplanung. Erstere kümmert sich um Markt- und Wettbewerbspositionierung, Letztere um die Wirtschaftlichkeit der operativen Prozesse. Somit ist eine direkte Ableitbarkeit oder ein Austausch der Inhalte beider Ebene nicht gegeben. Gleiches gilt für die strategische Planung und die Mittelfristplanung. Dagegen gleichen sich die Jahresplanung und Mittelfristplanung oft sehr. Häufig ist die Mittelfristplanung eine Fortschreibung des Folgejahres auf weitere Jahre. Das birgt jedoch Probleme. Die Genauigkeit der Pläne nimmt mit der Zahl der Planjahre ab. Ein Plan für fünf Jahre im Voraus ist kaum mehr als ein willkürliches Raten. Besser wäre es, nur noch Eckpunkte als Ziele vorzugeben – beispielsweise Umsatz- oder Renditeziele – und nicht zu versuchen, alles im Detail zu planen. Das muss man nämlich um zum selben Detailgrad zu gelangen wie in der Kurzfristplanung des Folgejahres. Oft kommt der Wunsch nach solch einer mit der Kurzfristplanung identischen Mittelfristplanung von Aufsichtsgremien. Sie wollen oder können nicht sehen, dass diese Genauigkeit der Planung nicht möglich ist.

Zur zweiten Frage: Änderungen von Plänen generell sollten nur dann erfolgen, wenn sich gravierende Änderungen im Umfeld oder Unternehmen ergeben haben. Denn sonst gibt man vorschnell eine Orientierung und einen Zielmaßstab aus der Hand und erhält „mäandernde" Ziele, die rasch zur Beliebigkeit verführen. Gravierend waren für Fluggesellschaften beispielsweise die Anschläge des 11.09.2001. Nach diesen machte es keinen Sinn mehr, an den vorher verabschiedeten Plänen festzuhalten, zu vieles hatte sich verändert. Was im Einzelfall gravierend ist oder nicht, unterliegt dem Urteil des Managements.

Das Beispiel Mannesmann AG zeigt auch, dass eine Änderung der Zeit- und Sachstruktur der Planung meist durch andere Änderungen ausgelöst wird: veränderte Geschäftsfelder, Änderungen der Organisation, der Führungsstruktur oder neue Ziele.

## 4.3.2  Rollende Planung und Hochrechnung

Ein häufiger Kritikpunkt an der Planung ist die Ungenauigkeit der Pläne und Hochrechnungen. Ein Grund dafür kann sein, dass Pläne und Prognosen sehr lange im Voraus erstellt werden. Je länger die Zeitspanne zwischen Planaufstellung und Eintreten der Realität, desto mehr kann in der Zwischenzeit passieren, was den Plan unrealistisch oder unsinnig werden lässt. Zum Zweiten ist eine fixe Periodenstruktur, wie sie in der Jahresplanung vorherrscht, dann nicht angemessen, wenn Prozesse und Entscheidungswirkungen darüber hinausgehen.[90]

Ein Ausweg daraus kann sein, Pläne und Prognose häufiger zu erstellen – und das auch noch für kürzere Zeiträume. Man spricht dann von der rollenden, rollierenden oder revolvierenden Planung und Hochrechnung. Sie meinen letztlich alle dasselbe und fußen auf vier **Prinzipien:**

1.  Dynamisieren des Führungsprozesses „Planung und Kontrolle": Statt sich an einer starren Jahresbetrachtung in der Planung und monatlichen Plan-Ist-Kontrollen zu orientieren, sollen Planung und Kontrollen so oft stattfinden, wie es für das Unternehmensgeschehen sinnvoll ist. Bei einem Großanlagenbauer mag der Planungshorizont mehr als ein Jahr sein, bei einem Einzelhandelsunternehmen dagegen wochenweise. Auch kann auf gravierende Einzelereignisse mit einer zusätzlichen Prognose- und Planungsrunde reagiert werden. Wesentlich ist auch, die Hochrechnung nicht nur auf das Jahresende zu beziehen und so den Vorschauhorizont immer weiter zu verkürzen. Vielmehr sollen rollierende Prognosen und Pläne immer eine vordefinierte Anzahl an Perioden umfassen. Damit entgeht man eher dem Problem, dass unangenehme Ereignisse oft bis zur letzten Hochrechnung kurz vor Jahresende „aufgespart" werden in der Hoffnung, vorher doch noch eine Verbesserung zu erreichen. Im letzten Quartal kommt es dann zu starken Schwankungen oder Überraschungen und es fehlt die Zeit noch gegenzusteuern.

2.  Unterscheiden in Prognosen und Pläne: Die unterjährige Prognose sollte zunächst die aktuelle Situation und erwartete Umweltveränderungen einbeziehen und fortschreiben. Sie ist daher eine Lage- oder Umweltprognose[91] und beinhaltet nicht die Maßnahmen, die man in Zukunft ergreifen möchte. Auf der Basis der Prognose sollen dann Maßnahmenpläne erstellt werden oder konkrete Entscheidungen fallen. Es ist wichtig, beides, Prognosen („Was wird vermutlich kommen?") und Pläne („Was möchten wir tun und erreichen?"), voneinander zu trennen. Damit vermeidet man auch die Vermischung von Prognosen mit Ziel- und Wunschvorstellungen. Zunächst soll ein möglichst unbeeinflusster Blick auf das, was kommen dürfte, erfolgen. Erst dann beginnen Überlegungen zu Zielen, Handlungen und Entscheidungen.

3.  Fokussieren auf wenige Kenngrößen: In kürzeren Zeiträumen sind nicht mehr alle Planungsdetails einer Jahresplanung beeinflussbar oder veränderlich, beispielsweise Abschreibungen, Mietzahlungen etc. Daher sollte man sich in der rollenden Planung auf die Größen konzentrieren, die von hoher wirtschaftlicher Bedeutung und durch die Führung beeinflussbar sind.

4.  Reduzieren des Planungsaufwands und der Planungszeiträume: Würde man die rollende Planung einfach als mehrfache, unterjährige Wiederholung der Jahresplanung ansehen, handelte man sich einen beträchtlichen zusätzlichen Planungsaufwand ein. Man hätte dann eine mehrfache, unterjährige Neuplanung zu erstellen. Die Lösung besteht darin, weniger Details zu prognostizieren und zu planen und/oder die rollende Planung und Hochrechnung weitgehend zu automatisieren.

**Konkrete Umsetzung**

**Rollende Hochrechnung** bedeutet im Verständnis der obigen Prinzipien: (1) stets gleichbleibender Zeithorizont, losgelöst vom Geschäftsjahr, (2) periodische Erstellung beispielsweise quartalsweise, (3) definierter, nicht zu feiner Detailgrad und (4) beinhaltet nur wichtige monetäre und nicht-monetäre Informationen.

Für die konkrete Gestaltung sind zwei Themenfelder zu diskutieren, die Frage nach der Häufigkeit und dem Zeithorizont sowie die Frage nach den Inhalten und der Detaillierung. Generell richten sich Häufigkeit und Zeithorizont nach den Notwendigkeiten der Steuerung des Unternehmens, also der Dauer eines typischen Prozesses der Leistungserstellung und der Dynamik der Umwelt. Je kürzer die Prozesse und je größer Veränderungen sind, desto kürzer sollte ein Prognosezeitraum sein und desto häufiger die Prognose durchgeführt werden. Die relevanten Inhalte und Details sollten sich auch an den zur Steuerung der operativen Prozesse und Handlungen nötigen orientieren. Neben der Konzentration auf Kerninformationen sollte jedoch immer auch auf Randereignisse geachtet werden, die einen Einfluss ausüben können: eine drohende Insolvenz eines wichtigen Kunden, ein neues Produkt eines Wettbewerbers und Ähnliches.

**Rollende Planung** ist geprägt durch die Willensbildung, das Setzen von Zielen oder Vorschreiben von Handlungen. Sie ist durch Entscheidungen und die Gestaltung der Zukunft geprägt. Die rollende Planung soll Ziele an veränderte Erwartungen anpassen, aber nicht beliebig Ziele herabsetzen oder ändern, um sie einfacher zu erreichen. Im Vordergrund steht, die Jahresziele oder übergeordneten Ziele durch eine häufigere, rollierende Planung zu konkretisieren, Wege und Maßnahmen zu finden, sie doch noch zu erreichen oder gegebenenfalls ein Nachdenken auszulösen, ob die übergeordneten Ziele hinterfragt werden sollten. Jede Änderung von kurzfristigen Zielen und jede neue Maßnahme kann auch bedeuten, Ressourcen (Finanzen, Kapazitäten, Personal) im Unternehmen neu zuordnen zu müssen. Daher kann eine rollende Planung auch einen erhöhten Umplanungsaufwand nach sich ziehen. Was ist jedoch die Alternative? Verfehlte Ziele und später noch höheren Aufwand zur Gegensteuerung?

Neben den bei der rollenden Hochrechnung erwähnten ersten beiden Merkmalen weist die rollende Planung zwei weitere auf: Die Maßnahmen der rollenden Planung sind „bottom up" , von der Ebene der Umsetzung her zu planen, um die von oben gesetzten Ziele zu erreichen. Die Maßnahmen und Pläne sollten sich weiterhin auf die steuerungsrelevanten Aspekte des konkreten Unternehmens beziehen. Zusammen mit der rollenden Hochrechnung ergibt sich ein fast permanenter Prozess der Prognose, Ziel- und Maßnahmenplanung, Umsetzung, Prognose und so weiter. Abbildung 4-6 zeigt ihn schematisch. Dabei wird angenommen, dass je Quartal eine Dreimonatsprognose sowie eine Dreimonatsplanung erstellt werden.

---

**Abbildung 4-6:**   *Schema der rollenden Hochrechnung und Planung*

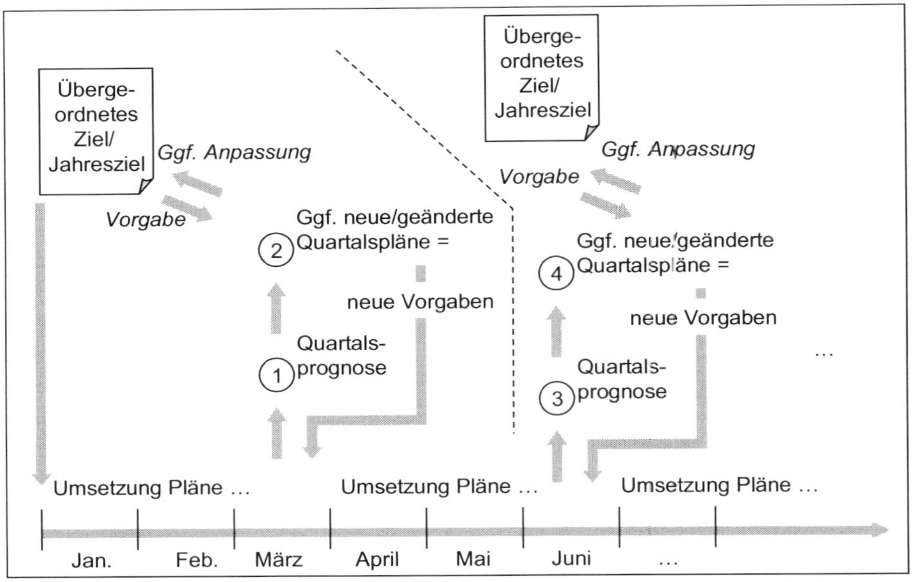

## Fallbeispiel Software Service GmbH

Das Unternehmen Software Service GmbH (SSG) implementiert für seine Kunden ERP-Software. Die operative Planung und Steuerung konzentriert sich daher auf die Planung und Abwicklung von Kundenprojekten. Der operative Erfolg ergibt sich aus der Akquisition vielversprechender Projekte und deren kosten-, zeit- und leistungs-mäßig zielkonformen Umsetzung. Eine Planung und Kontrolle nach Abteilungen ist aufgrund des starken Projektcharakters des Geschäfts wenig hilfreich. Höchstens für die allgemeinen Unternehmensbereiche ist das angemessen.

Durch die Einführung der rollenden Planung und Hochrechnung möchte man die operative Steuerung besser an die Eigentümlichkeiten des Geschäfts anpassen. Über-trägt man die Hauptaspekte der rollenden Planung auf das Beispiel, ergibt sich fol-gendes Bild:

- Häufigkeit und Zeithorizont: In Software-Implementierungsprojekten können sehr kurzfristig Probleme oder Änderungen auftreten und so hält man es für sinnvoll, einen monatlichen Rhythmus anzusetzen. Die Vorschau und Planung sollte jedoch nur vier Monate umfassen, da viele Projekte in Abschnitten geplant und beauftragt werden, die im Durchschnitt zwischen drei und sechs Monaten umfassen. Weiter-hin nimmt die Genauigkeit der Vorausplanung der Mitarbeitereinsätze mit zu-nehmendem Zeitvorlauf sehr stark ab.

▧ Inhalte und Detaillierung: Die monatliche Hochrechnung und Prognose erlaubt es nicht mehr, sehr viele Informationen zu planen. Als wichtigste Informationen wurden Folgende definiert:

— Umsatz aus laufenden, vereinbarten Kundenprojekten für die nächsten vier Monate,

— Auftragsbestand für die nächsten vier Monate in Personentagen, unterteilt nach laufende Projekte sowie vereinbarte, jedoch noch nicht begonnene Projekte,

— Personalauslastung aus eben genannten Aufträgen für die nächsten vier Monate in Personentagen,

— Noch nicht vereinbarte Aufträge, die eine hohe Wahrscheinlichkeit besitzen, für die nächsten vier Monate in Personentagen,

— Vorläufige Rohmarge errechnet aus oben genanntem Umsatz und den Ist-Kosten der Verwaltung und den Personalkosten.

Die monatliche Vorschau und Planung wird in einem Bericht zusammengefasst (Abbildung 4-7). Er wird in einer Besprechung der Führungskräfte zum Monatsende vorgestellt mit dem Ziel, gegebenenfalls Entscheidungen daraus abzuleiten.

*Abbildung 4-7:*  *Beispiel Bericht zur rollenden Planung und Hochrechnung*

**Software Service GmbH** — Planung und Hochrechnung für 07-10/2007 — Erstellt: Fr. Schulze, 25.06.07

| Ist/Hochrechnung/ Bisheriger Plan | | Ist | Hochrechnung | | | | Abweichung Hochrechnung zu bisherigem Plan in % | | | |
| Kennzahlen | Einheit | Juni | Juli | Aug. | Sept. | Okt. | Juli | Aug. | Sept. | Okt. |
|---|---|---|---|---|---|---|---|---|---|---|
| Umsatz | [Tsd. €] | 300 | 280 | 200 | 180 | 240 | -7 % | -31 % | -36 % | -20 % |
| Auftragsbestand | [PT] | 250 | 230 | 160 | 140 | 180 | -4 % | -20 % | -13 % | -10 % |
| Auslastung Personal | [%] | 85 % | 81 % | 65 % | 55 % | 70 % | 1 % | -19 % | -31 % | -13 % |
| Potenzielle Aufträge | [PT] | 110 | 130 | 50 | 70 | 30 | -13 % | -60 % | -30 % | -60 % |
| Vorläufige Rohmarge | [Tsd. €] | 56 | 40 | 23 | -10 | 40 | -33 % | -60 % | -118 % | -33 % |

PT = Personentage, Tsd. = Tausend

| Ist/Neue Planung/ Zielwerte | | Ist | Neue Planung/Zielwerte | | | | Maßnahmen/Zieladjustierungen: |
| Kennzahlen | Einheit | Juni | Juli | Aug. | Sept. | Okt. | |
|---|---|---|---|---|---|---|---|
| Umsatz | [Tsd. €] | 300 | 280 | 220 | 200 | 260 | *Verstärkte Akquisition* |
| Auftragsbestand | [PT] | 250 | 230 | 200 | 200 | 200 | *Abbau Überstunden, Urlaubs-* |
| Auslastung Personal | [%] | 85 % | 81 % | 75 % | 75 % | 75 % | *tage* |
| Potenzielle Aufträge | [PT] | 110 | 130 | 100 | 80 | 60 | |
| Vorläufige Rohmarge | [Tsd. €] | 56 | 56 | 44 | 40 | 52 | |

## Vor- und Nachteile

In einer Welt hoher Unsicherheit bietet die rollende Planung und Hochrechnung grundlegende Vorteile: Sie macht Pläne und Prognosen durch ihre kürzeren, betrachteten Zeiträume und ihre häufigere Durchführung tendenziell genauer. Indem in kürzeren Zeitabständen auf Planabweichungen oder neue Entwicklungen reagiert wird, können auch die Ressourcen und Kapazitäten des Unternehmens zielgerechter eingesetzt und ausgelastet werden. [92]

Die Gefahr, durch zu hohe Detaillierung bei häufiger Durchführung erhebliche Mehrarbeit zu erzeugen, ist, wie oben beschrieben, dann vermeidbar, wenn man sich auf wenige Kenngrößen beschränkt und/oder Planung und Prognose weitgehend automatisiert. Drei wichtige Gegenargumente gegen die rollende Planung bleiben jedoch bestehen: a) der hohe Stellenwert der Jahrespläne in den meisten Unternehmen, b) die meist übersehene Notwendigkeit, die Unternehmenskultur zu ändern, und c) die schwierige IT-Umsetzung.[93]

Zu a): Solange für die variable Entlohnung Jahresziele maßgebend sind, werden sich auch die Führungskräfte und Mitarbeiter auf die Erfüllung der Jahresvorgaben konzentrieren und die unterjährige rollende Planung und Hochrechnung wird ein Schattendasein führen. Um rollende Planung wirksam werden zu lassen, müsste also auch das System der Zielvereinbarungen und Entlohnung überprüft und gegebenenfalls angepasst werden. So könnten, wie es bei Beyond Budgeting vorgeschlagen wird, relative Ziele im Nachhinein die Basis der Entlohnung sein. Dabei misst man die Zielerreichung relativ zu einem vorzugsweise externen Ziel – und das erst nachträglich. So könnte der Vertriebsleiter das relative Ziel haben, den Umsatz über den durchschnittlichen Marktzuwachs hinaus zu steigern.[⑦]

Zu b): Mitarbeiter können die Einführung rollender Planung und Hochrechnung auch als zunehmende Überwachung und steigenden Leistungsdruck empfinden. Durch häufigere Planung, Abweichungsermittlung, Plan- und Zielanpassung mischt sich das Management im Prinzip stärker in das operative Geschäft ein. Anstatt sich mehr zu engagieren, kann es eher demotivierend wirken, sich ständig rechtfertigen zu müssen. Auch besteht die Gefahr, dass Mitarbeiter keine abweichenden Meinungen mehr äußern oder wichtige Informationen zurückhalten, da sie fürchten, gemaßregelt zu werden. Rollende Planung und Hochrechnung scheinen besser zu funktionieren, wenn sie mit einer dezentralen Verteilung von Verantwortung und Kompetenzen einhergehen.

Zu c): Neben den Führungs- und Kulturaspekten benötigt ein funktionierendes System der rollenden Planung und Hochrechnung auch eine entsprechende Implementierung in Software, Inhalte und Methoden. Alle drei sind keine einfachen und schnell zu erledigenden Aufgaben. Die Forderung, sich bei den Inhalten auf wesentliches zu beschränken, sagt sich leicht. Doch welche Informationen sind wirklich wesentlich? Decken die ausgewählten Kennzahlen wirklich das ab, was es zu planen und zu kontrollieren gilt? Solche Fragen lassen sich vermutlich nur durch „Versuch und Irrtum" in der praktischen Anwendung beantworten.

---

⑦  Siehe auch Kapitel 4.5.4 und 5.

# 4.4 Verbesserungen mit Schwerpunkt Methoden und Instrumente

## 4.4.1 Verbesserung der Prognosen

In Kapitel 3.4 wurde beschrieben, wie schwierig Prognosen sind. Insbesondere lässt sich vor einer Prognose meist nicht feststellen, welches das am besten geeignete Prognoseverfahren ist. Die Lage ist aber nicht völlig hoffnungslos. Viele Unternehmen scheinen ihr „Qualitätspotenzial" für Prognosen noch nicht ausgeschöpft zu haben, soll heißen, sie können mit recht einfachen Mitteln ihre Prognosen zum Teil deutlich verbessern. Zunächst sollen ein paar **allgemeine Empfehlungen** aufgeführt werden:[94]

▓ „Wenn Sie unsicher sind, seien Sie konservativ": Anstatt auf große Veränderungen zu setzen, ist es in unsicheren Zeiten oft besser, auf eine behutsame Fortschreibung der Vergangenheit zu setzen. So erwies sich in den oben erwähnten Vorhersage-Wettbewerben die exponentielle Glättung als ein robustes Instrument, das recht gute Prognosen erzeugt. (Siehe unten Abbildung 4-8)

▓ „Streuen Sie Risiken": Teilen Sie das Prognoseproblem in Unterprobleme auf, kombinieren Sie mehrere Teilprobleme und mehrere Teilprognosen. Anstatt zum Beispiel zu versuchen, nur den Gewinn als einen Wert zu prognostizieren, könnten Sie die einzelnen Größen Absatzmenge, Absatzpreise, Erlösschmälerungen, Kosten, Herstellmengen etc. vorab prognostizieren und die Ergebnisse zu einer Gewinnprognose zusammenfassen. Die Suche nach der einen, für alles funktionierenden Methode und der einen für alles zutreffenden Prognose scheitert meist.

▓ „Verwenden Sie eine realistische Situationsbeschreibung": So könnte eine Simulation oder die Abbildung als Ursache-Wirkungsdiagramm einen tieferen Einblick gewähren. Oft wird dann auch klarer, wo eine eindeutige kausale und lineare Beziehung besteht – die recht gut prognostizierbar sein kann – und wo Rückkopplungen und Vorkopplungen eine nichtlineare Dynamik entfalten, die nur selten vorhersagbar ist. Auch wird deutlicher, welche Aspekte noch nicht bekannt sind und wo noch weitere Analysen nötig werden.

▓ „Verwenden Sie viele Informationen": Berücksichtigen Sie nicht nur eine Art an Informationen, beispielsweise nur die Analyse und Fortschreibung von Zeitreihen der Vergangenheit. Beziehen sie auch Expertenmeinungen, qualitative Daten und Erwartungen ein.

▓ „Nutzen Sie früher gewonnene Informationen": In vielen Branchen und für viele Fragestellungen liegen umfangreiche Informationen vor: Branchenstudien, Konkurrenzanalysen, Kundendaten, Markteinschätzungen, empirische Studien aus der Wissenschaft etc. Verzichten Sie nicht auf die Erkenntnisse anderer, sondern versuchen Sie, sie aktiv in ihre Einschätzungen einzubeziehen.

■ „Bevorzugen Sie strukturierte Methoden": Zwar kann auch das Bauchgefühl richtig liegen, doch setzt das eine langjährige Erfahrung und detaillierte Kenntnis des relevanten Prognosegegenstands voraus. Für den Anfang dürfte es hilfreicher sein, sich selbst ein strukturiertes Vorgehen aufzuerlegen.

In den letzten Jahren wurden auch Prognosemethoden öffentlichkeitswirksam „beworben", die im Praxistest nur geringe oder gar keine Verbesserungen in der Prognosegenauigkeit gezeigt haben. Solche Methoden sollte man daher eher mit Vorsicht anwenden. Dazu gehören zum Beispiel: Data Mining, Neuronale Netze und *Box-Jenkins*-Verfahren. Data Mining ist eine automatisierte Suche nach Mustern und Korrelationen in großen Datenmengen. Die Methode bezieht kein vorheriges Wissen ein, sie baut nicht auf theoretischen Überlegungen über den Prognosesachverhalt auf, sondern sucht nach statistischen Zusammenhängen. Wie sich zeigen lässt, findet man in einem genügend großen Datensatz immer irgendwelche Muster und Korrelationen.[95] Ohne vorherige Überlegung und Vorwissen lässt sich nicht entscheiden, ob solche Ergebnisse auch sinnvoll sind. Trotz der vielen verfügbaren Softwarepakete bleiben die Protagonisten von Data Mining den Nachweis der Vorhersagegüte schuldig. Neuronale Netze sind in einer ähnlichen Position. Sie bestehen aus mehreren „Nervenschichten", die an Testdaten trainiert werden, richtige Ergebnisse vorherzusagen. Die empirischen Nachweise ihrer Eignung sind jedoch eher bescheiden bis ernüchternd, ganz abgesehen von den Schwierigkeiten, sie anzuwenden und zu verstehen. In der Ökonometrie und auch in Prognoseverfahren finden Sie sehr häufig ein Verfahren diskutiert und implementiert: die Methode von *Box-Jenkins*.[96] Durch komplexe mathematische Analysen von Zeitreihendaten wird hier versucht, eine Prognose abzuleiten. Dabei geht man implizit davon aus, dass eine komplexe Realität auch nur mit komplexen Methoden abbildbar und vorhersagbar ist. In mehreren Prognose-Wettbewerben konnten die *Box-Jenkins*-Methode und ihre Abwandlungen jedoch keine Überlegenheit zeigen. Vielmehr hat sich die oben erwähnte exponentielle Glättung (teilweise mit Berücksichtigung von Saisonfaktoren) als genauer erwiesen. Zudem ist sie auch viel einfacher zu verstehen und anzuwenden.

### Exponentielle Glättung

Die exponentielle Glättung ermittelt den Prognosewert auf der Basis der Vergangenheit sowie der Abweichung zwischen tatsächlichem Wert und der letzten Prognose. Wie stark diese Abweichung in die neue Prognose eingeht, muss aus den bisherigen Daten heraus ermittelt werden. Der Prognosewert errechnet sich folgendermaßen:

$$\widehat{y}_{t+1} = \alpha \cdot y_t^* + (1-\alpha) \cdot y_t$$

$\widehat{y}_{t+1}$      Prognose für den Folgezeitraum, beispielsweise Monat Juli

$y_t^*$      Prognose des aktuellen Monats, beispielsweise Juni

$y_t$      tatsächlicher Wert für den aktuellen Monat, hier Juni

$\alpha$      Glättungsfaktor zwischen 0 und 1

Angenommen, der tatsächliche Wert sei im Juni 100, die Prognose für Juni betrug 150. Bei einem Glättungsfaktor von 1 ergäbe sich als Prognose für Juli: 1 * 150 + 0* 100, das heißt, die neue Prognose ist identisch mit der Prognose des Vormonats. Je kleiner der Glättungsfaktor, desto weniger geht die Prognose des Vormonats in die aktuelle Prognose ein. Bei einem Wert von 0 ist die neue Prognose gleich dem Istwert des Vormonats. In Abbildung 4-8 ist die exponentielle Glättung angewandt auf den tatsächlichen Fahrzeug-Absatz eines Automobilherstellers. Man sieht daran zweierlei: Die Prognosen gleichen sich dem Verlauf der Ist-Daten an, hinken jedoch der Entwicklung immer hinterher. Das muss auch so sein, da nur die Vergangenheitsdaten (Istwerte, frühere Prognosen) in die Vorhersage eingehen, plötzliche Änderungen lassen sich damit nicht vorhersagen. Weiterhin ist bei diesen Werten der Glättungsfaktor sehr niedrig, die Ist-Daten erhalten also ein hohes Gewicht. Das ist dann der Fall, wenn wie hier die Ist-Daten sehr schwanken.[97] Noch bessere Ergebnisse als mit der exponentiellen Glättung erzielt man oft dann, wenn man ihre Prognose mit einer eigenen Einschätzung kombiniert. Sie liefert dann sozusagen eine erste „rechnerische" Einschätzung, die durch ein eigenes Urteil abgeändert werden kann.

---

**Abbildung 4-8:**    *Beispiel Prognose mit exponentieller Glättung*

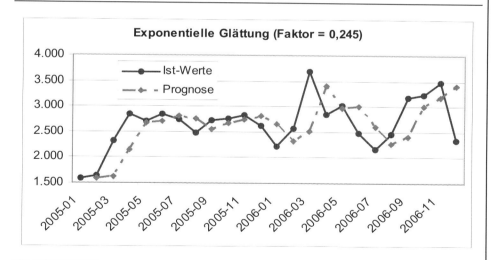

---

## 4.4.2    Prozessorientierte Budgetierung und Planung

Die Grundidee ist hier, die Vorgehensweise der Prozesskostenrechnung auf Planung und Budgetierung zu übertragen. Die **Prozesskostenrechnung** zielt auf eine prozessorientierte Betrachtung der Unternehmensaktivitäten, ihrer Bewertung mit Kosten und die Möglichkeit, über die Prozesse die hohen und oft intransparenten Gemeinkosten des Unternehmens besser in den Griff zu bekommen. Der Anteil der Gemeinkosten an den Gesamtkosten ist in vielen Unternehmen über die letzten Jahrzehnte hinweg stark angestiegen: sei es durch hohe Automatisierung oder durch den Anstieg planender, vorbereitender, steuernder und überwachender Tätigkeiten im Gegensatz zur direkten Ausführung und Produktbearbeitung.[98] Die traditionelle Zuschlagskalkulation trägt dem nicht Rechnung, da die Gemeinkosten en bloc zugerechnet werden, unabhängig davon, ob die Produkte alle diese Gemeinkosten auch auslösen. Damit können Fehlurteile die Folge sein, so beispielsweise die Tendenz, immer mehr Produktvarianten einzuführen im Irrglauben, dadurch würden die Gemeinkosten pro Produkt tendenziell sinken. Produktvarianten haben jedoch eher den gegenteiligen Effekt: Für jede Variante sind zusätzliche Entwicklungstätigkeiten erforderlich, es sind spezielle Teile oder Bearbeitungsschritte nötig, ein besonderer Versand, spezielle Qualitätsprüfungen und eigenständige Planungs- und Steuerungsaufgaben können auftreten. Dies alles führt eher zu steigenden Gemeinkosten und das bei geringeren Stückzahlen, da Varianten als besondere Produkte einen kleineren Käuferkreis ansprechen als das Grundprodukt.

Um die prozessorientierte Budgetierung zu verstehen, muss man den Ablauf der Ermittlung von Prozesskosten kennen. Er besteht grob aus zwei Schritten: der Prozessanalyse und der Kostenermittlung. Die Verwendung der Prozessdaten, die im Anschluss daran beschrieben wird, gehört logisch im Grunde an den Beginn. Man versteht sie jedoch besser, wenn man weiß, wie man zu diesen Daten kommt.

**Prozessanalyse**

Die Prozesskostenrechnung betrachtet nur solche Aktivitäten, die sehr häufig und im Wesentlichen gleichbleibend vorkommen. Dazu zählt beispielsweise die Beschaffung von Standardmaterial, jedoch nicht die Beratung eines Klienten durch einen Steuerberater, da hier jeder Sachverhalt zumindest in Nuancen anders liegt. Ebenso keine relevanten Prozesse sind Tätigkeiten wie Ablage oder allgemeine Sekretariatsaufgaben. Die relevanten Prozesse sollten funktional entlang der Leistungserstellung gegliedert sein. In der Regel gehen diese über Abteilungsgrenzen hinweg (siehe Abbildung 4-9). So finden sich bestellrelevante Tätigkeiten (die Teilprozesse) in verschiedenen Abteilungen. Durch die Aggregation der Teilprozesse ergibt sich der Hauptprozess. Die Teilprozesse sollten nicht zu kleinteilig sein, sonst wird der Analyseaufwand sehr groß und es besteht die Gefahr, dass sich durch laufende Änderungen auf der sehr detaillierten Ebene das Prozessmodell häufig ändern muss. Für die Analyse genügt es aus Erfahrung, nur Prozesse aufzunehmen, deren Tätigkeitsaufwand größer 1/10 Mitarbeiterjahr ist. Das entspräche bei einer Jahresarbeitszeit von 1.600 Stunden mehr als 160 Stunden pro Jahr, also etwa drei Stunden pro Woche im Durchschnitt.

Jedem Teil- und jedem Hauptprozess muss vor der Kostenermittlung ein „Kostentreiber" (cost driver) zugewiesen werden. Der Kostentreiber ist diejenige Größe, die die Höhe der Kosten des Prozesses beeinflusst. Da es sich um sich wiederholende (repetitive) Prozesse handelt, nimmt man die Anzahl der durchgeführten Prozesse als Kostentreiber, so wäre in unserem Beispiel bei dem Teilprozess „Bestellung auslösen" der Kostentreiber „Anzahl ausgelöster Bestellungen". Die Kosten der Bestellung hängen eben nicht von der Höhe des Materialwerts ab, wie das die Zuschlagskalkulation annimmt.[8] Sie werden vielmehr durch die Komplexität und Zahl der Bestellvorgänge bestimmt. Jedem Kostentreiber wird damit eine Menge zugewiesen, die Zahl der Durchführungen.

---

***Abbildung 4-9:*** *Haupt- und Teilprozess am Beispiel „Material bestellen"*

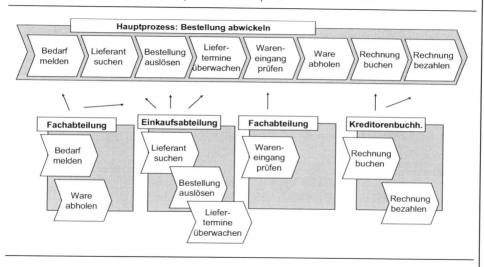

---

In der Sprache der Prozesskostenrechnung sind repetitive Prozesse mit einem eindeutigen Kostentreiber leistungsmengeninduzierte (lmi) Prozesse. Prozesse ohne solch einen eindeutigen Kostentreiber gibt es natürlich auch, wenn auch seltener. Dazu zählt beispielsweise „Abteilung leiten". Diese nennt man auch leistungsmengenneutrale (lmn) Prozesse.

**Ermittlung der Prozesskosten**

Wenn man so will, liegt der Kostenzurechnung auf Prozesse ein „Aktenbearbeitungsmodell" zugrunde: die Vorstellung, dass eine Aufgabe auf dem Schreibtisch einer

---

[8] Dort wird meist der Materialgemeinkostenzuschlag prozentual auf die Materialeinzelkosten gerechnet. Je höher die Materialeinzelkosten, desto höhere Materialgemeinkosten muss das Produkt tragen.

Mitarbeiterin landet, sie diese bearbeitet und an den nächsten Arbeitsplatz weiterleitet. Die Kosten der Bearbeitung, des Prozesses, ergeben sich dann aus den Kosten der Arbeitszeit der Mitarbeiterin. In diese Kosten fließen nicht nur die Personal- und Personalnebenkosten ein, sondern auch alle relevanten Sachkosten des Arbeitsplatzes (Raum, Ausstattung, EDV etc.). Die Kostenzurechung benötigt also zwei Daten: die benötigte Arbeitszeit für einen Prozess und die Sach- und Personalkosten.

Die benötigte Arbeitszeit je Teilprozess muss durch Interviews, Befragungen oder durch andere Zeitstudien erhoben werden. Dazu teilt man die gesamte verfügbare Arbeitszeit in einer Abteilung auf die dort ablaufenden Prozesse auf. Man spricht auch von Kapazitätszuordnung, da Arbeitskapazitäten auf jeden Prozess zugeordnet werden. Tabelle 4-3 zeigt eine Beispielrechnung: Die gesamte Arbeitskapazität von elf Mitarbeiterjahren (MJ) teilt sich auf vier Teilprozesse auf. Für die betrachtete Abteilung wurden gesamte Sach- und Personalkosten von 1,1 Mio. € ermittelt. Somit kostet jedes Personenjahr im Schnitt 100.000 € p. a. Beachten Sie, dass hier für Prozesse nicht die tatsächlichen Personalkosten für einzelne Personen angesetzt werden, auch wenn man wissen sollte, dass nur diese Person an dem Prozess arbeitet. Die Gründe: Es genügt eine Durchschnittsbetrachtung unabhängig von konkreten Personen, und eine Zurechnung auf einzelne Personen könnte eine individuelle Leistungsmessung erlauben, die mitbestimmungspflichtig ist.

*Tabelle 4-3:*      *Prozesskosten: Grunddaten und Ergebnisse Prozessanalyse*

| Kostenstelle Einkauf | |
|---|---|
| Ist-Daten | 2007 |
| | |
| Personalkosten | 850.000 € |
| Abschreibungen | 75.000 € |
| EDV-Kosten | 150.000 € |
| Sonstige Sachkosten | 25.000 € |
| | |
| Summe Kosten: | 1.100.000 € |
| | |
| 11 MJ    Kosten je MJ | 100.000 € |

| Ermittlung Prozesskosten | | | | Kapazität in MJ | Kosten gesamt | Kosten je Prozess |
|---|---|---|---|---|---|---|
| Prozesse | Prozess-menge | | | | | |
| Lieferanten betreuen | 40 | Lieferanten | | 0,5 | 50.000 € | 1.250 € |
| Bestellungen abwickeln | 5.000 | Einzelbestellungen | | 7,0 | 700.000 € | 140 € |
| Rahmenverträge verhandeln | 50 | Verträge | | 1,0 | 100.000 € | 2.000 € |
| Abrufe aus Rahmenverträgen | 4.500 | Abrufe | | 2,5 | 250.000 € | 56 € |
| | | | | | | |
| | | Summen: | | 11,0 | 1.100.000 € | |

Aus den über die Kapazität zugerechneten Prozesskosten und der Anzahl an Prozessdurchführungen (Prozessmenge oder Kostentreibermenge) ergibt sich durch einfache Division der Prozesskostensatz. So kostet bei 5.000 Bestellungen und gesamten Prozesskosten von 700.000 € jede Bestellung im Durchschnitt 140 €.

**Verwendung der Prozessdaten**

Die Prozesskostenrechnung kann im besten Fall die Gemeinkostenzuschläge einer Zuschlagskalkulation weitgehend ersetzen. Die **Produktkalkulation** wird dadurch differenzierter und es zeigt sich oft, dass Produktvarianten aus obigen Gründen höhere Prozesskostenanteile tragen müssen als Standardprodukte. Die Prozesskostenrechnung kann also die Preisbildung unterstützen, aber auch die Sortimentsbeurteilung hinsichtlich der Profitabilität.[99]

Für unsere Diskussion steht jedoch die Verwendung für die **betriebliche Steuerung** im Fokus: Durch die erstmalige Transparenz der Gemeinkosten können Prozesse in ihren Kosten-, Zeit- und Qualitätswirkungen besser beurteilt, untereinander verglichen und rationalisiert werden. Ziel ist eine kontinuierliche Verbesserung und Steuerung der internen Abläufe. Sie erreicht man durch das regelmäßige Beurteilen der Prozesseffizienz in kostenmäßiger, zeitlicher und qualitativer Hinsicht.[100]

**Prozessorientierte Budgetierung**

Prozesse dienen hier als Hilfsmittel der Budgeterstellung: Erstens wird dadurch eine höhere Transparenz und Detaillierung erreicht. Man erkennt genauer, welche Aktivitäten geplant sind und welche Kosten dafür vorzusehen sind. Zweitens, und vielleicht noch wichtiger, können die unternehmensinternen Ressourcen besser zugewiesen werden, was zu einer höheren Wirtschaftlichkeit beiträgt. Statt der Einkaufsabteilung in unserem Beispiel ein Plankostenbudget zuzuweisen, von dem man mangels Prozessinformationen nicht genau weiß, wofür das Geld verwendet wird, beginnt man mit der Planung der Prozessmengen. Die Prozessmengen bilden die Leistungen ab, die eine Einkaufsabteilung zu erbringen plant, so die Zahl abgearbeiteter Bestellungen oder durchgeführter Abrufe aus Rahmenverträgen. Die einfachste Form der Budgeterstellung plant dagegen nur die Eingangsgrößen: Personal- und Sachkosten, nicht aber wofür diese Ressourcen eingesetzt werden sollen. Die prozessorientierte Budgetierung beginnt bei der Frage der zu erbringenden Leistungen und ermittelt auf deren Basis das nötige Budget. Das ist der zentrale Unterschied und Vorteil.

Angenommen, in unserem Einkaufsbeispiel plant man eine Verschiebung von den Einzelbestellungen hin zu Abrufen aus Rahmenverträgen. Letztere sind weniger aufwändig, da durch den Rahmenvertrag einige Schritte des Bestellprozesses für alle Abrufe vorab definiert sind. Durch die Verschiebung der Prozessmengen ergeben sich bei angenommenen gleichen Bearbeitungszeiten je Vorgang neue Kapazitätsbedarfe für die einzelnen Prozesse. Für die Berechnung der Prozesskosten benötigt man dann noch die Plan-Kosten je Mitarbeiterjahr. In Tabelle 4-4 ist angenommen, dass diese Kosten sowie, wie oben dargestellt, die Bearbeitungszeiten je Prozessdurchführung gleich bleiben, um den Effekt veränderter Prozessmengen deutlicher zu zeigen. Es entsteht eine nicht genutzte Kapazität in der Abteilung, eine Leerkapazität. Rein rechnerisch kann diese Leerkapazität auf das Budget anteilig heruntergerechnet werden: Die Personalkosten müssten auf ca. 667.000 € sinken, ebenso die Abschreibungen anteilig auf etwa 59.000 €. Und hier lauert eine Gefahr der Prozesskostenrechnung. Die Personal- und Sachkosten, die in die Prozesskosten eingehen, sind eben nicht variabel, sondern fixe oder sprungfixe Gemeinkosten. Die Leerkapazität bedeutet, dass Mitarbeiter nicht ausgelastet sind, die entsprechenden Kosten existieren jedoch noch bis zu ihrer Abbaubarkeit in fernerer Zukunft. Die Leerkapazität sollte zum Nachdenken veranlassen, welche Aufgaben der Einkauf noch übernehmen kann oder wo die entsprechenden Mitarbeiter sinnvoll anderweitig beschäftigt werden können.

*Tabelle 4-4:*  *Budgetermittlung über Prozessmengen und -kosten*

| Planung der Prozessmengen und daraus resultierenden Prozesskosten für 2008 | | | | | |
|---|---|---|---|---|---|
| Prozesse | Prozess-menge | | Kapazität in MJ | Kosten gesamt | Kosten je Prozess |
| Lieferanten betreuen | 50 | Lieferanten | 0,6 | 62.500 € | 1.250 € |
| Bestellungen abwickeln | 3.000 | Einzelbestellungen | 4,2 | 420.000 € | 140 € |
| Rahmenverträge verhandeln | 10 | Verträge | 0,2 | 20.000 € | 2.000 € |
| Abrufe aus Rahmenverträgen | 6.500 | Abrufe | 3,6 | 361.111 € | 56 € |
| | | **Summen:** | **8,6** | **863.611 €** | |
| | | *Leerkapazität* | *2,4* | *236.389 €* | |

| Kostenstelle Einkauf | | |
|---|---|---|
| Abgeleitetes Zielbudget | Ist 2007 | Ziel 2008 |
| (Annahme: anteilige Reduktion!) | Ursprünglicher Budgetansatz | Neuer Budgetansatz |
| Personalkosten | 850.000 € | 667.336 € |
| Abschreibungen | 75.000 € | 58.883 € |
| EDV-Kosten | 150.000 € | 117.765 € |
| Sonstige Sachkosten | 25.000 € | 19.628 € |
| Summe Kosten: | 1.100.000 € | 863.611 € |
| Gesamter Reduktionsbedarf | 236.389 € | |

Ergänzt man die bestehende Absatz- und Produktionsplanung um die prozessorientierte Planung in den Gemeinkostenbereichen, könnte man theoretisch eine durchgängige outputorientierte Planung für alle Teilbereiche erhalten, also eine Planung, die immer von der Leistung („output") her beginnt und daraus die entsprechenden Vorleistungen und Ressourcenbedarfe ableitet.[101] Dadurch steigt die zu verarbeitende Informationsmenge und so benötigt eine prozessorientierte Planung unbedingt eine entsprechende IT-Unterstützung und Automatisierung. Sie erfordert weiterhin eine Aufstellung aller Leistungen und Prozesse, der nötigen Ressourcen, der Ressourcenrestriktionen – und dies alles unter Beachtung von Veränderungen der Leistungen, Prozesse und Ressourcen im Zeitablauf. Alles zusammen genommen kann in einer IT-gestützten iterativen Vorgehensweise ein konsistenter Gesamtplan ermittelt werden.

Um nun nicht bisher schon ineffiziente oder uneffektive Prozesse weiter zu verwenden, könnte man vor die prozessorientierte Planung zunächst eine Rationalisierung der Prozesse durchführen. Dabei würde auch geprüft, welche Prozesse aus strategischer Sicht, aus organisatorischen Veränderungen heraus etc. noch benötigt oder verändert werden müssen. Erst dann schlösse sich die oben erwähnte Prozessplanung an.[102] Diesen Aufwand wird man sich vermutlich nicht jedes Jahr antun wollen, und so dürfte eine Rationalisierung vor der Planung die Ausnahme sein. Im Regelfall wird nicht alles von Grund auf neu und von den Leistungen her geplant. Die prozessorientierte Planung und Budgetierung mischt outputorientierte Sachverhalte mit inputorientierten Informationen. Insoweit ist ein iteratives Abgleichen zwischen Input- und Outputgrößen nötig, wie Abbildung 4-10 zeigt.

**Abbildung 4-10:** *Informationsflüsse der prozessorientierten Planung*

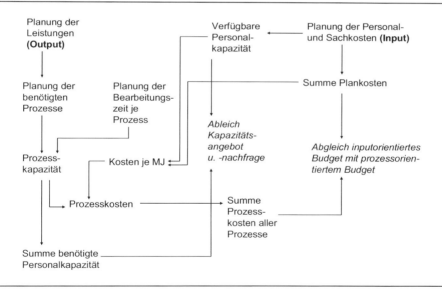

**Vor- und Nachteile**

Wie aus obigem Beispiel einer Einkaufsabteilung ersichtlich, erlaubt eine prozessorientierte Planung und Budgetierung eine detaillierte und zielgerichtete Einplanung betrieblicher Ressourcen. Benötigte Prozesse und Kapazitäten werden aus den Leistungsnachfragen abgeleitet, Über- und Unterkapazitäten können aufgedeckt werden.[103] Pauschale Mittelzuweisungen finden nur noch dort statt, wo sich keine repetitiven Prozesse erkennen lassen oder anderweitig eine detaillierte Analyse nicht angemessen ist.

Einen besonderen Vorteil bietet das Konzept in nicht-produzierenden Unternehmen, also Dienstleistungsbranchen und Handel. Über Prozesse können auch Dienstleistungen und Logistikaktivitäten dargestellt, analysiert und geplant werden.

Trotz dieser Vorteile wird die prozessorientierte Planung in der Praxis kaum verwendet. Der hohe Einführungs- und Pflegeaufwand kann hier abschreckend wirken. Ein Unternehmen komplett in Prozessen abzubilden, diese en detail zu planen, bei Änderungen anzupassen und zu steuern, erfordert einen immensen Aufwand. In einer unsicheren und veränderlichen Welt wären Unternehmen sehr stark nur noch mit Anpassungen und Änderungen beschäftigt, unter denen das eigentliche Geschäft leiden würde. Der Entschluss, auf komplexe, „datenfressende" Instrumente zu verzichten zu Gunsten grober, aber robuster Werkzeuge kann also vernünftig sein.[104]

Daneben gibt es zwei Punkte, die nicht nachteilig sein müssen, die aber zu beachten sind. Erstens sind, wie beim Beispiel Einkaufsabteilung gesehen, die Prozesskosten keine variablen Kosten. Eine aus der Prozessmenge abgeleitete Änderung des prozessorientierten Budgets führt nicht automatisch zu anderen realen Kosten. Zweitens sind heute viele Prozesse nicht mehr arbeitszeitdominiert, wie dies die Prozesskostenrechnung annimmt. Stattdessen werden viele Prozesse fast ausschließlich IT-gestützt abgewickelt und IT-Kosten sind die dominierenden Kostenanteile. Die Zurechnung von Kosten muss dann geändert werden, was schwierig ist, da viele IT-Kosten, noch mehr als die Kosten der Arbeitszeit, Kosten der Vorhaltung und Bereitstellung sind (beispielsweise Server, Netzwerke, Betriebssysteme, Anwendungssoftware).

### 4.4.3 Kaizen Budgeting

Kaizen bedeutet im Japanischen kontinuierliche Verbesserung. Jeder Mitarbeiter soll sich permanent darum bemühen, seine Arbeit zu vereinfachen, kostengünstiger zu erstellen beziehungsweise Qualitätsprobleme zu reduzieren. Ein zentraler Punkt ist, dass jeder Mitarbeiter Verbesserungsmaßnahmen ergreifen soll, jeder Mitarbeiter soll sein Wissen und seine Erfahrung einbringen. Die zentrale Vorgabe ist mehr oder weniger nur, besser zu werden. Ihre Ursprünge hat die Idee in der Automobilfertigung. Übertragen auf die Planung und Budgetierung wird die kontinuierliche Verbesserung der Leistung und der dafür nötigen Ressourcen angestrebt. Die Umsetzung erfolgt dadurch, dass das übergeordnete Management für die Planung Zielwerte vorgibt, die immer Senkungs- oder Verbesserungsziele sind. Das Beschaffungsbudget beispielsweise könnte so vorgegeben werden, dass für mehrere Jahre eine jährliche Reduktion um 5 % als Ziel gesetzt wird. Es würde dann in den einzelnen Jahren von 100 sinken auf 95, dann auf 90,25 und so fort. Damit setzt man die Mitarbeiter unter Zugzwang, sich zu überlegen, durch welche Maßnahmen die Beschaffungskosten gesenkt werden können. Denn nur diese können letztlich wissen, welche Maßnahmen wirken. Die Unternehmensleitung macht sich also das dezentrale Wissen der Mitarbeiter zunutze. Durch die mehrjährige Vorgabe vermeidet man auch, dass Kostensenkungen in einem Jahr nur verschobene Kostenerhöhungen der Folgejahre sind. So können Kosten gesenkt werden, indem man in einem Jahr auf die Wartung verzichtet, wodurch dann im Folgejahr beispielsweise höhere Reparaturen oder zusätzliche Instandhaltung nötig würden. [105]

Die Zielvorgaben in der Kaizen-Budgetierung gehen damit nicht von der aktuellen Unternehmenssituation aus, sondern gehen von künftig verbesserten Prozessen und Aktivitäten aus, greifen also auch Ideen der Lern- und Erfahrungskurve auf. Die angestrebte Verbesserung ist die Grundlage der Planung. Diese sollte anspruchsvoll, aber auch erreichbar sein, um nicht zu demotivieren. Auch kann man die Kostensenkung offenkundig nicht endlos fortführen, ohne dass das Unternehmen Schaden nimmt. Denn, und das sollte man nicht vergessen, das Ziel eines Unternehmens ist es nicht, Kosten zu senken, sondern Gewinne zu erwirtschaften.

## 4.4.4 Flexible Planung und Szenarioplanung

Die einfachste Form der Planung ist eine **starre Planung**: Sie legt zum Zeitpunkt der Planerstellung fest, welche Maßnahmen umzusetzen und welche Budgets verfügbar sind. Sie passt sich nicht an geänderte Realitäten an. Erkennt man im Rahmen der Planumsetzung, dass erhebliche Veränderungen eintreten, so kann der bisherige Plan überarbeitet werden. Diese **Planrevision** kann sich auf den gesamten Plan oder auf den Restzeitraum der Planumsetzung beziehen. Offenkundig ist eine Planrevision aufwändig durchzuführen, reagiert erst mit einigem Zeitverzug auf Änderungen und zeigt auch, wie unvorbereitet das Unternehmen auf Änderungen ist.

Eine **flexible Planung** berücksichtigt bereits im Zeitpunkt der Planerstellung mögliche alternative Zukunftsverläufe und integriert Entscheidungen, die nur unter bestimmten Bedingungen ausgelöst werden. Sie erlaubt die raschere und bessere Anpassung an Umwelt- und Unternehmensveränderungen.[106] Es gibt mehrere Möglichkeiten, Pläne zu flexibilisieren:

- **Aufschieben von Entscheidungen:** Je später eine Entscheidung getroffen wird, desto bessere Informationen dürften zur Verfügung stehen und desto kürzer sind die nötigen Prognosezeiträume, was auch die Prognosegenauigkeit verbessern soll. Die in Kapitel 4.3.2 beschriebene rollende Planung und Hochrechnung wendet genau diese Methode an: häufigere Planerstellung bei kürzeren Planungszeiträumen.

- **Einbau von Planreserven:** Dazu zählen neben finanziellen Reserven auch Kapazitätsreserven, zusätzliche Lagerbestände, Verwendung von Universal- statt Spezialmaschinen genauso wie der Einsatz von Mitarbeitern mit breitem Wissen und Erfahrung, die flexibel auf Änderungen reagieren können. Planreserven sollen im Laufe der Umsetzung Anpassungen an Änderungen erlauben, so dass kein neuer Plan erstellt werden muss, sondern in der konkreten Situation entschieden und gehandelt werden kann. Planreserven bergen immer die Gefahr der Ressourcenverschwendung, sind allgemein kostspielig und zeigen bei den Lagerbeständen gemäß dem japanischen Produktionskonzept just-in-time und Kanban eine fehlerhafte Planung an. Die heutige Praxis zielt eher auf die Vermeidung solcher Reserven durch Senkung von Lagerbeständen, Abbau von Kapazitätsreserven oder Verringerung von Budgetüberhängen in Form von Kaizen Budgeting.

▨ **Eventualpläne:** Bereits zum Zeitpunkt der Planerstellung können mehrere, alternative Pläne ausgearbeitet werden, die auf unterschiedlichen Planungsprämissen aufbauen. Zu Beginn der Planumsetzung wählt man dann jene Planung, die den vorliegenden Planungsprämissen entspricht. Mehrere Pläne zu erstellen bedeutet natürlich auch einen mehrfachen Planungsaufwand, sofern man nicht entsprechende Automatisierungen vornimmt. In vielen Softwarelösungen gibt es schon heute die Möglichkeit, mehrere Planversionen zu rechnen und zu erstellen bis hin zu einer zielgetriebenen Simulation in der ausgehend von einem bestimmten Zielwert ermittelt wird, welcher Plan dazu nötig wäre.[107] Unter die Eventualplanung fallen auch die aus der strategischen Planung bekannte Szenarioplanung sowie die Methodik der Entscheidungsbäume. Näheres dazu weiter unten.

▨ **Planung robuster erster Schritte:** Hierbei ermittelt man diejenigen Planmaßnahmen, die bei allen oder vielen unterschiedlichen Situationen immer noch zielkonform wären und daher nicht geändert werden müssten. So wäre ein Projekt zur Flexibilisierung der Lieferkette angemessen, unabhängig davon, ob sich die Bedarfsmengen nach oben oder unten verändern. Denn eine flexible Lieferkette soll es ja gerade erlauben, auf veränderliche Bedarfe rasch zu reagieren.

Die **Szenarioplanung** als eine Form der Eventualplanung ist ursprünglich in der strategischen Planung beheimatet. Sie dient dazu, alternative Entwicklungen abzubilden, wichtige Entscheidungsmomente herauszuarbeiten, Weggabelungen zu erkennen und Eingriffs- und Reaktionsmöglichkeiten auf bestimmte Entwicklungen festzuhalten. Idee ist, „to think about the unthinkable"[108]. Man soll sich damit von einer zu engen Anlehnung an die Trendfortschreibung der Vergangenheit lösen und offener die Möglichkeiten, Gefahren und Chancen erkennen. Auch in der operativen Planung ist es angesichts der Planungs- und Prognoseunsicherheit eine gute Idee, ab und zu ausgetretene Planungspfade zu verlassen und offener zu diskutieren.

Zwar könnte man fast beliebig viele Szenarien erstellen, in der Praxis zeigt sich jedoch, dass meist zwei bis drei ausreichen. Ein Szenario ist dabei regelmäßig die Fortschreibung der bisherigen Entwicklung, das Trendszenario. Ein oder zwei weitere beschreiben dann einen schlechtesten und einen besten Fall (worst case, best case). Tabelle 4-5 zeigt an einem einfachen Beispiel, wie solche Szenarien aussehen können. Es wird angenommen, dass sich die Umsätze entweder wie bisher entwickeln (+2 % Steigerung p. a.), dass sie durch eine Rezession schrumpfen oder dass sie durch eine konjunkturelle Belebung deutlich ansteigen. Man sieht an dem kleinen Beispiel den Effekt der operativen Hebelwirkung (**operating leverage**) der Fixkosten: Bei zurückgehenden Umsätzen führt die mangelnde Abbaubarkeit der Fixkosten zu rascheren Verlusten, bei steigenden Umsätzen zu höheren Gewinnen, als wenn es nur variable Kosten gäbe. Jedes Szenario sollte eine Erläuterung der wesentlichen Parameter, der angenommenen Entwicklung und Hintergründe erhalten. Nur dann lässt sich nachvollziehen, wie es zustande kam und welche Eintrittswahrscheinlichkeit man ihm geben will.

*Tabelle 4-5:*     *Szenarioplanung*

| Szenario 1: Trendfortschreibung, Umsatzwachstum 2 % p.a. | | | |
|---|---|---|---|
| Jahr | 2008 | 2009 | 2010 | 2011 |
| Umsatz | **1.000 €** | **1.020 €** | **1.040 €** | **1.061 €** |
| Herstellkosten des Umsatzes | 300 € | 306 € | 312 € | 318 € |
| Rohmarge | 700 € | 714 € | 728 € | 743 € |
| Fixkosten | 600 € | 600 € | 600 € | 600 € |
| Sonstige Kosten | 50 € | 51 € | 52 € | 53 € |
| Ergebnis vor Steuern | **50 €** | **63 €** | **76 €** | **90 €** |

| Szenario 2: stark sinkende Umsätze | | | |
|---|---|---|---|
| Jahr | 2008 | 2009 | 2010 | 2011 |
| Umsatz | **1.000 €** | **800 €** | **700 €** | **600 €** |
| Herstellkosten des Umsatzes | 300 € | 240 € | 210 € | 180 € |
| Rohmarge | 700 € | 560 € | 490 € | 420 € |
| Fixkosten | 600 € | 600 € | 600 € | 600 € |
| Sonstige Kosten | 50 € | 40 € | 35 € | 30 € |
| Ergebnis vor Steuern | **50 €** | **- 80 €** | **- 145 €** | **- 210 €** |

| Szenario 3: stark steigende Umsätze | | | |
|---|---|---|---|
| Jahr | 2008 | 2009 | 2010 | 2011 |
| Umsatz | **1.000 €** | **1.100 €** | **1.200 €** | **1.300 €** |
| Herstellkosten des Umsatzes | 300 € | 330 € | 360 € | 390 € |
| Rohmarge | 700 € | 770 € | 840 € | 910 € |
| Fixkosten | 600 € | 600 € | 600 € | 600 € |
| Sonstige Kosten | 50 € | 55 € | 60 € | 65 € |
| Ergebnis vor Steuern | **50 €** | **115 €** | **180 €** | **245 €** |

Mehrstufige, bedingte Entscheidungen und Pläne lassen sich auch gut mit **Entscheidungsbäumen** visualisieren. Sie helfen dabei, eine flexible Planung übersichtlich darzustellen und die verschiedenen Verzweigungsmöglichkeiten zu erkennen. Abbildung 4-11 zeigt einen Entscheidungsbaum für die Entwicklung und Markteinführung eines neuen Produkts. Vierecke stellen darin zu treffende Entscheidungen dar, Kreise stehen für Ereignisse oder Zustände und Dreiecke symbolisieren Konsequenzen. Von jeder Entscheidung gehen Linien aus, die einzelne Handlungsalternativen darstellen. Jeder Pfad im Entscheidungsbaum von links nach rechts endet in einer Konsequenz.

Im vorliegenden Fall beginnt der Entscheidungsbaum mit der Frage, ob die Entwicklung fortgeführt oder abgebrochen werden soll. Sofern man sie fortführt, können die Zustände „Entwicklung erfolgreich" oder „Entwicklung gescheitert" eintreten. Nach der erfolgreichen Entwicklung steht die Entscheidung an, ob mit einem großen oder kleinen Produktionsvolumen gestartet werden soll. Da die künftige Nachfrage nicht bekannt ist, kann eine zu kleine Produktionskapazität potenzielle Kunden verärgern und Gewinne entgehen lassen, während eine zu große Kapazität bei einer kleinen Nachfrage zu hohen Fixkosten führt, die nicht ausgelastet werden. Durch zusätzliche Schätzung der Wahrscheinlichkeiten und Kosten/Erlöse jeder Entscheidung beziehungsweise Konsequenz können Sie jeden Pfad mit einem Erwartungswert belegen und so jeden Pfad in eine Rangfolge bringen. Die Konsequenzen sind aus Platzgründen nur nummeriert. Hier wären dann noch ausführliche Beschreibungen und Bewertungen nötig.

---

**Abbildung 4-11:** *Entscheidungsbaum am Beispiel Produktentwicklung und Markteinführung*[109]

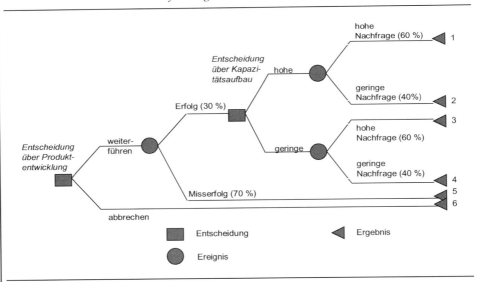

---

Entscheidungsbäume weisen schon aufgrund ihrer Methodik darauf hin, dass es für Pläne, Entscheidungen und Umweltzustände mehrere Alternativen und Ausprägungen geben kann und geben wird. Einerseits vorteilhaft, andererseits für den Ungeübten schwierig ist die Möglichkeit, Entscheidungsbäume recht frei aufzubauen: Entscheidungen können zeitlich oder sachlich aufgespalten oder auch zusammengefasst werden. Ebenso können Ereignisse oder Konsequenzen detailliert oder grob abgebildet werden.[110]

**Vorteile und Probleme der flexiblen Planung**

Die flexible Planung beendet zwei Illusionen: die Fähigkeit, Zukunft vorherzusagen und für die vorhergesagte Zukunft genau eine bestimmte Ausprägung angeben zu können. Die flexible Planung hilft, die verschiedenen Zukunftsoptionen transparenter darzustellen, sich frühzeitiger darauf einzustellen und beim Eintreten eines bestimmten Zustands rascher zu handeln, da man durch die Eventualpläne bereits einen Plan in der Schublade hat.

Probleme kann die flexible Planung dann bereiten, wenn man den Planungsaufwand nicht in Grenzen hält. Dem lässt sich begegnen mit der oben angesprochenen Automatisierung und auch mit der Entfeinerung der Planung (siehe Kapitel 4.2.2).

Ein weiteres Problem ist die mangelnde „Zieltreue": Je mehr und öfter Pläne verändert, angepasst und überarbeitet werden, desto eher kann es sein, dass das ursprüngliche Ziel aus den Augen verloren geht. Dem kann man jedoch auch entgegnen: Was nützt ein Ziel, das sich nicht mehr erreichen lässt? Statt sich an längst vergangenen Zielen zu orientieren, betont die flexible Planung die Anpassung an die jeweils aktuellen Gegebenheiten, an die konkrete Markt-, Wettbewerbs- und Unternehmenssituation.

## 4.4.5    Entscheidungsfindung durch Gruppen

Pläne entstehen häufig in Gruppendiskussionen oder werden durch Gruppen verabschiedet. Damit beeinflusst die Entscheidungsfähigkeit einer Gruppe auch die Qualität der Pläne. Wägt die Gruppe sorgfältig ab, berücksichtigt sie eine Vielzahl von Meinungen und Informationen, so kann ihr Urteil weit besser sein, als es ein Einzelner je könnte. Folgen die Gruppenmitglieder ohne viel Aufhebens dem Wort- und Meinungsführer, bestärken sie sich gegenseitig in ihren Vorurteilen oder nehmen sie stillschweigend an, jeder wäre für oder gegen ein Projekt, ohne dass dies wirklich ausgesprochen wird, so können Gruppenentscheidungen fatale Folgen haben. Gruppen haben das Potenzial, die Planung und Budgetierung im Unternehmen zu verbessern, aber sie garantieren dies nicht.

**Die negativen Seiten von Gruppenentscheidungen**

Die Kernfrage ist also: Entscheiden Gruppen besser als Einzelpersonen oder nicht? Die Frage war lange umstritten und es gibt sowohl Befürworter wie Gegner. Und genauso finden sich in Unternehmen sehr gute und katastrophale Entscheidungen von Gruppen und von Einzelpersonen. Verschiedene Studien zeichnen heute ein deutlicheres Bild, welche Bedingungen zusammenkommen müssen, damit Gruppen erfolgreich entscheiden oder scheitern.[111]

In einer Planungsgruppe werden diejenigen Personen, die entschieden und überzeugt auftreten, andere Gruppenmitglieder besonders beeinflussen, unabhängig davon ob sie recht haben oder nicht. Personen sind jedoch durch eine geäußerte abweichende Meinung stark beeinflussbar, wodurch sich die Bedeutung unterschiedlicher Meinungen und Informationen in Entscheidungsprozessen erklärt. Sie lassen sich aber dann weniger davon beeinflussen, wenn sie der Ansicht sind, die Person, die eine abweichende Meinung äußert, gehört eigentlich nicht zu ihnen, sondern zu einer Außenseitergruppe.[112]

In der Entwicklung des Menschen muss die Zugehörigkeit zu einer Gruppe einen Überlebensvorteil geboten haben, wenn man sich anschaut, wie stark Menschen sich am Verhalten anderer orientieren, wie sehr sie bemüht sind, „dazuzugehören", und wie sehr sie leiden, wenn sie ausgestoßen oder abgelehnt werden. Der Drang nach Konformität, Nachahmung von Verhalten und Orientierung an anderen dominiert in der Regel das Denken und Handeln des Einzelnen so sehr, dass Menschen auch offenkundig falsche Informationen und Entscheidungen akzeptieren und mittragen, nur um in der Gruppe nicht unangenehm aufzufallen und um sich von zu viel Nachdenken zu entlasten. Persönliche Bande zwischen Gruppenmitgliedern verstärken diese Auswirkungen noch, so dass Gruppen, deren Mitglieder sich freundschaftlich verbunden fühlen, eher schlechtere Entscheidungen treffen als Gruppen, in denen das nicht so sehr der Fall ist.

Noch weiter gesteigert wird die Konformität durch so genannte **Kaskadeneffekte:** Beginnt ein Gruppenmitglied eine bestimmte Meinung sehr überzeugend zu äußern, so stimmt ihm das Nächste zu. Das Übernächste stimmt auch zu, da es denkt, wenn schon sein Nachbar zustimmt, wird es wohl richtig sein, und so geht es weiter, bis alle einer Meinung sind. Diese Informationskaskade kann auch auf einer völlig unsinnigen Information oder Meinung beruhen, sie setzt sich jedoch durch.[113] Solche Kaskaden können auch ausgelöst oder verstärkt werden durch eine hohe angenommene Reputation eines der ersten Sprecher (Reputationskaskaden).

Nicht nur treffen Gruppen Entscheidungen unter Konformitätsdruck, sie treffen in bestimmten Fällen auch extremere Entscheidungen, extremer, als sie ein einzelnes Gruppenmitglied getroffen hätte. Eine Planungsrunde, in der die Einzelnen vorab denken, man sollte stärker in ein Geschäftsfeld investieren, kann mit der Entscheidung enden, alles auf eine Karte zu setzen und nur noch in ein bestimmtes Geschäftsfeld zu investieren. Eine solche **Polarisierung** kann mehrere Ursachen haben: a) gleichgerichtete Informationen und Argumente, die alle Gruppenmitglieder in ihrer Meinung bestätigen und weiter bestärken, b) Mitglieder mit hohem Selbstvertrauen beeinflussen die Meinung der anderen, während solche Personen, die in ihrem Urteil vorsichtiger und moderater sind, die anderen weniger überzeugen, c) die einzelnen Teilnehmer vergleichen sich miteinander und möchten respektiert werden, auch um den Preis, eine wichtige Information oder abweichende Meinung zu unterdrücken, nur um nicht unangenehm aufzufallen.[114] Polarisierung verstärkt sich noch, wenn Emotionen zwischen den Teilnehmern eine Rolle spielen und Abweichler emotionalen Druck zu spüren bekommen.

**Wann sind Gruppen erfolgreich?**

Aus dem Gesagten darf man nicht ableiten, dass Gruppen einem bösen Schicksal ausgeliefert sind, generell zu extremen Positionen neigen und falsche Entscheidungen treffen. Selbstverständlich können Gruppen besser sein als Einzelpersonen, nur eben nicht ohne weiteres. Gruppen entscheiden dann besser als Einzelpersonen, wenn sich ihre Mitglieder respektieren und mögen (aber nicht zu sehr) und wenn die Gruppe offene, auch konfliktäre Diskussionen fördert. Die Konflikte dürfen sich jedoch nur um die Sache drehen, nicht um Personen oder Verfahrensregeln.[115]

*„For a team to be effective, members should have high information diversity and low value diversity. For a team to be efficient, members should have low value diversity. For a team to have a high morale (higher satisfaction, intent to remain, and commitment), or to perceive itself as effective, it should be composed of participants with low value diversity."*[116]

Zusammengefasst heißt das: Gruppen entscheiden dann besser über Pläne, wenn

▨ die Gruppenmitglieder unterschiedliche Erfahrungen, Meinungen und Informationen besitzen. Sie stammen beispielsweise aus unterschiedlichen Unternehmensbereichen wie Vertrieb, Controlling oder Einkauf. Sie dürfen sich dabei nicht als Gegner oder Verfeindete empfinden, sondern sich als gleichwertig respektieren;

▨ sie ermutigt werden, ihre Meinung und Information auch zu äußern. Hier spielt der Leiter einer Gruppensitzung eine zentrale Rolle: Er kann den (zeitweisen) Dissens über Sachfragen fördern oder unterdrücken; und

▨ die Gruppenmitglieder dafür belohnt werden, dass die Gruppe eine gute Entscheidung trifft. Der Erfolg muss also am Gruppenergebnis gemessen und zugeteilt werden. Erst dann haben die Einzelnen oft nur ein Interesse an einem Gruppenerfolg.[117]

Beachten Sie: Es geht hier nicht um Unterschiedlichkeit als solche, sondern um zweckmäßige Unterschiede. Es bringt wenig, wenn in einer Diskussion über die Absatzprognose ein Buddhist, Hindu oder Moslem einbezogen werden, außer Sie diskutieren über Absatzzahlen in Ländern, in denen diese Religionen verbreitet und absatzbestimmend sind.

Wesentliche Unternehmensentscheidungen sind Entscheidungen bei hoher Unsicherheit. Da vorab und auch meist eine lange Zeit danach unklar ist, welche Entscheidung denn richtig ist, empfiehlt sich als Heuristik, die Diversität einer Gruppe zu nutzen, um ein ausgewogeneres Urteil zu fällen. Denn extremere Positionen entstehen in Gruppen fast von alleine und sind erfahrungsgemäß nur selten richtig.[118]

## 4.4.6  IT-Unterstützung verbessern

Ein weiterer Weg, Planung und Budgetierung zu verbessern, liegt im Einsatz entsprechender Hard- und Software. Folgende Arten an IT-Systemen werden für Planung und Budgetierung eingesetzt:[119]

**ERP-Systeme**

Unter Enterprise Resource Planning (ERP) fallen Softwareanwendungen, die alle Prozesse der Leistungserstellung sowie verwandter Bereiche abbilden und unterstützen sollen. Besonderes Merkmal ist die Integration von Daten, Funktionen und Prozessen, wodurch Informationen nur einmal vorgehalten werden müssen und von allen Teilen der Software konsistent verwendet werden können. Schon zu Beginn bestand der Fokus dieser Software auf der Planung und Abwicklung, namentlich der Materialwirtschaft sowie der Produktionsplanung und -steuerung. Heute umfassen diese Systeme auch die Planung und Steuerung aller wesentlichen betrieblichen Funktionen und Prozesse. Somit liegt es nahe, auch die Planung und Budgetierung komplett über ein ERP-System ablaufen zu lassen. Dazu bieten diese Systeme eine Vielzahl vordefinierter Planungswerkzeuge und -abläufe. Sie sind jedoch technisch wenig flexibel, da Änderungen eigens programmiert werden müssen, und für größere Unternehmen nur aufwändig zu implementieren. Typische Vertreter sind SAP ERP, PeopleSoft Enterprise von Oracle oder für kleinere Unternehmen Microsoft Dynamics NAV 5.0.

**Tabellenkalkulation**

Die meisten Unternehmen verwenden eine Tabellenkalkulation für ihre Planung, selbst Großunternehmen. Eine Tabellenkalkulation bietet dem Anwender die Möglichkeit, in einem Rechenblatt fast beliebig komplexe Berechnungen aufzubauen und durchzuführen. Die Vorteile sind offenkundig: geringe Anschaffungskosten, schnelle Verfügbarkeit und Erlernbarkeit und eine hohe Flexibilität beim Aufbau eines eigenen Planungsmodells. Untersucht man die von Anwendern erstellten Tabellenkalkulationen in der Praxis, findet man jedoch häufig Fehler, Mängel im Aufbau der Rechnung oder Inkonsistenzen, ganz zu Schweigen vom Problem der Sicherung und Versionsverwaltung. Typische Produkte sind Microsoft Excel oder Open Office Calc.

**OLAP-Werkzeuge**

OLAP (Online Analytical Processing) ist ein IT-Konzept zur Speicherung und Analyse mehrdimensionaler Daten. Mehrdimensional bedeutet, dass Daten gemäß einem vieldimensionalen Würfel organisiert werden. Dimensionen umfassen beispielsweise Zeit, Regionen, Kunden, Produkte usw. Mit Hilfe von OLAP und der Speicherung in Datenwürfeln lassen sich auch komplexe Datenstrukturen und Zeitreihen abbilden und flexibel analysieren. Da es per se nicht für Planung ausgelegt ist, müssen eigene Planungsstrukturen, -modelle und -prozesse selbst definiert werden. Der Implementierungsaufwand ist daher nicht vernachlässigbar.

**Planungssoftware**

Der Markt für Planungssoftware existiert schon lange und ist stark zersplittert. Meist werden sehr spezialisierte Anwendungen verkauft, so dass eine einfache und umfassende Integration aller Planungsanforderungen mit vorhandenen Softwareanwendungen noch selten ist. Die hohen Anforderungen an Flexibilität und Anpassung an die besondere Situation im Unternehmen stehen der Möglichkeit zur Integration zum Teil im Weg.

Neben den Funktionen der Planerstellung bieten solche Softwareanwendungen auch die Möglichkeit, Simulationen durchzuführen, Planungsversionen zu verwalten und teilweise auch den Planungsablauf zu überwachen und zu steuern. In manchen Anwendungen können auch neben einem zentralen Planungsmodell dezentrale verwaltet werden. Das ist besonders für Unternehmen mit Geschäftsbereichen sinnvoll, die selbst eine Planung erstellen sollen. Typische Anbieter von Planungssoftware sind in Tabelle 4-6 aufgeführt

*Tabelle 4-6:*    *Einige Anbieter von Planungssoftware[120]*

| Produkt | Anbieter |
| --- | --- |
| ABC for OLAP | CUBUS |
| Comshare MPC | GEAC |
| CoPlanner | CoPlanner |
| Corporate Planner | Corporate Planning |
| Enterprise Planning | MIS |
| Enterprise Planning | Cognos |
| FMS | SAS |
| Planning | Hyperion |
| Professional Planner | Winterheller Software |
| SEM BPS | SAP |
| TN Planning | Thinking Networks |
| 4Plan MD | Software4you |

**Anforderungen an eine Planungssoftware**

In jedem Unternehmen dürften die Anforderungen natürlich etwas anders aussehen. Betrachtet man verschiedene Planungsanwendungen in Unternehmen, so findet man insgesamt sieben Anforderungsgruppen:

1. Konfiguration und Sicherheit

   Hierunter fallen Aspekte der Dokumentation des Planungsmodells selbst, der vorgenommenen Einstellungen oder der Änderungen der Einstellungen in der Software während der Nutzung des Systems. Oft – und nicht nur bei Planungssoftware – werden der Aufbau und die Einstellungen des Planungsmodells nicht ausreichend dokumentiert, eine Nachlässigkeit, die sich schnell rächt. Weiterhin muss zu Datensicherung, Zugriffschutz und Kontrollmechanismen Klarheit herrschen.

   Tabellenkalkulationen schneiden hier denkbar schlecht ab. Der Aufbau des Planungsmodells erzwingt keine Dokumentation, Daten sind oft nur auf einem PC gespeichert und verwaltet. Die Daten lassen sich leicht durch andere Personen abrufen. ERP-Systeme legen auf diese Aspekte viel mehr Wert, Zugriffe, Konfigurationen und Datensicherung werden zentral verwaltet und eingerichtet. OLAP-Systeme bieten durch die zentrale Datenhaltung ähnliche Möglichkeiten wie ERP-Systeme. Auch spezielle Planungssoftware schneidet besser ab als die Tabellenkalkulation.

2. Modell- und Methodenunterstützung

   Kern einer Planungsanwendung ist die Erstellung eines unternehmensspezifischen Planungsmodells. Es soll alle Methoden, Abläufe, Prämissen, Daten und Berichte aufnehmen können, die das Unternehmen benötigt. Manche Planungssoftware erleichtert das durch die Vorgabe von Mustern oder Vorlagen. Sie sollten jedoch durch den Anwender angepasst und ohne großen Aufwand verändert oder um eigene Wünsche erweitert werden können.

   Auch mit Tabellenkalkulationen können sehr komplexe und umfangreiche Planungsmodelle für das eigene Unternehmen aufgebaut werden und sie können genau auf die Anforderungen des Unternehmens abgestimmt werden. Die Pflege solcher Modelle wird mit der Zeit jedoch auch aufgrund der häufig fehlenden Dokumentation und Transparenz sehr schwierig. Bei OLAP-Systemen muss der Anwender meist selbst das gesamte Planungsmodell aufbauen, sofern das System nicht Vorlagen bietet. Bei ERP-Systemen und noch mehr bei spezieller Planungssoftware sind viele Modelle und Methoden schon vordefiniert oder anpassbar, so dass die Implementierung einfacher wird, allerdings nur dann, wenn man diese auch verwenden kann und möchte. Abweichungen von den Vorlagen und vordefinierten Funktionen sind meist aufwändig bis teilweise gar unmöglich.

3. Eingabeunterstützung

   Die Eingabeunterstützung soll dem Anwender helfen, alle benötigten Planungsdaten einfach und genau eingeben zu können. Die Eingabe wird meist eine Mischung aus manueller Tätigkeit und maschineller Übernahme aus anderen Softwareanwendungen oder Datenquellen sein. Um die Planungsqualität zu sichern, sind Plausibilitätsprüfungen und Kontrollen der Datenintegrität nötig, so dürfen eingelesene Daten nicht mehrfach eingelesen werden oder in Widerspruch zu anderen stehen. Der Anwender sollte auch die Eingabe selbst vornehmen oder einstellen können ohne Hilfe von Spezialisten.

Tabellenkalkulationen bieten viele Möglichkeiten der Eingabe, ob manuell oder maschinell. Ihre Flexibilität und Anpassbarkeit bei fehlenden Sicherungsmechanismen bedroht jedoch die Stabilität und das Funktionieren, da Änderungen leicht passieren können und dann die Suche nach Fehlern sehr aufwändig wird. Ähnlich verhält es sich mit OLAP-Systemen. ERP-Anwendungen definieren meist, welche Eingaben möglich sind, wodurch ihre Flexibilität eingeschränkt ist. Planungssoftware ist hier meist noch etwas flexibler.

4. Prozessunterstützung

Eine Planungssoftware sollte natürlich den Prozess der Planung selbst aktiv begleiten können: Controller und Planverantwortliche sollten von technischen Details weitgehend verschont werden, auf Termine sollte aktiv hingewiesen werden, Weiterleitungen maschinell erfolgen. Dazu gehört es auch, dass verschiedene Planversionen und Bearbeitungsstände so verwaltet werden, dass immer transparent bleibt, von welcher Datengrundlage man gerade ausgeht.

Tabellenkalkulationen und auch OLAP-Systeme können diese Anforderungen nur schwer erfüllen, außer man programmiert entsprechende Lösungen. ERP-Systeme und Planungssoftware bieten dazu bereits vordefinierte Funktionen an.

5. Analyseunterstützung

Für Controller und Manager ist es sehr wichtig, Plan- und Istdaten intensiv und ohne technische Vorkenntnisse analysieren zu können. Dabei sollte es auch möglich sein, zusätzliche Daten einbeziehen zu können. Das Analyseergebnis sollte im besten Fall mit einer Kommentierung ergänzbar sein.

Mit einer Tabellenkalkulation lassen sich Zahlentabellen analysieren und zu Berichten zusammenfassen. Komplexere Analysen bereiten jedoch Schwierigkeiten. Hier bieten OLAP-Systeme erheblich mehr Analysemöglichkeiten, sofern Planungssoftware auf OLAP-Datenbanken aufbaut, gilt das auch für sie. ERP-Systeme sind für die Abwicklung von Geschäftsvorfällen und Standardauswertungen konzipiert, tiefer gehende Analysen bereiten in der Regel Schwierigkeiten.

6. Integration

Die operative Planung und Budgetierung sind Teile des Führungsprozesses und so sollte eine Planungssoftware die Anbindung an andere Führungsinstrumente ermöglichen: beispielsweise die Verbindung zur strategischen Planung, die Verknüpfung mit Markt- und Wettbewerbsinformationen und die Anbindung an die operative Abwicklung und Steuerung (beispielsweise Logistik, Rechnungswesen, Vertrieb).

Auch hier schneiden Tabellenkalkulationen recht schlecht ab, da jede Lösung individuell erstellt oder programmiert werden muss. OLAP-Systeme bieten immerhin schon zahlreiche Möglichkeiten, Informationen aus anderen Datenquellen einzubinden. ERP-Systeme fokussieren auf diejenigen Daten, die im ERP-System vorhanden oder generiert werden, eine Anbindung an andere Führungsinstrumente muss im ERP-System schon vorhanden sein, sonst ist sie meist nur technisch aufwändig realisierbar. In speziellen Planungsanwendungen sind Integrationen durchaus vorgesehen, insgesamt ist jedoch der Mensch in den meisten Fällen der wichtigste Integrator.

7. Planungsdynamisierung

Pläne sind nichts Statisches und auch Planungsstrukturen ändern sich: Neue Gesellschaften kommen dazu, Geschäftsbereiche werden umgegliedert oder Änderungen der Rechnungslegung erzwingen auch Änderungen der Planungsstrukturen. Eine Softwareanwendung sollte solche Änderungen nachvollziehen, dabei die Datenkonsistenz soweit möglich bewahren und es auch erlauben, die hier besprochenen Konzepte der flexiblen Planung oder rollenden Planung abzubilden.

Selbstverständlich eröffnet der Freiraum, den eine Tabellenkalkulation bietet, auch große Möglichkeiten der Anpassung. Die mangelnde Dokumentierbarkeit und Fehleranfälligkeit, die technische Komplexität verknüpfter Tabellen reduziert aber das positive Bild. Änderungen während der Nutzung sind meist riskant. OLAP-Systeme setzen ein bestimmtes, konstantes Modell voraus. Änderungen sind problematisch und aufwändig umzusetzen. Planungssoftware und ERP-Systeme engen die Freiräume weiter ein, da auch sie nicht nur definierte Datenstrukturen, sondern auch definierte Abläufe und Methoden vorsehen. Eine Änderung im Planungsprozess ist schwierig zu bewerkstelligen.

Ein Wort der Warnung am Schluss: Viele Unternehmen haben die bittere Erfahrung erkaufen müssen, dass es nicht damit getan ist, eine neue Software anzuschaffen. Vor der Softwareauswahl und -implementierung muss eine Analyse und gegebenenfalls Reorganisation der Prozesse und Strukturen stattfinden. Ansonsten zementiert die Software nur die bisherigen Probleme und vergrößert sie sogar, da die in Software abgebildeten Prozesse und Strukturen nicht mehr so leicht zu ändern sind. Das ist längst bekannt, nur handeln nicht alle danach.

**Praxisbeispiel Vaillant Gruppe:**
**Neugestaltung des IT-gestützten Planungs- und Berichtswesens[121]**

Die Unternehmensgruppe Vaillant beschäftigt sich primär mit Heiztechnik und gehört zu den großen Anbietern der Branche mit ca. 10.100 Mitarbeitern, 1,9 Mrd. € Umsatz, mehreren Produktions- und FuE-Standorten in Europa und China sowie einem Absatz in 100 Ländern weltweit.

Durch eigenes Wachstum und durch die Übernahme eines anderen Herstellers wurde im Jahr 2001 deutlich, dass die bisherigen Werkzeuge für Planung und Berichtswesen nicht mehr ausreichten. Die nötigen Änderungen betrafen dreierlei: a) Planungs- und Berichtsinhalte, insbesondere durch den Übergang zu IFRS und die Harmonisierung von internem und externem Rechnungswesen, sowie b) eine Vereinheitlichung beziehungsweise Integration der unterschiedlichen IT-Systeme, Softwareanwendungen und Datenstrukturen und schließlich c) die Neugestaltung des Planungsprozesses, da das Management regelmäßige, unterjährige Hochrechnungen und Pläne verlangte und die Leistungsbeziehungen zwischen mehreren Produktions- und Vertriebseinheiten bisher nicht zweckmäßig abgebildet waren. Letztlich mussten also neben Inhalten auch Prozesse und Systeme harmonisiert und integriert werden.

Die technische Integration basiert vor allem auf einer einheitlich definierten und zentralen SAP-BW Datenbank. BW steht für Business Warehouse und ist eine OLAP-Lösung der SAP, die inzwischen unter SAP NetWeaver Business Intelligence firmiert. Auf die Daten können etwa 600 Anwender aus 16 Ländern und 28 Gesellschaften zugreifen. Zu Beginn wurden einmal monatlich Istdaten aus den einzelnen operativen IT-Systemen in die Datenbank transferiert. Durch geeignete Werkzeuge können die Daten einfach online abgerufen und analysiert werden. Voraussetzung dafür war die Schaffung und Durchsetzung von Standards bezüglich der Inhalte, Kennzahlen, Abstimmungsbrücken und Strukturen.

Während im ersten Schritt die bereits erwähnte zentrale Datenbasis aufgebaut wurde, ging es im zweiten Schritt um die Verbesserung der Planungsprozesse, der verschiedenen Teilrechnungssysteme (Kostenstellen, Profit Center, Konsolidierung) sowie die Einführung eines Unternehmensberichtswesens.

Zentrale Datenlieferanten und Basis für die Planung und das Berichtswesen sind die Teilrechnungen Kostenstellenrechnung, Profit-Center-Rechnung und Konzernkonsolidierung. Sie alle werden in entsprechenden SAP-Softwaremodulen abgebildet. Daneben müssen für jene Gesellschaften, die noch nicht SAP-Nutzer, sind Daten auch über spezielle Schnittstellen und Prozeduren eingelesen werden. Das Business Warehouse erhält seine Ist-Daten aus den genannten SAP-Systemen, anderen Anwendungen sowie Daten aus der Planungsvorbereitung von beispielsweise MS Excel. Die Auswertung erfolgt einerseits über ein spezielles Analysewerkzeug (BEX analyzer), das primär von Controllern, also Spezialisten, genutzt wird. Die Führungskräfte andererseits erhalten ein vordefiniertes Paket an Berichten. Die OLAP-Datenbasis besteht aus sechs Datenwürfeln, asuf die je nach Zweck und Anwendung zugegriffen wird. Die Datenwürfel sind im Einzelnen: GM01 Deckungsbeitragsrechnung (Ist), GM02 Deckungsbeitragsrechnung (Plan), EC01 Externe Rechnungswesendaten der Konsolidierung (Ist, Plan), EC02 Externe Rechnungswesendaten der Profit-Center-Rechnung (Ist, Plan), VA01 Abweichungsanalyse, PA01 Produktverfügbarkeitsdaten. Der Datenfluss aus den vorgelagerten Systemen in das Business Warehouse ist in Abbildung 4-12 schematisch dargestellt.

***Abbildung 4-12:*** *Datenfluss Business Warehouse Beispiel Vaillant[122]*

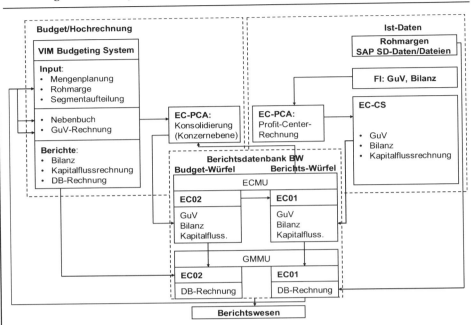

Das in Abbildung 4-12 erwähnte VIM steht für Vaillant Information and Management. Es fungiert als zentrales Bindeglied zwischen den Planungsmodulen, die in den dezentralen Einheiten eingesetzt werden. Die dezentralen Controller haben sicherzustellen, dass die dezentralen Daten dorthin eingelesen und damit in die zentrale Datenbank geladen werden.

Die Jahresplanung beginnt in den einzelnen Werken und Vertriebsgesellschaften auf Kostenstellenebene. Dort findet auch eine dezentrale Absatzplanung statt, die dann in aggregierter Form in das VIM geladen wird. Hochrechnungen oder mehrjährige Planungen finden dagegen direkt im VIM statt. Die Planung beginnt bei den Umsätzen der Produkte, also Mengen und Preise. Anhand der Planabsatzmengen planen die Werke die Produktionsmengen und Herstellkosten. Zur Ermittlung der Herstellkosten verwenden sie eine konzerneinheitliche Standardkalkulation. Sie basiert auf der Grenzplankostenrechnung.

Weitere Kosten der Geschäftsbereiche sind im Rahmen der GuV-Rechnung zu planen. Kleinste Ebene dabei ist ein Profit Center. Die Planung und Abstimmung des konzerninternen Leistungsaustauschs konnte in der Vergangenheit durchaus mehrere Wochen dauern. Durch die neue Planungssoftware gelingt es, die Abstimmungen auf wenige Tage zu reduzieren. In den Nebenbüchern sind ausgewählte Bilanzpositionen zu planen: Rückstellungen, Anlagevermögen, Vorräte, Forderungen und Verbindlichkeiten. Viele Positionen werden bereits durch andere Planungswerte bestimmt, so dass Doppelarbeiten und Fehler reduziert werden. So ergeben sich Forderungen, Vorräte und Verbindlichkeiten über die Plan-Zahlungsziele sowie Plan-Umsätze und Plan-Materialaufwendungen sowie Planmengen. Zur Überprüfung können alle Plandaten sofort in die entsprechenden Berichte wie GuV, Bilanz und Cash-Flow-Rechnung überführt werden.

Zusammen mit der Einführung eines neuen Planungswerkzeugs wurden auch die Planungs- und Hochrechnungsprozesse geändert. Der jährliche Planungsprozess beginnt nun im September eines Jahres. Zu diesem Termin liegen die wesentlichen Ziele für die Jahresplanung aus der Mehrjahresplanung vor. Die operative Jahresplanung umfasst eine Mengen-, Materialpreis-,- Kosten- und Finanzplanung. Gegenüber früher ist der Planungsprozess um einen Monat kürzer bei gleichzeitig gestiegener Qualität; Letztere vor allem durch die automatische Verknüpfung und Ermittlung von Plandaten. So spart man sich viele Abstimmungsrunden und Datenabgleiche. Hochrechnungen finden Anfang Mai (vier Monate Ist, acht Monate Hochrechnung) und Anfang September (acht Monate Ist, vier Monate Hochrechnung) statt. Sie werden ausschließlich über das VIM abgewickelt.

Die neugestalteten Planungsprozesse und IT-Werkzeuge erlauben es Managern und Controllern, schneller und transparenter Daten abzurufen und Pläne zu erstellen. Damit erst können fundierte Entscheidungen rasch vorbereitet und umgesetzt werden. Das Unternehmen sieht sich in die Lage versetzt, schneller auf Marktveränderungen reagieren zu können.

# 4.5 Verbesserungen mit Schwerpunkt Organisation

## 4.5.1 Optimierung der PuK-Prozesse

### Pläne und Organisation

Neben inhaltlichen und strukturellen Aspekten können auch organisatorische Änderungen Pläne und Kontrollen verbessern. Das überrascht vielleicht, da man annehmen könnte, es komme ausschließlich auf den Planungsinhalt an und nicht auf die Aufbau- und Ablauforganisation. Da Pläne von Menschen gemacht und umgesetzt werden sollen, spielen deren Kenntnisse, Erfahrungen und Intentionen eine entscheidende Rolle. Genauso wichtig sind die Kompetenzen, Verantwortungen und Ziele, die ihnen in der Organisation zugewiesen werden. Daher hat die Organisation sehr wohl Einfluss auf die Qualität der Pläne. Hier werden organisatorische Verbesserungsmöglich-keiten in zweifacher Hinsicht diskutiert: a) im Rahmen der Ablauforganisation, kon-kret durch Prozessverbesserungen (in diesem Kapitel), sowie b) im Rahmen der Auf-bauorganisation, durch die Einführung von Verantwortungsbereichen, sogenannten Centern (Folgekapitel 4.5.2).

### Prozessoptimierung – auch in Planung, Budgetierung und Kontrolle

Unternehmensprozesse zu verbessern, ist keine ganz neue Idee. Auf Planung und Budgetierung wird sie jedoch noch selten angewandt. Ausgangspunkt einer jeden Prozessoptimierung ist zunächst, Transparenz über die eigenen Prozesse herzustellen. Jeder Prozess muss in seiner Abfolge von Prozessschritten, seinen Kosten, seinen Zeit-bedarfen und seiner Qualität erfasst sein. Die anschließende Prozessoptimierung soll ausgehend von einem übergeordneten Optimierungsziel Schwachstellen beseitigen beziehungsweise neue Prozesse definieren. Um die Verbesserungen auf Dauer zu behalten, sollte sich eine Prozesssteuerung anschließen. Sie definiert geeignete Kenn-zahlen und Zielvorgaben für die einzelnen Prozesse.[123]

Die Untersuchung der PuK-Prozesse hat letztlich zum Ziel, das Ausmaß der Effektivi-tät und Effizienz zu hinterfragen und, wo nötig, zu verbessern. Effektivität bedeutet hier zu prüfen, ob die Planungs-, Kontroll- und Budgetierungsaktivitäten auch zu den übergeordneten Zielen, Führungssystemen und Führungsstrukturen passen, plakativ gesagt „die richtigen Dinge tun". Die Frage nach der Effizienz möchte beantworten, ob die PuK-Prozesse wirtschaftlich genug sind, also „die Dinge richtig tun". Man muss hier aufpassen, dass man nicht mit Hilfe der Prozesskostenrechnung nur Kosten be-trachtet.[⑨] Die Leistungen der PuK-Prozesse, auch wenn sie schwer zu messen sind, sollen gleichberechtigt diskutiert werden.

### Schritt 1: Prozess- und Leistungstransparenz

Prozesse zu verbessern ist und kann kein Ziel um seiner selbst willen sein, sondern es muss übergeordnete Ziele geben, aus denen die Prozessverbesserung als ein Unterziel (Maßnahme) abgeleitet wird.[124] Solche übergeordneten Ziele können beispielsweise sein:

- Durch ein starkes Unternehmenswachstum, durch geänderte Geschäftsfelder oder durch einen Unternehmenskauf scheinen die Planungs- und Budgetierungsprozes-se nicht mehr zur Organisation passend. Eine Neugestaltung wäre angebracht.

- Planung und Budgetierung mögen in der Vergangenheit bewusst gestaltet worden sein. Doch in vielen Jahren der Anwendung haben sich die ursprünglichen Ideen verändert, verwässert, neue Controller und Führungskräfte wissen nicht mehr über die frühere Absicht der Planungsschritte Bescheid und interpretieren sie an-ders. Bürokratische Hemmnisse entstanden, die niemand mehr kritisch hinterfragt. Die Prozessoptimierung kann genau daran ansetzen, den Ist-Zustand zu hinterfragen.

---

[⑨]   Zur Prozesskostenrechnung siehe Kapitel 4.4.2.

▨ Planung und Budgetierung sind immer eine Mischung aus bewusster Gestaltung und der teils wenig reflektierten oder anders gelebten Organisationspraxis. Eine Verbesserung kann helfen, die Planung wieder zu „rationalisieren", also sie wieder zielgerichtet und rational zu gestalten.

Verbesserungen lassen sich nur dann erreichen, wenn man die derzeitigen Prozesse kennt. Prozesse lassen sich über ihre Leistungen identifizieren. Für unsere Diskussion ist die relevante Leistung der operative Plan beziehungsweise das operative Budget, der zugehörige Prozess die operative Planung beziehungsweise Budgetierung. Davon abgegrenzt, wenn auch nicht unabhängig voneinander, sind Plan- und Budgetkontrolle als Leistungen beziehungsweise Prozesse. Weiterhin muss auch klar sein, welche Abgrenzungen innerhalb der Organisation gesetzt werden: Sollen die entsprechenden Prozesse in allen Organisationseinheiten untersucht werden oder nur für bestimmte Bereiche oder Unternehmensteile.

Für die Beschreibung von Prozessen bieten sich im Wesentlichen zwei Möglichkeiten an, die auch kombinierbar sind: a) tabellarische Prozessgitter und b) Ablaufdiagramme wie beispielsweise ARIS EPK. [125]

Zu a) Tabellarische Darstellung in Prozessgittern:

---

**Abbildung 4-13:** *Beispiel Prozessanalyse operative Planung, tabellarische Darstellung*

---

| Hauptprozess: Operative Planung 2007 X GmbH | | Zeit- und Kostendaten | | | Abteilungen | | | | | Schwachstellen |
|---|---|---|---|---|---|---|---|---|---|---|
| Laufende Nr. | Teilprozess-Bezeichnung | Kapazität in Mitarbeitertagen | Zeitdauer in Wochen | Gesamte Prozesskosten | Controlling und Rechnungswesen | Vertrieb | Produktion | Einkauf | Geschäftsführung | (M = Mitwirkung, E = Entscheidung, F = Festlegung) |
| 1 | Planprämissen erarbeiten und verabschieden | 10 | 3 | 4.000 € | M | | | | E | externe Daten schwer beschaffbar |
| 2 | Absatzmengen und -preise planen | 15 | 6 | 6.000 € | | E | | | M | Prognose = Wunsch? |
| 3 | Fertigungsmengen planen | 8 | 2 | 3.200 € | | | M | | E | |
| 4 | Standardkalkulation festlegen | 2 | 0,5 | 800 € | F | | | | | Stundensätze sehr detailliert |
| 5 | Fertigungsbudget ermitteln | 3 | 0,5 | 1.200 € | F | | M | | | |
| 6 | Beschaffungsbudget ermitteln | 5 | 1,5 | 2.000 € | M | | | F | | |
| 7 | Entwicklungsbudget festlegen | 2 | 3 | 800 € | | | M | | E | mehrere Abstimmungsrunden |
| 8 | Verwaltungsbudget festlegen | 7 | 2 | 2.800 € | M | | | | E | |
| 9 | Investitionsbudget erarbeiten und verabschieden | 10 | 6 | 4.000 € | | M | M | M | E | fehlendes Know-how zur Wirtschaftlichkeitsanalyse |
| 10 | Gesamtplan konsolidieren | 12 | 3 | 4.800 € | F | | | | | viele manuelle Arbeiten |
| 11 | Gesamtplan verabschieden und kommunizieren | 4 | 1 | 1.600 € | M | | | | E | unterschiedliche Planversionen |
| | Summen | 78 | 28,5 | 31.200 € | | | | | | |

---

Bereits bei der Diskussion der Prozesskostenrechnung tauchte die tabellarische Darstellung von Prozessen auf (siehe auch Abbildung 4-3). Die Spalten geben die Merkmale von Prozessen an, die in den Zeilen einzeln aufgeführt sind. Es können für jeden Prozess beliebige, relevante Merkmale erfasst werden. So lassen sich auch kurze Kommentare zu Schwachstellen des Prozesses erfassen. Abbildung 4-13 zeigt ein Beispiel für einen Planungsprozess eines mittelständischen Unternehmens. Auf die Angabe von Kostentreibern wurde verzichtet, da sich bei diesen Prozessen kaum zweckmäßige finden lassen. Die gesamte Planungsdauer ist mithin kürzer als die Summe der Zeitdauern der Teilprozesse, da manche Teilprozesse (beispielsweise 5 bis 9) auch parallel laufen können.

Zwar lassen sich so mehrere Prozesse auf einmal betrachten, allerdings werden Tabellen schnell unübersichtlich und der Pflegeaufwand steigt deutlich an.

Zu b) Ablaufdiagramme:

Erheblich anschaulicher wird der Detailablauf eines Prozesses durch grafische Darstellung. Die meisten davon sind der Softwareentwicklung entlehnt, da dort solche Ablaufdiagramme schon länger gebräuchlich sind. Das einfachste ist das EVA-Diagramm, EVA steht für Eingabe, Verarbeitung und Ausgabe. Es beschreibt den Datenfluss und die einzelnen Verarbeitungsschritte. Für die hier betrachteten Prozesse reicht das nicht aus, die Organisation, in der sie ablaufen, muss auch beschrieben werden, ebenso wie weitere Merkmale wie Kosten, Zeitanteile (Bearbeitungs-, Transport-, Liegezeiten) oder Qualitätskriterien. Hierfür eignet sich das von *Scheer* entwickelte ARIS-Konzept® mit ereignisgesteuerten Prozessketten (EPK). Es eignet sich besonders zur Abbildung der Steuerungslogik von Prozessen sowie der organisatorischen Zuordnung einzelner Prozessschritte. Bekannt wurde es, da das Konzept zusammen mit der SAP AG entwickelt und alle Prozesse des Softwaresystems SAP R/3 als EPK dargestellt wurden. Ein EPK-Diagramm enthält folgende Elemente:

- Ereignisse, dargestellt durch Sechsecke,
- Funktionen, Aufgaben, dargestellt durch Rechtecke,
- Verknüpfungen, dargestellt durch Kreise, die zusätzlich die Art der Verknüpfung beschreiben durch die Symbole ∨ = logisches ODER (Adjunktion), ∧ = logisches UND (Konjunktion), XOR = ausschließendes ODER (Disjunktion),
- Verbindungen zwischen den anderen Symbolen in Form von Pfeilen (gerichtete Kanten),
- Zusätzlich können Verantwortungsbereiche als Ovale mit einem Längsstrich dargestellt und den jeweiligen Funktionen zugeordnet werden.

Bei der Modellierung ist zu beachten, dass jede EPK mit einem Ereignis beginnen und enden muss. Nach einem Ereignis muss sich eine oder mehrere Funktionen anschließen, die dann durch UND verknüpft sind. Eine ODER- beziehungsweise XOR-Verknüpfung nach einem Ereignis ist unzulässig.

---

® ARIS = Architektur integrierter Informationssysteme.

Abbildung 4-14 zeigt einen Ausschnitt aus einem EPK für den Prozess „Fertigungs-budget ermitteln". Solche EPK-Diagramme werden recht schnell sehr umfangreich, da alle Prozesse nach organisatorischen Verantwortlichkeiten aufgegliedert werden müs-sen. Oft finden sich dadurch auch redundante Beschreibungen wieder.[126]

---

**Abbildung 4-14:** *Abbildung Planung als ereignisgesteuerte Prozesskette (Ausschnitt)*

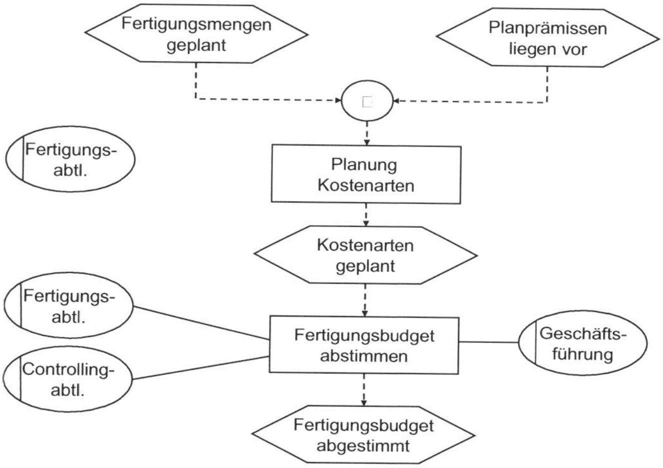

---

Solche Prozessdarstellungen können um weitere Informationen ergänzt werden, bei-spielsweise Bearbeitungszeiten, Kosten etc. Es gibt bereits eine Reihe von Softwaran-wendungen, die es erlauben, Prozesse zu visualisieren und deren Daten zu spei-chern.[127]

Die Prozessanalyse greift zu kurz, wenn sie sich nur auf die Beschreibung der Prozesse beschränkt. Für die Optimierung benötigen Unternehmen auch Informationen zur Qualität der Prozesse selbst und der Prozessergebnisse, ebenso zu Schwachstellen oder auch Vorzüge einzelner Prozesse. Erst dann erhält eine Diskussion über Optimie-rung konkrete Anhaltspunkte für Verbesserungen. Zunächst einmal liefern Gespräche mit den Prozessbeteiligten oft schon erste Hinweise und Einschätzungen. Manche äußern sich über lange Prozessdauern, häufige und als unnötig empfundene Abstim-mungsrunden oder viele manuelle Eingabearbeiten. Auch Diskussionen mit Externen wie Beratern oder Personen aus anderen Unternehmen können hilfreich sein. Manche Unternehmen tauschen sich auch über ihre Planungsprozesse aus und führen einen gemeinsamen Vergleich durch; so finden sich im von *Horváth & Partners* moderierten CFO Panel zahlreiche Unternehmen regelmäßig zusammen, um ihre Controlling- und Finanzierungsprozesse zu vergleichen.[128]

Ein eher formales Instrument zur Schwachstellenanalyse sind Befragungen der Prozess-Beteiligten und Prozess-Empfänger. Sie sollen zu einer Einschätzung führen, welche Prozesse im Verhältnis zu ihrem Ergebnis unverhältnismäßig aufwändig sind, welche Leistungen positiv oder negativ auffallen.[129] Das Unternehmen Deutsche Post WorldNet (DPWN) hat eine solche Befragung durchgeführt, um damit zum einen Schwachstellen von Controlling-Prozessen zu erkennen und zum anderen Verbesserungen anzustoßen sowie deren Erfolg zu messen: So zeigte sich im Vergleich zweier Jahre, dass die Zufriedenheit mit den Controlling-Leistungen deutlich gesteigert werden konnte. Die Einschätzung zu einzelnen Controlling-Prozessen ist in Abbildung 4-14 zusammengefasst.[130] Tendenziell sind – wenig überraschend – die Controller mit ihrer eigenen Arbeit zufriedener als die Kunden ihrer Leistungen. Die Unterschiede sind allerdings nicht gravierend.

Am Ende der Prozessanalyse sollten die relevanten Prozesse erfasst, ihre Stärken und Schwachstellen bekannt und die Zielrichtung der Optimierung definiert sein.

**Schritt 2: Prozessoptimierung**

Zwei Wege stehen Ihnen grundsätzlich zur Verfügung, um Prozesse zu verbessern: einen radikalen Ersatz des bisherigen Prozesses durch einen völlig neuen und anderen oder die stückweise Veränderung. Ersteres wurde Anfang der 90er Jahre von *Hammer* und *Champy* unter dem Begriff „Business Process Re-engineering" vorgeschlagen. Viele Unternehmen mussten jedoch erkennen, dass die davon versprochenen radikalen Verbesserungen entweder kurzlebig waren oder durch andere Probleme, die man sich einhandelte, wieder aufgewogen wurden. Es scheint doch hilfreicher, nicht über die Köpfe von Menschen hinweg Organisationen zu verändern, sondern mit ihnen zusammen. Das zumindest ist der Anspruch einer Geschäftsprozessoptimierung. Die Mitarbeiter, die die Prozesse kennen, gestalten zusammen mit einem, meist externen, Moderator neue Prozesse. Damit können das Wissen und die Erfahrung der Mitarbeiter einfließen und gleichzeitig sorgt der externe Begleiter dafür, dass zielgerichtet und ergebnisorientiert gearbeitet wird. Abbildung 4-16 stellt den Ablauf einer solchen Geschäftsprozessoptimierung vor. POT steht hierbei für Prozessoptimierungsteam, also die vorgenannte Gruppe von Mitarbeitern mit einem internen Team-Leiter und einem externen Moderator.[131]

**Abbildung 4-15:** *Einschätzung der Controlling-Prozesse bei Deutsche Post WorldNet[132]*

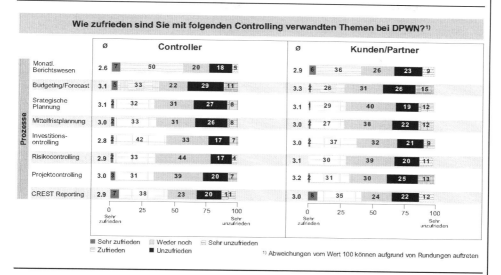

**Abbildung 4-16:** *Ablauf einer Geschäftsprozessoptimierung[133]*

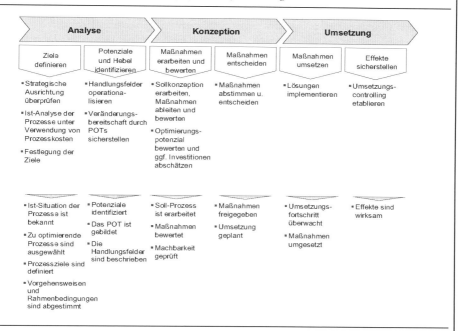

Für die Diskussion, wie sich die eigene Planung verbessern ließe, können Sie dann auf die in diesem Buch vorgestellten Ansätze zurückgreifen: Möglich sind Änderungen der Planungsaufgaben und -inhalte, des Planungssystems, der Methoden und/oder der Organisation. Welcher Ansatz jeweils angemessen ist, hängt von der Zielsetzung, den jeweiligen Planungsproblemen, den Möglichkeiten und der konkreten Situation des Unternehmens ab.

**Praxisbeispiel: Vereinfachung des Planungsprozesses bei Henkel[134]**

Das Unternehmen Henkel KGaA erwirtschaftet mit über 52.000 Mitarbeitern einen Umsatz von deutlich mehr als 12 Milliarden Euro und ist in ca. 125 Ländern aktiv. Zum Zeitpunkt der Reorganisation der Planungsprozesse 2004 war das Unternehmen gegliedert in vier Unternehmensbereiche, 17 strategische Geschäftseinheiten, 240 verbundene Unternehmen mit Aktivitäten in den genannten 125 Ländern.[①] Der bisherige Planungsprozess war entsprechend komplex, lang dauernd und ressourcenintensiv, nicht zuletzt auch durch die unterschiedliche Planableitungsrichtung je Unternehmensbereich, die geringe zeitliche Synchronisierung sowie unterschiedliche Planinhalte auf Ebene der Tochtergesellschaften. In der Folge dauerte die Kurzfristplanung fünfeinhalb Monate und umfasste bis zu sechs Planungsrunden. Die geringe Konsistenz zwischen den Konzern-Zielen und den meist bottom-up entstehenden Plänen bedingte oft eine „späte" Neuplanung im Prozess, was die gesamte Planung weiter verlängerte.

Die Neugestaltung des Planungsprozesses betonte besonders die stärkere Ausrichtung an den Zielvorgaben des Konzerns, also eine Hinwendung zur Top-down-Planung. Die Planungsdauer konnte deutlich um zweieinhalb Monate verkürzt werden: sowohl durch eine bessere zeitliche Straffung und Fixierung als auch eine inhaltliche Kopplung der bisher oft eigenständigen Planungen. So entfallen viele Abstimmungen und Planungsdurchläufe, die bisher allein aufgrund unterschiedlicher Ziele oder Daten nötig waren. Im Ergebnis hat die Neugestaltung nicht nur die Effizienz erhöht (kürzere Planungdauer und weniger Ressourceneinsatz), sondern auch die Qualität der Pläne gesteigert. Der Zwang zu stärkerer Zielorientierung und das engere Zeitkorsett führen nach Erfahrung des Unternehmens zu besseren Plänen. Denn: „Je mehr Zeit zur Verfügung steht, desto länger wird geplant." Abbildung 4-17 zeigt den neu gestalteten Planungsprozess im Überblick.

---

[①] Inzwischen sind es nur noch drei Geschäftsbereiche: Wasch- und Reinigungsmittel, Kosmetika und Körperpflege sowie Kleb- und Dichtstoffe.

*Abbildung 4-17:* Neu gestalteter Planungsprozess bei Henkel KGaA[135]

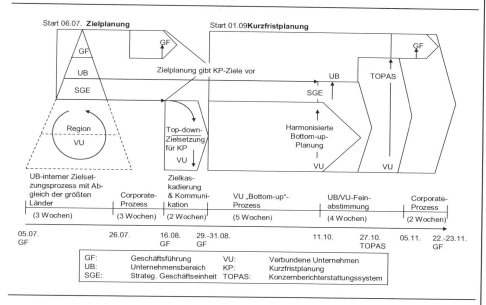

## Schritt 3: Prozess-Steuerung

Prozess-Steuerung bedeutet, für die Planungsprozesse Ziele zu setzen, deren Erreichung regelmäßig zu messen und bei Zielabweichungen Anpassungsmaßnahmen zu ergreifen. **Ziele** für Planungsprozesse sind beispielsweise die Einhaltung einer definierten Planungsdauer (zeitliches Ziel), bestimmter Kosten des Planungsprozesses, ermittelt über die Prozesskostenrechnung (Kostenziel) oder bestimmte Eigenschaften der Planung wie die Häufigkeit der Rückfragen aufgrund unklarer Vorgaben (Qualitätsziel). Die periodische **Messung** der Prozess-Ziele wird bei einem jährlichen Planungsprozess höchstens jährlich stattfinden. Sollten die Planungsprozesse ihre Ziele nicht erreichen, sind entsprechende **Maßnahmen** zu definieren. Sie betreffen dann die Planung des Folgejahres. So soll schrittweise eine immer bessere Planung erreicht werden.[136] Damit dieser Regelkreis auch Wirklichkeit wird, muss für den Planungsprozess ein eindeutiger Verantwortlicher benannt sein und das wird meist das Controlling im Unternehmen sein.

## 4.5.2 Centersteuerung einführen

Es dürfte Ihnen mehrfach deutlich geworden sein: Die Art der Organisation besitzt Einfluss auf die Planung, Budgetierung und Kontrolle. Wer für die Planerreichung

Verantwortung trägt, ist mehr an der Qualität der Pläne interessiert als jemand, der nur nebenher plant und für die Planfolgen nicht haftet. Mit Organisation ist hier gemeint, wie Entscheidungsbefugnisse im Unternehmen verteilt sind, wie Personen für Leistung belohnt werden und wie Leistung gemessen wird. Alle drei Aspekte sind wesentlich und hängen untereinander zusammen:[137] Wird zum Beispiel der Plan, den eine Führungskraft erstellt, auch als Leistungsmaßstab genommen und die variable Vergütung danach bemessen, kann es passieren, dass sie versucht, einen möglichst niedrigen, leicht zu erreichenden Planwert vorzuschlagen.

In den letzten Jahren fand eine deutliche Hinwendung zur Dezentralisierung statt. Mehr und mehr Verantwortung soll Mitarbeitern zugewiesen werden, Hierarchien reduziert, persönliche Leistung stärker honoriert und mangelnde Leistung am Gehaltszettel spürbar werden. In Bezug auf Planung und Kontrolle ist hierbei insbesondere das Konzept der **Centersteuerung** von Belang.[⑫] Verschiedene Typen von Centern gewähren unterschiedliche Arten von Kompetenzen und definieren unterschiedliche Zielgrößen. Im Einzelnen unterscheidet man vier Typen von Centern, die in Tabelle 4-7 kurz beschrieben sind:

- Das **Cost Center** eignet sich für alle Bereiche, deren Leistungen nicht gut messbar sind. Zu ihnen zählen viele interne Funktionen wie das Rechnungswesen, Controlling, Finanzabteilungen oder auch Personalabteilungen. Sein Ziel ist die Einhaltung eines Plan-Kostenbudgets.

- Bei einem **Service Center** gelingt es dagegen, eine messbare Leistung zu definieren. Zielgröße ist dann nicht das Gesamtkostenbudget, sondern der Plankostensatz je Leistungseinheit. Typischer Anwendungsbereich ist die Produktion. Dort lassen sich für jede erzeugte Einheit Kostensätze im Plan und Ist errechnen. Oberstes Ziel ist die Einhaltung des Plankostensatzes bei gegebener Qualität. Aufgrund vorhandener Fixkosten sind Kostensätze in der Vollkostenrechnung auch von den Ausstoßmengen abhängig, so dass beim Vergleich von Plan und Ist die entsprechenden Abweichungsanalysen zu rechnen sind, um nicht falsche Schlüsse zu ziehen.[138]

- **Profit Center** sind Unternehmensbereiche, die Produkte oder Dienstleistungen zu verkaufen haben, um damit Gewinne zu erwirtschaften. Ihr Ziel ist die Erreichung eines bestimmten Gewinns, Deckungsbeitrags oder einer Umsatzrendite. Als Profit Center eignen sich alle Bereiche, die Leistungen an Märkten absetzen können, also Vertriebsniederlassungen beispielsweise, jedoch nicht die Produktion.

- Häufig verwechselt man Profit Center mit **Investment Centern.** Letztere haben jedoch die Aufgabe, mit dem eingesetzten Kapital eine Rendite zu verdienen. Ihnen wird also ein Kapital als Investition zugewiesen mit der Erwartung, daraus Gewinne zu erwirtschaften. Investment Center sind meist größere Geschäftsbereiche, denen ein solcher Kapitalbetrag zugerechnet werden kann.

---

⑫  Im angloamerikanischen Sprachraum auch als „Responsibility Accounting" bezeichnet.

*Tabelle 4-7:*     *Typen von Centern*

| Centertyp | Cost Center (CC) | Service Center (SC) | Profit Center (PC) | Investment Center (IC) |
|---|---|---|---|---|
| **Zielgröße** | Kostendeckung, Einhaltung bzw. Unterschreitung Planbudget | Kostendeckung, Einhaltung bzw. Unterschreitung Planverrechnungssätze | Gewinn/Erfolg | Rendite auf das eingesetzte Kapital |
| **Entscheidungsrechte** | Beschaffung | Beschaffung, Produktion | Beschaffung, Produktion, Absatz | Kapitaleinsatz, Beschaffung, Produktion, Absatz |
| *Beispiele* | *Rechtsabteilung* | *Produktion Achsen* | *Vertriebsniederlassung Ratingen* | *Geschäftsbereich Nutzfahrzeuge* |
| ***PuK aus Sicht der Zentrale*** | Kostenziel und Abgleich mit Ist-Kosten | Kostenziel und Abgleich mit Ist-Kosten | Gewinnziel und Abgleich mit Ist-Gewinn | Renditeziel und Abgleich mit Ist-Rendite |

Um eine Centersteuerung einzuführen, muss man zunächst die marktfähigen Leistungen sowie die unternehmensinternen Leistungsströme kennen. Dann kann man ermessen, welche Typen von Centern für welche Teile des Unternehmens geeignet sein können. Zusätzlich muss man jedoch auch fragen, welche Führungsansprüche die Unternehmensleitung stellt und welches Ausmaß der Dezentralisierung und Delegation sie wünscht. Alles zusammen kann dann in einem Vorschlag für die Einführung von Centern münden.

Die Erwartungen an die Centersteuerung sind hoch: Die stärkere Dezentralisierung bei gleichzeitiger Verantwortungszuweisung und Reduzierung der innerbetrieblichen Verflechtungen zwischen den Centern soll die Konsequenzen von Entscheidungen klarer zurechnen lassen. Damit können Ziele klar vorgegeben und deren Erreichung leichter gemessen werden. Planung und Kontrolle der Center betonen in solchen Unternehmen dann stärker den Zweck der Verhaltenssteuerung.[139] Innerhalb der Center dominiert eine eigenständigere Planung und Kontrolle mit dem Zweck der Entscheidungsfindung. Sofern das zentrale Controlling nicht auf einheitliche Planungsstandards achtet, besteht die Gefahr von Abstimmungsproblemen, aufwändigeren Planungsprozessen und Ähnlichem, so wie es bei dem Beispiel Henkel im vorigen Kapitel beschrieben wurde. Auch die Probleme durch den größeren Handlungsspielraum dezentraler Führungskräfte bei gleichzeitig begrenzten Kontrollmöglichkeiten durch die Zentrale müssen beachtet werden. Die Unternehmensleitung kann mehrere Instrumente einsetzen, um die Delegationsprobleme zu reduzieren. Ganz beseitigen werden lassen sie sich meist nicht. Die Instrumente sind:[140]

- Den Leiter des Centers dazu zu bringen, selbst die leistungsrelevante Information zu offenbaren. So könnte ein Profit-Center-Leiter selbst seinen variablen Gehaltsanteil definieren. Je höher er ihn wählt, desto mehr Zutrauen hat er in seine Fähigkeiten und die Möglichkeit, hohe Gewinne zu erwirtschaften.

- Die Interessen von Gesamtunternehmensleitung und Centern angleichen: Sofern ein Investment-Center-Leiter am Ergebnis beteiligt wird oder gar einen Kapitalanteil selbst beisteuern muss, wird er ebenso wie die Unternehmensleitung ein Interesse an einer möglichst hohen Rendite auf das eingesetzte Kapital haben.

- Mehr Informationen beschaffen, um die Leistung des Centers besser einschätzen zu können: Dazu gehört der Aufbau detaillierter Planungs- und Kontrollrechnungen, die nicht manipulierbar sind und hoch automatisiert und rasch Informationen bereitstellen können.

Auf den ersten Blick erscheint es so, dass die Unternehmensleitung zwar delegiert, dieser Delegation aber nicht traut und dann doch kontrollieren möchte. Berücksichtigen Sie jedoch die in Kapitel 3.2 erwähnte Bereitschaft der Menschen zur bedingten Kooperation, wird das obige Vorgehen nachvollziehbar und erfolgreich: einen Vertrauensvorschuss gewähren bei gleichzeitiger Klarstellung, dass ein Vertrauensmissbrauch Konsequenzen hat (und dies öffentlich sagen und auch tun). Dann steht einer erfolgreichen Zusammenarbeit in einer dezentralen Organisation nur wenig im Weg.

### 4.5.3    Zielgetriebene Planung (top-down)

Als zielgetriebene Planung kann man zunächst eine Planung verstehen, bei der die Planableitung streng top-down, also entlang der Unternehmenshierarchie abwärts, erfolgt. Zum anderen – und das ist hier der Hauptaspekt – will man damit betonen, dass alle Pläne sich stark an zentral vorgegebenen Zielen ausrichten sollen, insbesondere solchen Zielen, die aus der Strategie abgeleitet werden. Beides hängt natürlich zusammen. Im Beispiel Henkel aus Kapitel 4.5.1 wurde die zielgetriebene Planung als ein Ansatz neben anderen verwendet, die Planung zu vereinfachen und zu beschleunigen. Auch in Befragungen von Controllern und Managern wird deutlich, dass viele darin eine Chance sehen, Planungsprozesse zu verkürzen. Denn durch klare Vorgaben werden weniger Abstimmungen und dezentrale Arbeiten zur Planerstellung nötig.[141] Gleichzeitig sehen dieselben Befragten als einen Erfolgsfaktor der zielgetriebenen Planung an, dass realistische Planungsprämissen und Top-down-Vorgaben vorhanden beziehungsweise erarbeitet werden. Hier wird schon deutlich, dass die zielgetriebene Planung die Planungsvereinfachung nur durch ein Informationsproblem erkaufen kann: Realistische Zielvorgaben erfordern Detailwissen, das in größeren Unternehmen meist nicht in der Zentrale, sondern in den operativ tätigen Bereichen vorhanden ist. Besitzt man dieses Wissen nicht und kann es sich auch nicht beschaffen, wird die Planung zur Makulatur, die Zielerreichung zum Vabanque-Spiel und die Motivation der Betroffenen sicher nicht gesteigert.[142]

Die Zielvorgabe von „oben" funktioniert dann, wenn dieses Detailwissen nicht in großem Ausmaß benötigt wird, um Ziele zu definieren. So in den folgenden Anwendungsfeldern:[143]

▨ Fester absoluter Betrag für die Gesamtkosten einer Abteilung, abgeleitet aus den Werten der Vergangenheit.

▨ Abteilungsbudgets definiert aus branchenüblichen Kennwerten, so beispielsweise Zielwert Marketingaufwand = 10 % vom Umsatz.

▨ Feste Ziele als Anreize zur Einsparung oder zur Entscheidungsbeeinflussung, wie die Festlegung der Reduktion der Lagerkosten um 8 % gegenüber dem Vorjahr.

▨ Vorgabe sinkender Zielwerte über die Jahre, um damit die Wirtschaftlichkeit zu erhöhen, entsprechend dem Kaizen Budgeting (Kapitel 4.4.5).

Neben dem obigen Informationsproblem kann die zielgetriebene Planung auch den Bemühungen der Dezentralisierung und Delegation zuwiderlaufen. Zumindest dann, wenn die zentralen Ziele sehr detailliert Sachverhalte bestimmen, die eigentlich im Handlungsspielraum des dezentralen Managements liegen sollten. Top-down-Ziele dürfen in solchen Situationen nicht zu spezifisch sein.

## 4.5.4 Relative Ziele

Herkömmliche Ziele sind meist **absolute Ziele**, sie definieren einen konkreten Wert, der zu erreichen ist, beispielsweise das Ziel 10 % Umsatzrendite oder ein Gewinnziel von 100.000 €. **Relative Ziele** sind solche, deren Zielwert in Beziehung gesetzt wird zu einem Referenzwert. So ist das Ziel „sei besser als der Wettbewerb" relativ zu einem definierten Kreis von Wettbewerbern. Verschiedene Autoren, insbesondere die Vertreter des Beyond Budgeting, meinen, dass absolute Ziele sich negativ auf die Unternehmen und ihre Mitarbeiter auswirken und zwar dann, wenn diese absoluten Ziele in einen so genannten fixierten Leistungsvertrag eingehen, die absoluten und vor Beginn der Periode fest vereinbarten Ziele als Vorgabe für einen Bonus oder Malus am Ende der Periode dienen. Der fixierte Leistungsvertrag mit seinen absoluten Zielen weist nach *Pfläging* drei Hauptprobleme auf: (1) Eine so frühzeitige Festlegung auf Zielwerte übersieht die mangelnde Vorhersehbarkeit der Zukunft, (2) fixierte Leistungsverträge suggerieren die Machbarkeit und Überlegenheit einer zentralen Vorgabe, wodurch sie dezentrales Wissen, Erfahrung und Reaktionsfähigkeit gering schätzen, (3) sie verengen den Leistungsbegriff auf messbare Zahlen, obwohl doch oft erst im Nachhinein klar wird, welche Handlungen richtig waren und welche Ergebnisse sich als vorteilhaft erwiesen. Aus diesem folgert er die seiner Ansicht schädlichen Wirkungen auf Motivation, Klima und Haltung der Mitarbeiter, die nur danach streben, ihre fixen Ziele zu erreichen, egal mit welchen Mitteln.[144]

### Arten relativer Ziele

Als Ausweg aus der Misere schlägt *Pfläging* vor, relative Ziele im Sinne von relativen Leistungsverträgen zu verwenden. Solche relativen Ziele können sehr unterschiedlich aussehen. Ihre Unterschiede liegen im Bezugspunkt, der für sie gewählt wird. Allgemein kann der Bezugspunkt sein (1) unternehmensextern, (2) unternehmensintern oder (3) auf der Vergangenheit basierend. Zu (1): Unternehmensexterne Bezüge weisen solche Ziele auf wie die Verbesserung gegenüber dem Markt (beispielsweise Marktanteilssteigerung) oder Verbesserungen gegenüber Wettbewerbern (zum Beispiel relativer Marktanteil, geringere Verwaltungskosten als der Branchendurchschnitt). Zu (2): unternehmensinterne Vergleiche können zwischen organisatorischen Einheiten gezogen werden (Personen, Abteilungen, Projekten, Geschäftsbereichen, Tochtergesellschaften) und lassen sich zum Beispiel in Form von Ranglisten darstellen. Zu (3): Vergleiche mit Vorperioden dienen dazu, Verbesserungen im Zeitablauf zu erreichen, so bei dem Ziel der Senkung des unfallbedingten Krankenstands. Die Nähe zum Kaizen Budgeting wird hier deutlich.[145]

### Anforderungen an Ziele

Welche relativen Ziele konkret sinnvoll sind, muss wiederum jedes Unternehmen für sich beurteilen. Bei der Auswahl und Definition sollten Sie folgende Anforderungen beachten:[146]

- Ziele müssen sich positiv auf das Verhalten der Mitarbeiter auswirken. Sie dürfen nicht zu anspruchsvoll sein, sonst droht eine Demotivation. Sie dürfen aber auch nicht zu leicht zu erreichen sein, sonst lohnt der Aufwand darum nicht. Kernfrage ist, ob das durch das Ziel ausgelöste Verhalten auch das gewünschte ist und nicht unerwünschte Nebeneffekte ganz im Sinne von „you get what you pay for" nach sich zieht.

- Das Zustandekommen der Zielvorgabe muss nachvollziehbar, das Ziel selbst klar formuliert und seine Auswirkung auf die Entlohnung transparent sein.

- Das Ziel muss die erwünschte Leistung möglichst objektiv messen können und darf nicht durch den Mitarbeiter unzulässig beeinflussbar sein.

- Letztlich muss die Zielvorgabe wie jedes Führungsinstrument auch wirtschaftlich sein, also sein Nutzen muss größer als seine Kosten sein.

### Ermittlung Zielwerte durch Benchmarking

Benchmarking bedeutet den Vergleich des eigenen Unternehmens mit dem besten oder zumindest einem fortschrittlichen anderen Unternehmen, um daraus zu lernen, es selber besser zu machen. Welches das jeweils beste Unternehmen ist, lässt sich dabei nur im konkreten Fall herausfinden. Anstatt die relativen Ziele mehr oder weniger intuitiv zu definieren, soll durch den systematischen Prozess des Benchmarkings die Zielfindung auf einer rationalen Basis erfolgen. Man wird dazu zunächst festlegen, welche Sachverhalte verglichen werden sollen, nach welchen Kriterien und mit welchen Unternehmen ein Vergleich durchzuführen sei. Anschließend erfolgen der Datenvergleich und die Auswertung, wobei besonders die Leistungslücken und deren Ursachen interessieren. Sofern die erkannten Leistungslücken wesentlich für den Unternehmenserfolg sind, sollten genau dort relative Ziele ansetzen, um die Lücken zu schließen.[147]

**Relative Ziele und Vergütung**

Für die Frage, ob man relative Ziele auch als Grundlage der variablen Vergütung nutzen soll, gibt es genau entgegengesetzte Vorschläge: Die einen schlagen vor, die Vergütung daran zu orientieren, während andere davor eindringlich warnen. So empfiehlt *Pfläging* statt der Bindung des Gehalts an relative Ziele die Entlohnung im Nachhinein auf Basis des Unternehmenserfolgs. Damit sollen vielfältige negative Effekte vermieden werden und die Mitarbeiter frei sein, sich die Ziele zu setzen, die sie für richtig erachten. Belohnt werden sie dann durch den gemeinsamen Erfolg des Unternehmens, der nachträglich gemessen wird.[148] Relative Ziele haben damit keine Verbindung zur Entlohnung. Bedauerlicherweise fehlen für diesen Vorschlag breite empirische Studien, die zeigen, dass er so auch funktioniert.

**Positive Einschätzungen zu relativen Zielen**

- Richtig ist, dass Erfolg in einer Marktwirtschaft immer auch relativ zu sehen ist. Es genügt nicht, die eigenen Kosten um 10 % zu senken, wenn alle Wettbewerber es schaffen, ihre Kosten um 30 % zu reduzieren.[149]

- Richtig ist, nicht (nur) unternehmensintern orientierte Diskussionen zu führen, sondern sich über die Umwelt des Unternehmens zu informieren, und zwar laufend. In einer Marktwirtschaft entscheiden über Erfolg oder Misserfolg letztlich Markt und Wettbewerb und nicht die unternehmensinterne Planung und Budgetierung.

- Richtig ist, dass eine Bindung der Pläne und Ziele an die Entlohnung schnell zu einer „Korrumpierung" der Mitarbeiter führt, so dass nur das getan wird, was eine hohe Zielerreichung verspricht, egal ob sinnvoll oder nicht („you get what you pay for").

**Probleme relativer Ziele**

- Zunächst einmal ist die wichtigste Schwierigkeit die Frage, welche relativen Ziele denn die richtigen sind. Alle Autoren verweisen darauf, dass jedes Unternehmen für sich selber relative Ziele festlegen muss. Das ist sicher richtig und gilt für alle Arten von Zielen, ob absolute oder relative. Vorab kann man nicht sicher sein, ob man geeignete Ziele wählt, also scheint es sinnvoll, sich bei der **Zielauswahl** auf die Erfahrungen der eigenen Mitarbeiter und anderer Unternehmen der Branche zu stützen.[150]

▓ Hinter der Idee der relativen Ziele steht der Wunsch, im Wettbewerb dadurch zu bestehen, dass man besser als der Wettbewerb wird. Die Ökonomen bezeichnen solche Anstrengungen als relative Leistungsturniere. Mehrere Parteien konkurrieren um eine Reihe von „Preisen". Versuchen nun alle Wettbewerber beispielsweise ihren Marktanteil (= der Turnierpreis) zu steigern, treten mehrere wenig erwünschte Effekte ein: (1) Da alle sich anstrengen, besser zu werden, verschiebt sich oft nur der Durchschnitt und alle sind relativ gesehen genauso gut wie vorher. Die Mehrheit kann nicht besser als der durchschnittliche Marktanteil werden. Es muss Verlierer und Gewinner geben. (2) Die Anstrengungen aller zur Steigerung des Marktanteils können leicht eskalieren, so dass die Kosten der Anstrengung in keinem vernünftigen Verhältnis zum Nutzen mehr stehen. Jeder strengt sich mehr an, als es wirtschaftlich sinnvoll wäre, so geschehen bei der Versteigerung der UMTS-Lizenzen um die Jahrtausendwende. Die Unternehmen haben sich gegenseitig immer mehr überboten, um nicht der Verlierer zu sein. Am Ende haben alle einen viel zu hohen Preis bezahlt. Die Ökonomen sprechen hier treffend von **„Rattenrennen".**[151] Die Ratten strengen sich auf der Jagd nach Käse so sehr an, dass ihre Anstrengung niemals durch den Nahrungswert des Käses kompensiert werden kann. Ein relatives Ziel wie den Marktanteil erhöhen, kann also interessanterweise nur dann funktionieren, wenn nicht alle dasselbe Ziel verfolgen. Sonst ist nichts gewonnen.

▓ Relative Ziele führen unter Umständen zu einem **Kontrollverlust**. Und zwar dann, wenn man auf Plan-Ist-Vergleiche verzichtet. Denn dann weiß man hinterher nicht mehr so genau, ob sich ein Projekt oder eine Maßnahme gelohnt hat oder nicht. Man weiß nur seine eigene Position relativ zu anderen. Eine Durchführungskontrolle bezogen auf einen vorab definierten Zielwert sollte man bei aller relativen Messung wohl doch nicht aus den Augen verlieren.[152]

▓ Eine weitere Annahme relativer Ziele ist, dass Unternehmen es schaffen können, permanent besser als andere zu werden und zu sein. Das ist eine Illusion. Auf längere Sicht zeigt sich vielmehr der Effekt der **„Regression zum Mittelwert"**: Erfolgreiche Unternehmen fallen in ihrer Ertragskraft wieder auf den Branchendurchschnitt zurück. Wenig erfolgreiche Unternehmen schaffen es, ihre Gewinne zu steigern. Eine ständige Exzellenz für alle gibt es nicht, wohl aber Einzelfälle, die sehr erfolgreich sind. Der Grund liegt aber dann mehr an statistischen Zufälligkeiten gepaart mit dem Glück des Tüchtigen und weniger an der überlegenen Strategie oder Ähnlichem.[153]

▓ Es ist ganz natürlich anzunehmen, dass es im Unternehmen **Interessengegensätze** gibt. So sind die Ziele der einzelnen Mitarbeiter nicht unbedingt dieselben wie des Top-Managements oder der Eigentümer. *Pfläging* geht davon aus, dass sich die Mitarbeiter selbst relative Ziele setzen, und zwar „… aufregende, anspruchsvolle und kühne…"[154]. Nur, warum sollten sie das tun? Sie könnten sich ja auch wenig anspruchsvolle Ziele setzen oder solche, die den Interessen des Managements zuwiderlaufen. *Pfläging* schreibt weiter: „Was zählt, ist die am Ende realisierte ‚relative' Leistung, nicht das ursprüngliche Ziel."[155] Er plädiert also für eine große Eigenverantwortung der Mitarbeiter. Andererseits sollen Manager die Zielbildung moderieren und prüfen, ob alle relevanten Alternativen berücksichtigt wurden. Da scheint doch ein gewisser Widerspruch auf, zu viel Freiheit sollen die Mitarbeiter wohl nicht haben, letztlich müssen sie doch die Ziele des Unternehmens erfüllen und werden nach der Zielerreichung entlohnt. Eben nur nicht direkt gemessen an den relativen Zielen, sondern an einem nachträglichen Unternehmenserfolg. Aber ist der Unterschied wirklich so entscheidend? Ziele müssen sie auf jeden Fall erfüllen, Ziele und Anreize werden eben doch gekoppelt, wenn auch nicht so augenfällig. Aber wer lässt sich von der angeblichen „Freiheit" lange blenden?

- Die vielen (angeblichen) Vorteile relativer Ziele stehen in auffälligem Kontrast zur Verbreitung relativer Ziele in der Praxis. Neben einzelnen Anwendern, die sich immer finden lassen, fehlen völlig Beispielunternehmen, die damit gescheitert sind. Abgesehen von den Gründen, warum bisher jedenfalls nur wenige diesen Schritt gehen. Die Vorteile relativer Ziele müssen sich in der Praxis erweisen und lassen sich nicht durch die Zahl an Veröffentlichungen darüber messen. Tragfähige **empirische Nachweise** fehlen jedoch.[156]

**Empfehlung**

Bei aller Skepsis, die man zum Thema relative Ziele äußern kann, lässt sich aus der obigen Diskussion zumindest eines lernen: Ziele und Pläne sollten sich auch immer an dem orientieren, was der Wettbewerb macht und was Kunden wollen. Sonst droht ein gefährliches „Sich-um-sich-selbst-Drehen" im Unternehmen. Wie weit es die anderen Vorschläge und Vorstellungen umsetzt, muss jedes Unternehmen für sich selbst entscheiden.

# 4.6 Verbesserungen ohne eindeutigen Schwerpunkt

## 4.6.1 Integration strategischer und operativer Planung

In den erwähnten Befragungen von Controllern und Managern (Kapitel 3 und 4.1) wird unter anderem geäußert: Die Verbindung von strategischer und operativer Planung sei nicht ausreichend. Sie besser aufeinander abzustimmen, erscheint vielen als dankbarer Ansatz zur Planungsverbesserung. Die Defizite der Abstimmung entstehen aus drei Gründen: (1) inhaltliche Unterschiede zwischen strategischer und operativer Planung, (2) mangelnde strukturelle und EDV-mäßige Unterstützung der Schnittstelle, (3) geringe Akzeptanz des Themas Planung im Unternehmen. Der erste Grund scheint in der Praxis zu dominieren, und das ist auch ganz verständlich. Die strategische Planung befasst sich mit der langfristigen Entwicklung des Unternehmens, mit Positionierungen im Markt und zum Wettbewerb oder dem Aufbau von Erfolgspotenzialen. Ihre Inhalte sind häufig weniger griffig als in der operativen Planung, auch teils abstrakter oder sehr qualitativ formuliert. Dagegen sind operative Planinhalte stark quantitativ und monetär, detailliert und auf den kurzfristigen wirtschaftlichen Erfolg ausgerichtet. Die eher abstrakten Geschäfts- und Wettbewerbsstrategien lassen sich nicht unmittelbar in konkrete, operative Planzahlen überführen. [157]

Das Konzept der **Balanced Scorecard** (kurz BSC) hat sich zum Ziel gesetzt, die inhaltlichen Unterschiede zu überbrücken und verbundene Regelkreise der strategischen und operativen Planung im Unternehmen zu schaffen. Seit der ersten Veröffentlichung durch *Robert Kaplan* und *David Norton* im Jahr 1992 hat sich das Balanced-Scorecard-Konzept sehr stark in der Unternehmenspraxis verbreitet. [158] Auch in der wissenschaftlichen Auseinandersetzung ist das Thema weiterhin präsent. Im engeren und ursprünglich beabsichtigten Sinne beschreibt die Balanced Scorecard ein ausgewogenes Kennzahlensystem zur Unternehmenssteuerung, das sowohl finanzielle wie nichtfinanzielle Kenngrößen enthält. Ausgewogenheit betrifft dabei neben den unterschiedlichen Kennzahlenarten auch das Vorhandensein von Kennzahlen, die Ergebnisse darstellen, sowie von solchen, die Treibergrößen des Erfolgs abbilden. Im weiteren – und heute bevorzugten – Sinne beinhaltet das Konzept ein System zur strukturierten Konkretisierung einer Strategie in strategische Ziele, Maßnahmen zur Zielerreichung sowie strategische Messgrößen zur Ermittlung der Zielerreichung und der Strategierelevanz der operativen Aktivitäten (vgl. Abbildung 4-18).

*Abbildung 4-18:*    *Grundkonzept Balanced Scorecard[159]*

Die Anwendung der Balanced Socrecard als so genanntes Managementsystem bietet eine Reihe von Vorteilen:[160]

▨ Übersetzung von Vision und Strategie in konkrete strategische Ziele und deren operative Steuerungsgrößen,

▨ Kommunikation und Herunterbrechen der Strategie unternehmensweit anhand der erarbeiteten strategischen Ziele und Steuerungsgrößen

▨ Umsetzung der Strategie in operative Pläne und Budgets

▨ Feedback zur Überprüfung der Zielerreichung und Initiierung von Lernprozessen

**Allgemeine Schritte zur Erarbeitung einer Balanced Scorecard[161]**

### Schritt 1: Strategieüberprüfung

Balanced Scorecard ist kein Instrument der Strategieformulierung. Und so ist als erster Schritt bei der Erarbeitung einer Balanced Scorecard zu prüfen, inwieweit eine hinreichend verständliche und aktuelle Strategie vorhanden ist.

### Schritt 2 : Strategische Ziele erarbeiten

Den Kern einer Balanced Scorecard bilden die im zweiten Schritt zu erarbeitenden strategischen Ziele. Sie sollen in hinreichender Deutlichkeit beschreiben, auf welchen Wegen und mit welchen Mitteln das Unternehmen einen nachhaltigen Wettbewerbsvorteil erzielen will. Bei den strategischen Zielen besteht häufig die Gefahr, zu allgemein zu verbleiben oder Allgemeinplätze aufzuführen. An den strategischen Zielen lässt sich schnell erkennen, ob ein Unternehmen sich wirklich Gedanken über seine „Einzigartigkeit" im Wettbewerb gemacht hat. Sind die Ziele so allgemein, dass sie für praktisch jedes Unternehmen zuträfen, ist die BSC nicht nutzbar.

### Schritt 3 : Strategische Ziele verknüpfen

Im dritten Schritt sind die erarbeiteten strategischen Ziele zu verknüpfen, um Ursache-Wirkungs-Beziehungen zu ermitteln. Sie sollen die Kausalität der Strategie widerspiegeln. Mit ihrer Hilfe teilen sich die strategischen Ziele in Ergebnisgrößen und Treibergrößen ein. Die Zielverknüpfung ist dabei meist nicht empirisch detailliert begründbar oder mathematisch formalisiert, sondern entspricht eher der Abbildung von aus Sicht der Balanced-Scorecard-Erarbeiter plausiblen Zusammenhängen. Neuerdings schlagen *Kaplan* und *Norton* vor, diese Ursache-Wirkungszusammenhänge deutlicher im BSC-Konzept herauszustellen. Daher der neue Name Strategy Map (Strategie-Landkarte).[162] Die beiden Autoren haben mehrere Vorlagen und Muster erarbeitet, mit denen ein Unternehmen seine erarbeitete Strategie auf Plausibilität und Konsistenz prüfen kann. Abbildung 4-19 zeigt eine solche Vorlage für eine Strategie-Landkarte. Ihr Hauptnutzen liegt aber nicht in der Strategieentwicklung, sondern der Beschreibung und Kommunikation einer Strategie. Das betrifft besonders Konzerne mit ihren verschiedenen Geschäftsbereichen mit je eigenen BSC-Anwendungen. Strategie-Landkarten erleichtern nach *Gaiser* und *Wunder* die Abstimmung zwischen verschiedenen Organisationseinheiten.

### Schritt 4: Messgrößen je Ziel festlegen

Schließlich gilt es viertens, für jedes strategische Ziel geeignete Messgrößen zur Messung der Zielerreichung zu finden. Von besonderem Gewicht bei der Auswahl einer Messgröße sollte die Frage nach der Verhaltenswirkung sein. Jede Kennzahl sollte das Verhalten der für die Zielerreichung Verantwortlichen in die strategisch relevante Richtung lenken und daher eher outputorientiert sein, also Ergebnisse einer Aktivität messen.

### Schritt 5: Zielwerte je Messgröße festlegen

Jeder Messgröße ist dann im fünften Schritt ein Zielwert zu zuordnen. Die Zielwerte einer Balanced Scorecard sollten, was generell für Ziele gilt, anspruchsvoll, jedoch mit einiger Anstrengung erreichbar sein. Die Höhe der Ziele orientiert sich dabei eher extern als intern, also an Benchmarks mit anderen Unternehmen, Kundenbefragungen usw. Hier ist die Nähe zur Idee der relativen Ziele zu erkennen (Kapitel 4.5.4). Die Zielwerte sind für denselben Zeitraum vorzugeben, für den die erarbeitete Strategie gilt.

**Abbildung 4-19:** *Vorlage für eine Strategie-Landkarte (Strategy Map)[163]*

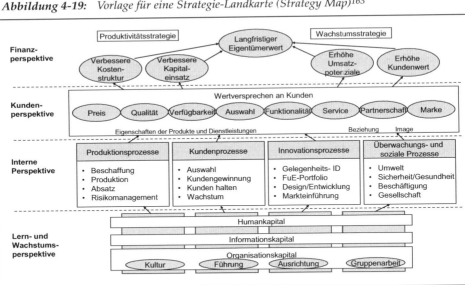

### Schritt 6: Maßnahmen je Ziel definieren

Der sechste und letzte Schritt besteht in der Erarbeitung von Maßnahmen zur Erreichung der vorgenannten Ziele und Zielwerte. Häufig existieren bereits strategische Maßnahmen und strategische Projekte oder es wurden während der Erarbeitung der

Balanced Scorecard solche bereits grob skizziert. Ansonsten gilt es, hier noch weitere zu erarbeiten. Es sollten auch bereits existierende Maßnahmen beendet werden, sofern sie keine positiven Auswirkungen auf die strategischen Ziele besitzen. Die Balanced Scorecard fungiert als ein Filter bezüglich des Strategiebezugs aller Maßnahmen im Unternehmen.

Als Ergebnis des BSC-Prozesses steht dem Unternehmen eine Liste zur Verfügung, die zeigt, wie man sich die Strategieumsetzung vorstellt. Jede Zeile enthält ein strategisches Ziel, eine Messgröße dafür, einen Zielwert und Maßnahmen sowie Verantwortliche und Budgets.

*Tabelle 4-8:*   *Ergebnis des BSC-Prozesses als Tabelle (Beispiel)*

| | Strate-gisches Ziel | Messgröße | Zielwert | Bis wann? | Maßnahme | Wer? | Budget |
|---|---|---|---|---|---|---|---|
| Finanz-pers-pektive | Rendite erhöhen | Eigenkapital-rendite | 15 % | 2009 | - | | |
| Kunde-pers-pektive | Umsatz im Ausland steigern | Anteil Aus-landsumsatz am Gesamt-umsatz | 25 % | 2009 | Niederlas-sung Frank-reich auf-bauen | Fr. Müller | 2 Mio. € |
| Interne Pers-pektive | Produktion standar-disieren | Anzahl Varianten reduzieren | 22 | 2008 | Gleichteile-strategie umsetzen | Hr. Maier | 5 Mio. € |
| ... | ... | | | | | | |

**Ausbau zum kontinuierlichen Führungswerkzeug – Integration der strategischen und operativen Planung**

Der Einsatz des Balanced-Scorecard-Konzepts erfüllt seine Wirkung vor allem als kontinuierliches Werkzeug. Es empfiehlt sich daher, es in die vorhandenen Führungs-instrumente, Anreizsysteme, Planungs- und Kontrollprozesse sowie in das Berichts-wesen zu integrieren.[164]

Die Balanced Scorecard positioniert sich im Instrumentenkasten der Führung zwi-schen strategischem und operativem Management, wie in Abbildung 4-20 dargestellt. Sie definiert viele Vorgaben für die Zielbildung, für die Auswahl von strategisch be-deutsamen Maßnahmen und Projekten als auch für die Erarbeitung der operativen Pläne. Eine Anpassung des Berichtswesens und der EDV-Systeme ist die logische Folge.

Aus dem BSC-Prozess ergeben sich zum einen Zielvorgaben und Eckwerte für die operative Planung und Budgetierung. Zum andern fließen aus den strategischen Maßnahmen und Projekten Vorgaben in die operative Planung ein. Meilensteine, Prioritäten und Interdependenzen zwischen Budgets, Plänen, Projekten und Maßnahmen müssen überprüft und für die Ressourcenzuteilung vorab geklärt sein. Die operative Planung ist allerdings nicht ein Kind der BSC allein. Eine Balanced Scorecard soll ihrer Idee nach das Unternehmen auf eine bestimmte Strategie hin fokussieren, also einen strategisch relevanten Ausschnitt abbilden. Keineswegs kann sie allumfassend sein oder gar die operative Planung ersetzen. Neben den aus der BSC abgeleiteten operativen Plänen und Budgets muss und wird es immer auch operative Pläne für das „Tagesgeschäft" geben, das von der Strategie nicht direkt betroffen ist.

---

**Abbildung 4-20:** *Balanced Scorecard und Führungssysteme[165]*

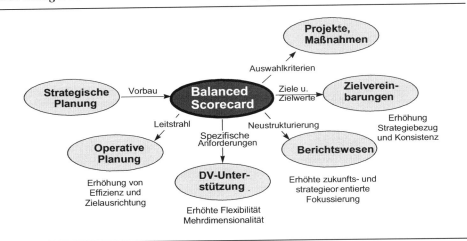

---

Die strategischen Vorgaben aus der BSC führen zu einer stärkeren Ziel- und Topdown-Orientierung der Planung. Ihre Vor- und Nachteile sind in Kapitel 4.5.3 schon diskutiert worden. Für eine funktionierende Top-down-Planung, und damit einen funktionierenden BSC-Prozess, muss sicher gestellt sein, dass alle relevanten Informationen einfließen. Dass also alle Mitarbeiter, die relevante Informationen besitzen könnten, diese auch äußern. Das versucht man im Prozess der BSC-Erstellung beispielsweise durch Workshops mit Mitarbeitern des Unternehmens. In den Workshops sollen gemeinsam die BSC-Inhalte diskutiert und verabschiedet werden. Da allerdings anschließend die Verantwortung für die Umsetzung wieder bei einzelnen Personen liegt, droht wieder das Einzelinteresse in Konflikt zum Gruppeninteresse zu geraten: Der Einzelne hat den Anreiz, die BSC-Diskussion so zu lenken, dass die BSC-Vorgaben für ihn nicht allzu anstrengend ausfallen.

BSC-Anwender berichten von einer Verkürzung und Vereinfachung des operativen Planungsprozesses. Die Gründe liegen vor allem in der oben erwähnten zielgetriebenen Planung, aber auch in einem Wegfall bisheriger Abstimmungen und Mittelfristplanungen, die durch die BSC ersetzt werden können. Damit der Führungsregelkreis geschlossen wird, muss in der operativen Kontrolle Folgendes beachtet werden: Ursachen für Abweichungen können neben operativen auch strategische Gründe haben. Es ist immer zu prüfen, ob Abweichungen „nur" auf operative Probleme hindeuten oder auf Probleme der Strategieumsetzung beziehungsweise Strategie selbst.

**Fallbeispiel Balanced Scorecard bei Whirlpool Corporation[166]**

Whirlpool Corporation mit Sitz in Benton Harbor im US-Bundesstaat Michigan ist ein weltweit tätiger Konzern, der die gesamte Palette von Haushaltsgeräten produziert und unter 22 Markennamen in 170 Ländern vertreibt. Im Jahr 2004 erzielte der Konzern einen Gewinn von 406 Mio. USD bei einem Umsatz von 13,22 Mrd. USD.[167] In den letzten 15 Jahren hat sich Whirlpool durch Zukäufe von einem rein nordamerikanisch ausgerichteten Unternehmen zu einem globalen Konzern entwickelt. So erwarb das Unternehmen beispielsweise schrittweise die Mehrheit an der damaligen Bauknecht Hausgeräte GmbH, einer der bekanntesten Marken in Deutschland auf diesem Gebiet.

Die zunehmende Internationalisierung des Unternehmens erforderte auch eine entsprechende Anpassung der Führungsinstrumente und so entschied sich das Management 1997 zur konzernweiten Einführung der Balanced Scorecard. Ausgangspunkt der BSC-Entwicklung ist bei Whirlpool die Vision des Unternehmens, „in jedem Haushalt überall präsent zu sein". Sie wird schrittweise verfeinert und ergänzt durch zentrale Werte wie hohe Qualität, Mitarbeiterengagement, Wachstum und Erneuerung sowie Kundenzufriedenheit. Die Vision und Strategie müssen sich dann in konkreteren Zielen ausdrücken. Dazu hat das Unternehmen das Whirlpool Management System definiert, das sieben Kategorien umfasst: Führung, strategische Planung, Management durch Fakten, Mitarbeiter, Qualitätsprozesse und -produkte, Maßnahmen und Ergebnisse sowie Kundenzufriedenheit. Die Balanced Scorecard ist das Steuerungsinstrument dieser strategischen Pyramide, das Maßnahmen und Ergebnisse transparent machen soll.

Die eigentliche BSC besteht aus drei Perspektiven: Finanzen, Kunden und Mitarbeiter (siehe Abbildung 4-20). Die Finanzperspektive ist für das Unternehmen die Perspektive, an der letztlich alle Maßnahmen und auch die Ziele der anderen Perspektiven sich messen lassen müssen. Sie beinhaltet traditionelle finanzielle Messgrößen, die die Sicht der Aktionäre auf das Unternehmen abbilden sollen. Die Spitzenkennzahl ist der Economic Value Added (EVA) zur Abbildung der Wertsteigerung. Die Kundenperspektive enthält zunächst klassische Marktkennzahlen wie Qualität, Marktanteil oder Zufriedenheit von Endkunden beziehungsweise Handelspartnern. Sie werden ergänzt durch eine Reihe kundenbezogener Leistungskennzahlen, die insbesondere die Kundentreue und Kundenzufriedenheit messen sollen, so beispielsweise Funktionalität, Qualität,

Preis und Reaktionszeiten zur Messung von Produkt- und Serviceeigenschaften, aber auch Kennzahlen zur Beurteilung der Kundenbeziehung wie Kompetenz, Erreichbarkeit, Image und Reputation. Die verschiedenen Unternehmensmarken spielen eine wichtige Rolle in der Unternehmensstrategie, so dass es für das Unternehmen zentral ist, über die Bekanntheit und das Image der Marken Bescheid zu wissen. Die dritte BSC-Perspektive befasst sich mit den Mitarbeitern. Das Ziel ist es, weltweit eine einheitliche Unternehmenskultur aufzubauen. Sie soll geprägt sein vom Stolz der Mitarbeiter, bei diesem Unternehmen zu arbeiten. Die Führungsfähigkeiten der Mitarbeiter sollen ausgebaut und Mitarbeiter nur für sinnvolle Arbeiten eingesetzt werden. Also solchen, die zur Erfüllung der Ziele und Werte des Unternehmens beitragen und die bei Erfolg anerkannt und belohnt werden. Die Mitarbeiter sollen ein Arbeitsumfeld vorfinden, in dem sie gerne arbeiten und in dem Veränderungen positiv angenommen werden. Dazu sollen sechs Verhaltensweisen dienen: Respekt, Integrität, Teamarbeit, Engagement für den Kunden, Erlernen von Führungsprinzipien und der Wille, erfolgreicher als andere zu sein.

---

*Abbildung 4-20:* BSC-Perspektiven Beispiel Whirlpool Corporation[168]

| **Finanzen** | **Kunde** | **Mitarbeiter** |
|---|---|---|
| • EVA<br>• EPS<br>• EPS/NOPAT<br>• Cash Flow<br>• Total Cost Productivity | • Qualität<br>• Marktanteil<br>• Kundenzufriedenheit<br>• Handelspartnerzufriedenheit | • Kommunikation der Unternehmenskultur<br>• Unternehmenskultur-Index<br>• Training/Entwicklung<br>• Vielfalt |

---

Jede Gesellschaft und jede Funktion muss sich nach diesen BSC-Zielen richten und kann sich weitere Ziele setzen. Als wesentlich hat das Unternehmen erkannt, dass Ziele und Messgrößen spezifisch und individuell anzupassen sind. Die BSC-Vorgaben gehen auch in die Entlohnung ein. Die Jahresziele von Mitarbeitern richten sich an den von den Regionen erarbeiteten Strategien der kommenden zwölf Monate und zum anderen an den länderspezifischen Gegebenheiten aus. In jeder Region werden zu Beginn eines Jahres strategische Ziele erarbeitet und in eine „Top 10"-Liste gefasst. Diese werden an die Länderorganisationen weitergeleitet, von den Ländern übernommen und marktspezifisch angepasst. Hinzu kommen bereichsübergreifende und funktionale Ziele. Schließlich spielen auch noch persönliche Ziele eine Rolle. Der so genannte Performance-Management-Prozess greift diese Ziele auf. Er besteht aus drei Unterprozessen: Einem Ziel- und Entwicklungsplan für den Mitarbeiter, dem Coaching und der Beratung sowie der Leistungsbeurteilung. Der Ziel- und Entwicklungsplan vergleicht nun die BSC-Ziele mit den individuellen Zielen, die sich aus der Leistung, Entwicklung und dem Verhalten des Einzelnen ergeben. Der Performance Excellence Plan schließlich verknüpft diese Ziele mit der variablen Vergütung. Die Höhe der variablen Vergütungsanteile richtet sich nach der Verantwortung und dem Einfluss auf das Geschäft und wird mit den BSC-Zielen und zusätzlichen individuellen Zielen verzahnt. Während auf Managementebene stärker Gewinnanteile eine Rolle spielen, erhalten Mitarbeiter auf unteren Ebenen Boni für Produktivitätszuwächse.

Die Einführung der BSC hat dem Konzern nach eigenen Aussagen einen Schub nach vorne gebracht. Die strategischen Potenziale der Mitarbeiter wurden dadurch geweckt und die Motivation und Zielausrichtung gestärkt. Voraussetzung war jedoch ein intensives Training zur BSC-Erarbeitung, aber auch zur Beurteilung und Bewertung von Mitarbeiterleistung. Besonders problematisch waren zu Beginn die Festlegung anspruchsvoller, aber realistischer Ziele und die notwendige Bottom-up-Planung der Ziele. Insgesamt erfüllt die BSC heute im Unternehmen die Rolle eines Bindeglieds zwischen Festlegung und Kommunikation der strategischen Planung, Verbreitung derselben in die Organisation und operativen Plänen sowie persönlichen Zielvereinbarungen.

**Empirische Befunde**

Zahlreiche Studien belegen, dass in den letzten zehn Jahren die Zahl der BSC-Anwender stark gestiegen ist.[169] Inzwischen wenden mehr als die Hälfte aller in den Studien befragten Unternehmen die Balanced Scorecard an, unabhängig von der Branche, Großunternehmen meist häufiger als kleinere Unternehmen. Die meisten BSC-Anwender nutzen sie für das Gesamtunternehmen und/oder Geschäftsbereiche, selten für kleinere Teile des Unternehmens (Abteilungen, Projekte etc.). Auch beschränken sich die meisten auf die oben erwähnten vier BSC-Perspektiven. Einen BSC-Bericht erstellen die befragten Unternehmen meist monatlich oder vierteljährlich, kaum häufiger aber auch kaum seltener. Die Ziele der BSC-Einführung sind nach Ansicht der Befragten – wenig überraschend – eine höhere Transparenz der Strategie und eine leichtere Implementierung derselben. Ob diese Ziele auch tatsächlich erreicht wurden, lässt sich nur schwer sagen, da die Einschätzungen aus Befragungen leicht „gefärbt" sein können und ein direkter wirtschaftlicher Erfolg kaum messbar ist. Schaffen es Unternehmen, mit Hilfe der BSC die strategische und operative Planung zu verknüpfen? Von dieser Leitfrage ist dieses Kapitel geprägt. Etwa die Hälfte der Befragten verbindet explizit die operative und strategische Planung, und zwar dadurch, dass sie die BSC-Kennzahlen und BSC-Inhalte anhand der operativen Planung und Kontrolle überprüft. Daher darf man schlussfolgern, dass mit der BSC eine Verbindung von operativer und strategischer Planung gelingen kann.

### Kritische Würdigung des Balanced-Scorecard-Konzepts

Gegen die Balanced Scorecard Argumente ins Feld zu führen ist schwer. Die Idee und Begriffe sind eingängig, gut verständlich und kaum widerlegbar. Wer wollte denn gegen die Konkretisierung von Strategien sein? Gegen eine Mitwirkung der Führungskräfte bei der Erarbeitung von Zielen und Messgrößen? Oder wer wollte bestreiten, dass es richtig und wichtig ist, für Maßnahmen jemanden zu finden, der verantwortlich dafür ist? Sicher kann man an Details Kritik üben oder sie problematisieren. So sollten beispielsweise folgende Punkte beachtet werden:[170]

- Schritte 2 und 3 (strategische Ziele definieren und Ursache-Wirkungs-Ketten aufstellen): Probleme kann es bereiten: a) die geeigneten Ziele auszuwählen[171], b) Konflikte zwischen Zielen zu erkennen und zu lösen, c) die strategisch relevanten Beziehungen zwischen Zielen herauszuarbeiten, sowie d) durch das BSC-Vorgehen Unternehmen als eine steuerbare Maschine zu sehen, bei der man nur die richtigen Schalter finden und drücken muss, um den Erfolg zu programmieren.

- Nutzung der BSC als Teil des Führungsprozesses: Der oben beschriebene Einsatz der BSC im Führungsregelkreis setzt allein an der Durchführungskontrolle an. Es wird also geprüft, ob die Strategie richtig umgesetzt wird. Ob die Strategie überhaupt stimmt, kann dabei aus dem Blick geraten. Hierfür wären eine Prämissenkontrolle und strategische Frühaufklärung nötig. Auf diesen Punkt gehe ich noch im folgenden Kapitel näher ein.

- Betonung von Strategie als Planungsprozess: In Branchen, die schnellen Veränderungen unterliegen, aber auch in Krisensituation scheint der Prozess der Strategieentwicklung und anschließenden Umsetzung durch BSC als zu starr, zu formal, zu lang dauernd und zu aufwändig. Ein Vorgehen wie bei der rollenden Planung könnte angemessener sein.

Ein letzter, aber wichtiger Punkt: Die BSC wird oft als **Kommunikationsmittel** propagiert.[172] Sie soll die Strategie besser vermitteln, um sie damit auch besser umzusetzen. Einhergehen soll das mit Dezentralisierung und mehr Eigenverantwortung der Mitarbeiter. Genauso denkbar – und möglicherweise realistischer – ist es, die BSC als **Kontrollinstrument** anzusehen. Durch die Ausarbeitung von Zielen und Maßnahmen, die Festlegung von Verantwortlichkeiten und die Prüfung der Zielerreichung hat das Management mehr Möglichkeiten und Daten zur engeren Führung und Kontrolle der Mitarbeiter an der Hand. Das fügt sich auch in das oben erwähnte Bild der engeren Kopplung der strategischen und operativen Führungsregelkreise ein. Und es entspricht doch auch dem Sinn und Zweck der Strategieumsetzung, die Strategie nicht nur zu kommunizieren, sondern sie eben wirksam umzusetzen. Zu letzterem gehört jedoch die Kontrolle der Strategieumsetzung.

*Abbildung 4-21:*    *Acht typische Missverständnisse über die Balanced Scorecard*[173]

1. Die Balanced Scorecard ist ein Unternehmensmodell und soll daher alle Aspekte eines Unternehmens abbilden.

2. Die Balanced Scorecard ist ein Kennzahlensystem und dient nur zur Messung.

3. Die Balanced Scorecard ist ein „Stakeholder"-Konzept, berücksichtigt also alle Anspruchsgruppen (Eigentümer, Kunden, Mitarbeiter etc.) gleichrangig.

4. Die Balanced Scorecard sollte umfassend und möglichst allgemeingültig sein, kann also mühelos auf andere Unternehmen übertragen werden

5. In den Ursache-Wirkungsketten werden alle Zielbeziehungen rechnerisch verknüpft, damit man Wirkungen von Maßnahmen quantifizieren kann.

6. Strategische Aktionen sind Zusatzaufwand zum Tagesgeschäft, sie erscheinen daher als zusätzliche Belastung.

7. Die Balanced Scorecard wird auf alle Unternehmensebenen heruntergebrochen, bis hin zu jedem einzelnen Mitarbeiter, unabhängig von seiner Aufgabe und seiner Verantwortung.

8. Mit der BSC-Erarbeitung ist die Balanced-Scorecard-Einführung abgeschlossen, anschließend kann man sich wieder dem Tagesgeschäft widmen.

## 4.6.2    Fokussierung auf Strategie und Ausführung, oder: Die Grenzen der Planung akzeptieren

Das eben diskutierte Konzept der Balanced Scorecard verweist auf die Bedeutung zweier Aspekte für die Unternehmensführung: Strategie und deren Umsetzung. Manche mögen daraus schließen, dass es für den Erfolg notwendig und ausreichend ist, die entsprechenden Instrumente einzusetzen. Darin liegt jedoch eine gefährliche Täuschung. Und dieser Täuschung fallen viele anheim, darunter Manager, Berater und Professoren. Die Täuschung liegt darin, den Erfolg als beeinflussbar anzusehen durch die Auswahl und den Einsatz der „richtigen" Mitarbeiter, Produkte, Führungsinstrumente etc. Sie liegt darin, die Unsicherheit, der sich Unternehmen in jeder ihrer Entscheidungen gegenübersehen, zu negieren oder unzulässig kleinzureden. Und sie liegt darin zu überschätzen, wie viel man über Unternehmensführung wirklich gesichert weiß und wie viel von diesem Wissen wirklich geeignet ist, Erfolg zu produzieren. Das gilt für sehr viele Felder der Betriebswirtschaft und eben auch für Planung und Budgetierung.[174]

Jede Strategie und jeder Plan erfordert unweigerlich aufgrund begrenzter Ressourcen eine Entscheidung dafür und dagegen: Eine Entscheidung für eine bestimmte Aktion, ein bestimmtes Budget und gegen alternative Handlungen, gegen alternative Budgethöhen. Damit aber sieht sich das Unternehmen mehreren, beträchtlichen Unsicherheiten ausgesetzt: Wir können vorab nicht wirklich wissen, ob wir die richtigen Entscheidungen treffen, wie Kunden oder Wettbewerber auf unsere Strategie und unsere Entscheidungen reagieren werden. Technische Neuerungen bedrohen jederzeit das Erreichte. Und ebenso unsicher ist, wie Mitarbeiter auf Pläne reagieren, sie verstehen und umsetzen.

Andererseits können nur durch dieses Nicht-Wissen, diese Unsicherheit, Chancen entstehen. Wüsste man genau, was zu tun wäre, und träfe dies ein, wäre die Strategie leicht kopierbar und der vorausgesagte Erfolg würde nicht eintreten, so beim Roulette oder im Lotto: Wenn die Gewinnzahl berechenbar wäre, würde jeder darauf setzen und keinen Gewinn mehr erzielen können. Die Unsicherheit lässt sich durch mehr Information und Analyse vermutlich verringern – nicht umsonst geben Unternehmen hohe Summen für Marktforschung, Branchenanalysen und Prognosemethoden aus.[175] Nur ist das Ausmaß der Unsicherheitsreduktion nach allem, was wir abschätzen können, geringer, als viele meinen.

Für die Planung und Budgetierung folgt daraus, es mit „weniger" statt „mehr" zu versuchen: weniger Komplexität, weniger Details, weniger Analyse und Planungsrechnungen. Aus der bisherigen Diskussion spricht einiges dafür, die folgenden Schritte abzuarbeiten. Sie garantieren nicht den Unternehmenserfolg, das wäre vermessen. Sie können helfen, die Chancen zu verbessern, nicht mehr, aber auch nicht weniger.[176]

**1. Ziele und Wege zur Zielerreichung (Strategien, Pläne) festlegen:**

Ziele sollten natürlich herausfordernd sein. Sie sollten sowohl auf interne Aspekte gerichtet sein als auch externe beachten, also sich auf Wettbewerb und Märkte beziehen. Die Wege zur Zielerreichung, genauso wie die Ziele selbst, müssen immer eine Entscheidung für und gegen sein. Es muss klar sein, was getan werden soll und was eben nicht. Diese Entscheidungen stehen unter Unsicherheit und daher immer auch unter Vorbehalt, nämlich vorbehaltlich der Anpassung und Änderung, falls sich im nächsten Schritt herausstellt, dass die Ziele oder Strategien/Pläne so nicht zu funktionieren scheinen.

**2. Strategien und Pläne umsetzen:**

Dabei muss besonders darauf geachtet werden, auftretende Probleme nicht nur als Umsetzungsprobleme zu sehen. Häufig deuten sie auf Probleme der Strategie hin, die gewählte Richtung ist falsch, ihre Annahmen stimmen nicht oder Kunden und Wettbewerb reagieren nicht so, wie erhofft. Dann hilft es nicht, an alle zu appellieren, sich bei der Umsetzung mehr anzustrengen. Dann muss der ursprüngliche Plan hinterfragt und gegebenenfalls geändert werden. Um die Probleme in der Umsetzung zu erkennen, benötigt das Unternehmen möglichst objektiv messbare Kennzahlen, die von persönlichen Einschätzungen weitgehend frei sind.

Für beide Punkte von Bedeutung ist der in Kapitel 4.4.5 diskutierte Aspekt: Wie schafft man es, Wissen und Erfahrung der Mitarbeiter in jeden dieser Schritte einzubinden? Man erreicht es vor allem durch Anreize, die den Einzelnen ermutigen, ja belohnen, sein Wissen zum Nutzen der Gruppe und des Unternehmens zu äußern.

Welche Rolle spielen dann noch Planung und Budgetierung? Sie sind ganz sicher kein Allheilmittel mehr für die Sicherung des Unternehmenserfolgs oder die Vorhersage der Zukunft. Sie sind aber auch nicht überflüssig. Ihren Platz finden sie in der finanziellen Abbildung von Zielen und Wegen der Zielerreichung, in der Bewertung von Handlungsalternativen sowie in der Abstimmung innerhalb des Unternehmens und allgemein, indem sie Entscheidungswirkungen transparenter und vielleicht auch rationaler machen. Planungsrechnungen fördern klares Denken statt Verschwommenheit, Transparenz über Prämissen statt unausgesprochener Voraussetzungen. Damit wäre für den Anfang schon einiges erreicht.

## 4.7 Advanced Budgeting

### 4.7.1 Idee und Ausgangspunkte

Das Konzept „Advanced Budgeting" entstand aus der Auseinandersetzung mit den Problemen der Budgetierung, wie sie in Kapitel 3 genannt sind, sowie der Überzeugung, dass ein Konzept wie Beyond Budgeting zu radikal sei. Andererseits genügt es auch nicht, an dieser oder jener Stelle eine Reparatur vorzunehmen. Vielmehr sollten mehrere aufeinander abgestimmte Prinzipien für die Planung und Budgetierung eingeführt werden. So wundert es nicht, dass mehrere der oben erwähnten Verbesserungsmöglichkeiten hier wieder auftauchen. Seine Wirkung entfalten soll das Konzept nicht nur durch den einzelnen Aspekt, sondern durch das Zusammenwirken in einem abgestimmten Vorgehen.

Entwickelt hat das Konzept des Advanced Budgeting die Unternehmensberatung *Horváth & Partners*. Grundlage ihrer Überlegungen waren mehrere Planungsprobleme der Praxis.[177] Sie decken sich weitgehend mit den Problemen, die in Kapitel 3 schon vorgestellt wurden. Aus den Problemen sowie aus den Lösungsvorschlägen von Unternehmen, die *Horváth & Partners* befragte, entstand ein Konzept, das die Planung und Budgetierung sowohl effizienter als auch effektiver machen soll. Die Verbesserung der Planung soll sich dabei an vier **Leitmotiven** orientieren, die in Abbildung 4-23 aufgeführt sind. Sie erkennen darin einige der Themen wieder, die in den vorigen Kapiteln schon diskutiert wurden. Es handelt sich also nicht um völlig neue Ansätze. Im Kern soll mit weniger Inhalten häufiger geplant und durch klare Vorgaben und engere Kopplung der Führungsinstrumente Ziele besser durchgesetzt werden. Mit der Einführung von Advanced Budgeting können Unternehmen nach Meinung der Protagonisten vor allem zwei **Ziele** erreichen. Die Qualität der Pläne soll steigen und das bei geringerem Ressourceneinsatz. Zu diesem Zweck sind mehrere Führungsinstrumente miteinander zu kombinieren. Selbige betonen nicht mehr so stark die Bedeutung der Budgets als Ziele, die unbedingt zu erreichen wären. Planung und Steuerung soll sich stärker an Veränderungen anpassen. Die Autoren versprechen darüber hinaus, dass das Konzept im Gegensatz zu Beyond Budgeting nicht radikal ist, nicht eine Totaländerung verlangt, sondern schrittweise eingesetzt werden kann. Und natürlich ist der Nutzen für das Unternehmen hoch.[178]

---

**Abbildung 4-22:** *Leitmotive beim Advanced Budgeting[179]*

| Verbindungen der Teilplanungen | Budgets mit Zielcharakter | Verringerte Budgetierungstiefe | Budget-flexibilisierung |
|---|---|---|---|
| Integration von strategischer und operativer Planung<br><br>Integration von Bilanz, G&V, Kosten- und Erlös- sowie Cash-Flow-Planung | Was soll laut Strategie erreicht werden?<br><br>Strategie als Startpunkt für Top-down-Budgets<br><br>Zielfestlegung erfolgt i. V. mit Benchmarking (intern und extern) | Grundthese: Top-down-Budgets auf aggregiertem Level können prinzipiell ausreichend sein!<br><br>Herunterbrechen von Budgets nur, wo notwendig und sinnvoll möglich<br><br>Einsatz von Ist/Vorjahres-Vergleichen<br><br>Budgetdetaillierung mittels verbindlicher Kriterien | Berücksichtigung des Informationsstandes/ der Umfeldturbulenz je Geschäftsbereich<br><br>Rollierende Planung mit kürzerem zeitlichen Planungshorizont<br><br>Verlassen des Kalenderjahres |
| **Integration**<br>von Planung und Budgetierung | **Zielfokussierung**<br>von Planung und Budgetierung | **Komplexreduzierung**<br>von Planung und Budgetierung | **Kontinuität**<br>von Planung und Budgetierung |

---

## 4.7.2 Prinzipien und Methoden

Advanced Budgeting basiert auf acht Prinzipien, die schon darauf hindeuten, welche Instrumente hierfür infrage kommen. Einige dieser Prinzipien und dort vorgeschlagenen Methoden haben wir in den bisherigen Ausführungen schon kennen gelernt. Ich verweise daher dort, wo zweckmäßig, darauf. Die Prinzipien sind:[180]

1. Selbstadjustierende relative Ziele statt fixen (Budget-)Zielen

   Die Abkehr von einmal im Jahr festgelegten Zielen soll den Unternehmen helfen, die „Planungspolitik" zu reduzieren, also Abstimmungen oder Verhandlungen vermeiden, bei denen die Zielverantwortlichen versuchen, die Ziele möglichst leicht erreichbar zu machen. Ebenso sollte es nicht mehr vorkommen, dass Manager in der Umsetzungsphase zu nicht gewünschten Handlungen Zuflucht nehmen, um die fixierten Ziele doch noch zu erreichen. Weiterhin soll eine bessere Leistung erreicht werden. So durch Lerneffekte, unbeeinflusste Kommunikation und höhere Motivation. In Kapitel 4.5.4 wurden relative Ziele bereits ausführlich vorgestellt und diskutiert. Relative Ziele können helfen, die „Störgrößen" einer Leistungsmessung herauszurechnen. Da zum Beispiel beim relativen Ziel „Umsatz soll stärker wachsen als der Marktdurchschnitt" die Konjunktur und andere Einflüsse auf den Markt alle Wettbewerber treffen, misst das relative Ziel nicht die durch viele Faktoren beeinflusste Umsatzhöhe, sondern die Verbesserung zum Markt, egal ob der Markt gewachsen oder geschrumpft ist. Relative Ziele finden ihre Grenzen dort, wo es keine zweckmäßigen Bezugsgrößen für die Ziele gibt oder absolute Ziele sinnvoller sind.

2. Schwerpunkt auf relevanten Performancegrößen statt rein finanziellem Fokus

Die Einbeziehung nicht-finanzieller Größen in die Planung ist schon immer der Fall gewesen. Denn jede Planung monetärer Größen benötigt auch eine komplementäre Mengenplanung (Kapitel 1.1.2). Gemeint ist mit dem zweiten Prinzip auch mehr die Messung der Leistung zusätzlich durch nicht-finanzielle Kenngrößen, wie sie bereits in Kapitel 4.2.3 diskutiert wurden. Letztlich leitet dieses Prinzip wieder über in das im Prinzip 7 erwähnte BSC-Konzept.

Die Forderung nach zusätzlichen Planungskennzahlen und Messgrößen ist verständlich und kaum kritisierbar: Leistung ist eben nicht nur monetär messbar, wenn auch das erste und letzte Ziel eines Unternehmens der Gewinn ist. Manche Teilbereiche des Unternehmens können auch mangels Marktzugang keinen Gewinn erzielen oder erbringen eine Vorleistung, die nicht monetär bewertbar ist. Die Schwierigkeiten fangen an, wenn man die Forderung umsetzen möchte, wie in Kapitel 4.2.3 erwähnt. Das darf ein Unternehmen jedoch nicht abhalten, es zu versuchen. Viele Anregungen lassen sich von anderen Unternehmen holen, aus Veröffentlichungen von Branchenverbänden oder aus Diskussionen mit Praktikern aus befreundeten Unternehmen.

3. Berücksichtigung aller Leistungsebenen statt Bereichs-/Unternehmensfokus

Ebenfalls in Kapitel 4.2.3 wurde die Forderung nach der Einbeziehung aller Leistungsebenen diskutiert: Neben den Üblichen wie Unternehmen, Geschäftsbereiche und Produkte auch verschiedene Prozessebenen. Damit soll eine umfassende Steuerung des Unternehmens erreicht werden, eine, die alle wichtigen Aspekte des Unternehmens einbezieht. Kritisch wird es dann, wenn man versuchen sollte, wirklich alle Aspekte zu messen. Es gilt sorgfältig abzuwägen, wo es noch sinnvoll ist, detaillierte Pläne zu erstellen, und wo nicht.

4. Outputorientierter (Prozess-)Fokus statt inputorientiertem Kostenartenfokus

Eine outputorientierte Planung setzt an den zu erbringenden Leistungen und Ergebnissen an und nicht an den einzusetzenden Ressourcen. Das ergibt sich schon aus den allgemeinen Überlegungen zur Planung (Kapitel 1.1.2). Vor allem in Verwaltungsbereichen von Unternehmen wurden und werden Budgets oft als Fortschreibung der vergangenen Kosten aufgestellt (Kapitel 2.3, insbesondere Abbildung 2-6). Die Budgetierung entspricht dann einer Fortschreibung der eingehenden Ressourcen und nicht der zu erbringenden Leistungen. Das Advanced-Budgeting-Konzept schlägt vor, auch in diesen Verwaltungsbereichen über die Prozesskostenrechnung eine stärker an den Leistungen orientierte Planung zu verwenden. Sie wurde in Kapitel 4.4.2 bereits besprochen.

5. Benchmarkingorientierte Ziele statt inter orientierte (Kosten-)Ziele

Im Zusammenhang mit relativen Zielen (Prinzip 1 und Kapitel 4.5.4) kam schon der Gedanke auf, Ziele an anderen, externen Größen zu orientieren. So soll ein zu vorsichtiges Handeln reduziert werden, das sich an dem orientiert, was in der Vergangenheit war, oder an Zielen, die mit ein klein wenig mehr Leistung leicht erreicht werden könnten. Stattdessen sollen es ambitionierte Ziele sein, die sich an den Besten ausrichten. Das bedeutet, der Leistungsdruck im Unternehmen soll zunehmen. Der Vergleich mit Anderen soll dem Einzelnen stärker bewusst machen, welchen Weg er noch vor sich hat. Nur der Erstplatzierte darf sich kurz zurücklehnen, bevor ihm Autoren wie *Pfläging* unterstellen: „Wer glaubt, immer Bester zu sein, schaut nicht richtig hin."[181]

Es ist natürlich richtig, dass Wettbewerb bedeutet, im Vergleich mit anderen Unternehmen zu bestehen. Eine Fokussierung nur auf intern gesetzte Ziele wäre daher falsch. Externe Vergleichsziele müssen jedoch sorgfältig ausgewählt werden. Und nicht alles, was andere Unternehmen (angeblich) so erfolgreich macht, lässt sich einfach übernehmen. Erfolgreiche Praktiken sind stark unternehmensindividuell und selten wirklich direkt übertragbar. Wissen ist kontextabhängig.[182] Die Empfehlung lautet daher: Sich mit anderen Unternehmen zu vergleichen, diese Vergleiche aber nicht als den alleinigen Maßstab nehmen, sondern als Anregung. Kritisch abwägen, was man übernehmen möchte und was nicht sowie wo man sich mit anderen vergleichen möchte und wo nicht.[183]

6. Dynamisch rollierende Sichtweise statt reinem Jahresbezug

Rollende Hochrechnung und Planung sind in Kapitel 4.3.2 ausführlich vorgestellt worden. Sie ermöglichen es dem Unternehmen, sich stärker an Veränderungen anzupassen, rascher zu reagieren und Ziele, Pläne am Machbaren zu orientieren sowie die Ressourcen des Unternehmens besser auszulasten.

Einhergehen müssen eine rollende Hochrechnung und Planung mit einer geringeren Detaillierung der Plandaten beziehungsweise einer entsprechenden Automatisierung, um nicht ein Vielfaches des bisherigen Aufwands zu erzeugen. Auch sollten sich bei aller Flexibilität Pläne an übergeordneten Zielen orientieren, um Letztere nicht aus den Augen zu verlieren.

Die meisten Unternehmen werden auf eine Jahresplanung nicht verzichten können oder wollen: sei es weil Kapitalgeber und Aufsichtsgremien sie fordern, sei es weil bisherige Zielvereinbarungen und Entlohnungssysteme darauf aufbauen. Beide

Ansätze, also Jahresplanung und rollende Planung, geraten leicht in Konflikt, wenn die rollenden Planungen in eine ganz andere Richtung laufen als die ursprüngliche Jahresplanung. Welcher Planung möchte man dann folgen? Welche ist dann relevant für die Diskussion der Plan-Ist-Abweichung? Man wird sich entscheiden müssen.

7. Integrierte statt autonomer strategischer Planung

Die strikte inhaltliche und oft auch organisatorische Trennung der strategischen von der operativen Planung soll gemäß Advanced Budgeting aufgegeben werden. Die strategischen Vorgaben sollen stärker in die operativen Pläne eingehen, beispielsweise durch den BSC-Prozess. Die operative Planung und Kontrolle soll deutlicher zurückgespiegelt werden auf die Strategie und deren Erfolg. In der Konsequenz sollen Strategie und operative Führung nicht mehr einmal jährlich aufeinander bezogen werden, sondern als laufender Prozess der Rückkopplung und des Lernens verstanden und gelebt werden.

Die Bedeutung der Balanced Scorecard für das Konzept des Advanced Budgeting speist sich sowohl aus dem oben genannten Punkt als auch aus den Prinzipien 2 und 8. Sie ist hier ein wichtiger „Transmissionsriemen" zwischen strategischer und operativer Führung. Allerdings darf man die Maschinenmetapher nicht zu weit treiben. Vor allem sind das erarbeitete BSC-Dokument und die regelmäßigen BSC-Umsetzungsberichte Diskussionsstoff für das Management.[184]

8. Globalbudgets und relevante Detailbudgets (Budgets für wesentliche Kostenkategorien) statt detaillierten Budgets für vielerlei Objekte

Die Vorteile geringerer Detaillierung liegen auf der Hand: Weniger zu planende Inhalte erfordern auch weniger Planungs- und Kontrollaufwand, kürzere Planungsdauern sind möglich. Weniger Detaillierung führt aber, wie in Kapitel 4.2.2 gezeigt, auch zu einem Informationsverlust.

Letztlich möchte Advanced Budgeting durch die Anpassung der Planung Folgendes erreichen: die lernende und antizipierende Organisation, ein Unternehmen, das sich, auch über das Instrument der Planung, besser auf Umweltveränderungen einstellt und an sie anpasst. Die Notwendigkeit dazu ist eine Grundthese auch in diesem Buch. Abbildung 4-24 zeigt, wie in Advanced Budgeting die verschiedenen Planungsebenen und Planungswerkzeuge angeordnet sein sollen, um die lernende Organisation einzuführen.

---

**Abbildung 4-23:** *Advanced Budgeting – Planung in der lernenden Organisation[185]*

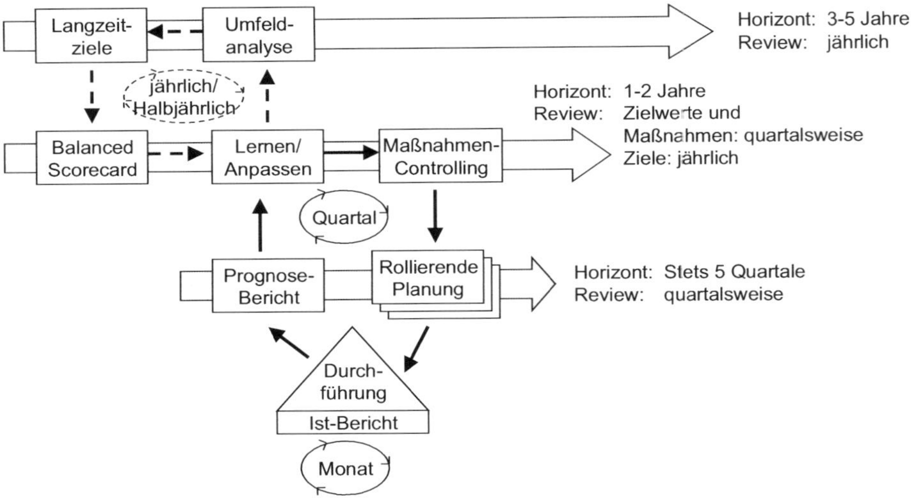

---

## 4.7.3 Einführung

**Entwicklungsstufen der Planung gemäß Advanced Budgeting**

Im Gegensatz zum später beschriebenen Konzept des Beyond Budgeting, aber auch zu einer Auswahl von Planungsverbesserungen nach eigenem Gusto möchte Advanced Budgeting einen Weg aufzeigen, wie man von einem eher einfachen PuK-System zu einem im Sinne des Advanced Budgeting gestalteten System kommt.[186] Den einfachsten Fall sehen die Protagonisten des Konzepts in einer rein operativen Planung und Kontrolle. Die einmal im Jahr stattfindende, mehrmonatige Planung erzeugt Planwerte für das Folgejahr, die dann monatlich oder quartalsweise überprüft werden. Im nächsten Schritt werden unterjährig Hochrechnungen auf das Jahresende eingeführt. Sie sollen zeigen, ob die Planerreichung noch realistisch ist. Das eigentliche Jahresziel ändert sich aber meist nicht. Im dritten Schritt führen Unternehmen Langfristziele ein. Sie gelten meist für drei bis fünf Jahre. Aus ihnen leiten sich Vorgaben für die Jahrespläne ab. Da die Langfristziele ihrer Struktur nach oft den Jahreszielen entsprechen (so beispielsweise Gewinn, Umsatz), ändert sich nur der zeitliche Fokus, nicht aber der inhaltliche. Die vierte Entwicklungsstufe beendet die inhaltliche Entsprechung und führt eine strategische Planung ein. Langfristziele werden gemäß den BSC-Perspektiven stärker auf die Strategie bezogen und als Vorgaben in die operativen Pläne eingebunden. Die letzte Entwicklungsstufe ist dann Advanced Budgeting, das heißt in diesem Verständnis die Entwicklung hin zu einem kontinuierlichen Planungssystem. Man verlässt die starre Einteilung in Jahrespläne und kommt zu einer strategiegetriebenen, rollenden operativen Planung und Kontrolle, wie sie weiter oben in Abbildung 4-24 grafisch verdeutlicht wird.

**Einführung von Advanced Budgeting**

Analog den vorgestellten Entwicklungsstufen soll sich Advanced Budgeting schrittweise einführen lassen. Man muss nicht alle bisherigen PuK-Instrumente über Bord werfen, sondern kann am Vorhandenen ansetzen und es Schritt für Schritt weiter entwickeln.[187]

Die **Analysephase**, als erste Phase, beginnt damit, die Planung zu positionieren. Das bedeutet, die Bedeutung und die Rolle der Planung zu erfassen, die sie in der konkreten Situation des Unternehmens in seiner Branche und Umwelt spielen kann und sollte. Anschließend findet die Analyse der derzeitigen Planung. In ihr ermittelt man die Kosten der Planung, Zeitkriterien (Dauer, Häufigkeiten) und bewertet die Qualität der erbrachten PuK-Leistungen. Anhand der davor geklärten Anforderungen und Bedeutung der Planung kann dann beurteilt werden, welche Aspekte verbessert werden sollten.

Die nächste Phase ist die **Neugestaltung** der Planung. In ihr wird es darum gehen, zu bestimmen, welche Methoden und Instrumente der Planung benötigt werden und wie diese auszugestalten sind. Dies vor dem Hintergrund, die analysierten Planungsprobleme zu überwinden. Dabei kann es auch sein, dass bisherige Methoden und Werkzeuge wegfallen. Weiterhin kann man sich überlegen, ob man zunächst mit solchen Methoden beginnt, die schnelle Wirkung zeigen, und erst später komplexere Fragen aufgreift, die große Organisationsänderungen benötigen, was oft schwierig ist. Zu Ersteren gehören zum Beispiel die Prozessoptimierung oder rollende Hochrechnungen. Zu Letzteren gehören die Einführung relativer Ziele und die Änderung von Entlohnungssystemen. Die Planung ist nur ein Führungsinstrument neben anderen und so müssen neue Planungsmethoden und Planungsinstrumente in sich und mit den bisherigen Führungsinstrumenten abgestimmt werden. Und schließlich nützt die Neugestaltung nur etwas, wenn sie auch umgesetzt wird, wie üblich über einen Umsetzungszeitplan mit Meilensteinen, Verantwortlichen und Erfolgskontrollen.

Die letzte Phase ist die Hilfe beim Lern- und Veränderungsprozess, deshalb auch **Coaching-Phase** genannt. Sie beinhaltet die Vermittlung von Wissen über das neue Planungssystem und auch die Beratung bei der Anwendung der neuen Methoden und Instrumente sowie die Begleitung der Mitarbeiter bei den neu definierten Prozessen.

## 4.7.4 Einschätzung

Advanced Budgeting präsentiert keine wirklich neuen Instrumente und Methoden. Das Konzept zeichnet sich vielmehr dadurch aus, dass es vorhandene und teilweise kontrovers diskutierte Planungsansätze zu einem plausiblen Ganzen verbinden will.

Die Attraktivität des Konzepts für Unternehmen beruht dabei m. E. auf zwei Aspekten: (1) Das Konzept propagiert eine bestimmte, plausible Verknüpfung ausgewählter PuK-Ideen und (2) die Veränderung kann und soll schrittweise erfolgen, abgestimmt auf das jeweilige Unternehmen und ohne gleich eine Revolution zu verlangen, wie man es manchmal bei Beyond Budgeting vernimmt.

Die einzelnen Vorschläge innerhalb Advanced Budgeting wurden bereits in den vorigen Kapiteln ausführlich diskutiert, so dass noch zwei Anmerkungen übrig bleiben. Die erste Anmerkung betrifft die im vorigen Kapitel beschriebenen Entwicklungsstufen. Die Stufen der verschiedenen PuK-Systeme erscheinen als logische Entwicklung hin zu Advanced Budgeting. Das Konzept stellt dann den Endpunkt und Höhepunkt der Evolution operativer Planung dar. Es vereinigt nach Ansicht der Autoren des Konzepts das „Beste aller Welten", schreibt den Unternehmen aber nicht vor, was genau sie tun sollen, sondern eröffnet einen individuellen Weg. Das Ziel ist und bleibt jedoch die vorgestellte letzte Entwicklungsstufe.[188] Die Realität muss sich dem jedoch nicht fügen, und es gibt auch keinen wissenschaftlichen Nachweis, dass dieses die typischen Entwicklungsstufen sind. Es handelt sich mehr um einen Wunsch als eine Wirklichkeit.

Eine weitere Anmerkung betrifft die Begründung für die Auswahl genau dieser Methoden, Instrumente und Vorgehensweisen. Hier fehlt m. E. der wissenschaftliche Nachweis, dass genau diese Komponenten in genau dieser Zusammensetzung den größten Nutzen für Unternehmen erbringen. Ich will nicht bezweifeln, dass die Auswahl plausibel und gut nachvollziehbar ist. Nur ist der persönliche Eindruck einer Idee eben nicht so gewichtig wie der wissenschaftliche Nachweis.

Ein letzter Satz: Wie so viele Vorschläge in der Betriebswirtschaftslehre, von Unternehmen und von Unternehmensberatern sind auch die Vorschläge des Advanced Budgeting normativ. Soll heißen, sie beschreiben vor allem, was getan werden soll. Davor muss aber eine Begründung und Erklärung stehen. Hieran mangelt es allzu oft.[189]

## 4.8 Fahrplan zur Durchführung der Verbesserungen

Jedes Unternehmen ist der Gefahr ausgesetzt, Veränderungen anzustoßen, allein weil andere es tun (Imitation, Herdenverhalten) oder weil bei einem Wechsel des Managements die neuen Führungskräfte durch Organisationsänderungen neue Akzente setzen wollen. Viele Berater unterstützen das und berufen sich auf angebliche „Best Practice"-Beispiele, um zu erreichen, dass sich Unternehmen ändern – und ihnen einen Auftrag dazu geben. Manager stehen unter Druck, schnelle Erfolge zu bringen, fordern rasche Lösungen, wollen sich nicht mit Details und langen Erörterungen aufhalten. So wirken Berater-Konzepte als äußerst hilfreiche und bequeme Feigenblätter. Da andere es auch tun, der renommierte Berater das empfiehlt und in einer dynamischen Welt sowieso Änderungen an der Tagesordnung sind, sollte sich das Unternehmen auch rasch ändern, vor allem natürlich die Mitarbeiter, weniger die Manager.

Ich plädiere dafür, hier innezuhalten. Am Beginn sollte die kritische Prüfung stehen, ob überhaupt etwas zu ändern ist. Klar werden sollte man sich sowohl über den Problemdruck aus dem Unternehmen heraus, die Anforderungen des Marktes und Wettbewerbs als auch über die eigenen Ziele. Folgende **Fragen** können hier weiterhelfen:[190]

▨ Planungsdauer und Planungsaufwand: Ist es wirklich so dramatisch, wenn die operative Planung sechs Wochen in Anspruch nimmt? Was brächte eine Verkürzung wirklich und welche Nachteile hätte sie? Sind die Abstimmungsrunden in der Planung nicht einfach Ausdruck der Art und Weise, wie ein Unternehmen seine Leistungen erzeugt? Lassen sie sich vermeiden? Und wenn ja, zu welchen Kosten?

▨ Verbundeffekte und dezentrale Entscheidungen: Sind die einzelnen Unternehmensbereiche wirklich so unabhängig voneinander, dass sie selbständig planen und budgetieren können? Oder gibt es nicht wichtige Verbundeffekte, die auch eine zentrale Planung erfordern?

▨ Fähigkeiten und Motivation: Sind die Mitarbeiter wirklich gewillt und in der Lage, mehr Planungsaufgaben zu übernehmen, mehr Verantwortung zu tragen?

▨ Externe Dynamik: Ist die Dynamik der Märkte und des Wettbewerbs wirklich so hoch, wie oft behauptet? Haben die dezentralen Bereiche tatsächlich einen Wissensvorsprung, um in einem dynamischen Umfeld bessere Entscheidungen zu treffen?

▨ Ziele der Veränderung: Was genau soll eigentlich durch die Änderung erreicht werden, was ist die Motivation des Controllings oder des Managements? Wer treibt diese Diskussion an und welche Interessen liegen vermutlich dem zugrunde? Welche Risiken und Nebenwirkungen könnten bei einer Veränderung auftreten? Gibt es wirklich belastbare Nachweise für erfolgreiche Veränderungen?

Je nach Unternehmen und antwortenden Personen werden die Fragen anders beantwortet werden. Eine Lösung für alle wird und kann es nicht geben. Was es gibt, ist eine Vorstellung über eine zweckmäßige Vorgehensweise zur Veränderung. Sie beginnt, wie Abbildung 4-24 zeigt, analog zum Vorgehen des Advanced Budgeting (Kapitel 4.7.3) mit der Analyse der Anforderungen an Planung und Budgetierung sowie der Ist-Situation. Anschließend werden neue beziehungsweise verbesserte Planungsmethoden, Planungsprozesse und Führungssysteme entworfen und eingeführt.

*Abbildung 4-24:*   *Vorgehensweise zur Verbesserung der Planung und Budgetierung*[191]

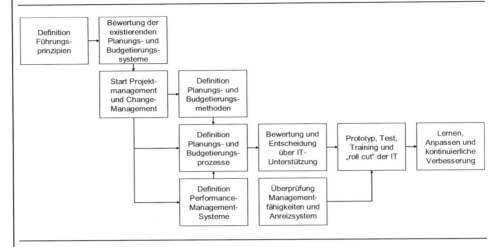

# 5    Beyond Budgeting

## 5.1    Zielsetzung und Beispiele

Im Vergleich zu Beyond Budgeting wirken die in Kapitel 4 beschriebenen Ansätze geradezu kleinteilig. Denn sie scheinen nur kleine, schrittweise Änderungen zu verlangen. Beyond Budgeting will mehr, es will die Art und Weise verändern, wie Unternehmen geführt werden sollen. Daher geht es bei dem Konzept nicht um die Ableitung von Planzahlen oder Ähnliches, es geht nicht um neue Instrumente der Prognose oder der Abstimmung von Budgetgrößen. Es geht um Führungsverhalten als Ganzes. Um die Wahrnehmung von Mitarbeitern, um Ansporn, Höchstleistung und Belohnung.

Ausgangspunkt der Überlegungen sind eine Reihe von Problemen, die mit der Planung und Budgetierung verbunden werden sowie die These, dass Budgetierung zwar für frühere Anforderungen geeignet gewesen wäre, aber es in unseren Zeiten nicht mehr ist. Als Probleme der Budgetierung[13] werden vor allem drei genannt: 1) Sie ist zu mühsam und kostspielig, 2) sie passt nicht mehr zu den Herausforderungen von Unternehmen, 3) sie fördert „Büropolitik" in unverhältnismäßigem Umfang.[192]

Zu 1) Budgetierungsaufwand: Die Klagen über eine zu aufwändige und zeitraubende Planung und Budgetierung sind Legion. Vielfältige Abstimmungen, hoher Detailgrad, lange Planungsprozesse und wenig ersichtlicher Nutzen sprechen zu Ungunsten der operativen Planung. Die in Kapitel 3.3 ausführlich vorgestellten empirischen Ergebnisse bestätigen den Befund – wenn auch nicht die Schlussfolgerung.

Zu 2) Herausforderungen an Unternehmen: Die Budgetierung entstand als Antwort auf die Führungsprobleme immer größer werdender Industrieunternehmen Anfang des 20. Jahrhunderts. Statt die Leistung vieler Einzelpersonen zu messen, was bei wachsender Mitarbeiterzahl sehr schwierig war, begnügte man sich damit, die finanziellen Ziele und Ergebnisse größerer Unternehmenseinheiten zu überwachen. Das Vorgehen hatte zwei Vorteile: Weniger Planungs- und Kontrollaufwand in der Konzernzentrale und mehr Handlungsautonomie für die Geschäftsbereiche.[193] Das funkti-

---

[13]   Bitte beachten Sie, dass in der Beyond-Budgeting-Literatur Budgetierung mit operativer Planung gleichgesetzt wird. Das entspricht dem angloamerikanischen Begriffsverständnis und ist im deutschsprachigen Raum so (noch?) nicht üblich. Dort ist Budgetierung die Vorgabe eines monetären Geldbetrags, meist eines Kostenbudgets, und damit enger gefasst.

oniert nach den Vertretern des Beyond Budgeting heute jedoch nicht mehr, da sich die Bedingungen des Wirtschaftens geändert haben sollen. Die traditionelle Planung und Budgetierung setzt danach eine relativ stabile Unternehmensumwelt voraus, wie sie bis in die 70er und 80er Jahre herrschte. In Zeiten raschen und unvorhersehbaren Wandels, gestiegener Erwartungen der Eigentümer und zunehmender Bedeutung immaterieller Werte könne man mit Führungsmodellen für klassische Industriebetriebe, die durch physische Anlagen und stabile Entwicklung gekennzeichnet seien, nicht mehr arbeiten. Neue Modelle sind daher nach *Jeremy Hope* und *Robin Fraser* gefragt, beide haben das Beyond-Budgeting-Konzept bekannt gemacht und sind heute noch wesentliche Protagonisten der Idee.

Zu 3) Als besonders negativ an der bisherigen Budgetierung und Planung sehen alle Vertreter des Beyond Budgeting die fixen Jahresziele an (Fixed Performance Contracts). Damit ist gemeint, dass zum Beispiel am Ende des Jahres 2007 mit dem Vertriebsleiter ein Ziel (das Budget) fest vereinbart wird und er dann am Ende des Jahres 2008 Rechenschaft ablegen muss über die Zielerreichung. Dass sich in der Zwischenzeit Märkte anders als gedacht entwickelt haben könnten oder angedachte Produkteinführungen verschoben wurden, spielt (angeblich) keine Rolle bei der Beurteilung seiner Leistung. Jede Plan-Ist-Abweichung ist allein vom ihm zu vertreten.[194] Um das fixierte Ziel unbedingt zu erreichen, sei dann den Managern nach Ansicht der Beyond-Budgeting-Vertreter jedes Mittel recht und so entstehe ein negatives Klima, das die Leistungspotenziale des Unternehmens nicht ausschöpfe. Tabelle 5-1 listet typische Verhaltensweisen auf.

Beyond Budgeting ist das neue Führungsmodell zur Lösung der oben genannten Probleme und zur Entfaltung einer wahren Leistungsvervielfachung. Es geht nicht um neue Instrumente – das wird immer wieder betont – ,sondern um eine neue Art der Führung. Wir haben es also nicht mit einem Planungsinstrument zu tun, sondern mit einem Führungskonzept. Beyond Budgeting will vor allem zweierlei: Unternehmen flexibler machen und sie leistungsfähiger/erfolgreicher werden lassen. Um das zu erreichen, sollen Unternehmen weit stärker als bisher Verantwortung an diejenigen geben, die beim Kunden und am Markt tätig sind. Und die Führungsinstrumente sollen mehr als bisher dafür sorgen, dass sich das Unternehmen vor allem an externe Veränderungen rasch anpasst. Mehr Entscheidungsfreiheit und höhere Flexibilität sollen dann auch entsprechend leistungsfähige und talentierte Mitarbeiter anlocken. Alles zusammen soll zu einer deutlichen Leistungssteigerung führen bei gleichzeitig zufriedeneren Mitarbeitern und Kunden.[195] Abbildung 5-1 fasst die Gedankengänge zu Beyond Budgeting zusammen.

**Tabelle 5-1:**     *Negative Verhaltensweisen durch die Budgetierung nach Hope/Fraser[196]*

- Verhandle immer so, dass die Ziele möglichst niedrig und die Bonuszahlungen möglichst hoch sind

- Erreiche immer das Ziel, egal durch welche Maßnahmen

- Gewichte Kundenpflege niemals höher als die Absatzziele

- Teile niemals Wissen oder Ressourcen mit anderen Teams – sie sind der Feind

- Beantrage immer mehr Ressourcen als du brauchst in der Erwartung, dass sie durch Budgetkürzungen ohnehin auf das Notwendigste reduziert werden

- Verbrauche immer das Budget

- Sei bereit, negative Budgetabweichungen immer erklären zu können

- Erstelle niemals genaue Vorhersagen

- Erreiche die Zahlen immer, aber sei nicht besser

- Übernehme niemals Risiken

Dass Beyond Budgeting nicht nur eine Idee ist, sondern Realität werden kann und soll, begründen die Protagonisten mit mehreren Praxisfällen. Letztere dienen zur Illustrierung des Konzepts. Sie und andere Beispielfälle dienten aber auch zur Herleitung der Beyond-Budgeting-Prinzipien.

Am bekanntesten dürfte das Fallbeispiel Svenska Handelsbanken sein. Eine skandinavische Geschäftsbank, die nachweislich seit vielen Jahren sehr erfolgreich ist. Ihr Erfolg wird von *Hope* und *Fraser* der Umsetzung der Beyond-Budgeting-Prinzipien zugeschrieben. Der Verzicht auf eine zentralistische Planung, die Verlagerung der Verantwortung auf die einzelnen Bankfilialen und die Beschränkung auf wenige relative Steuerungskennzahlen werden als die Instrumente angeführt, die zu diesem Erfolg geführt haben sollen. Die Beyond-Budgeting-Prinzipien wurden von dieser Bank sozusagen unbewusst erarbeitet, als Reaktion der Führungskräfte auf eine tiefe Krise des Unternehmens. Die Krise war ihrer Ansicht nach vor allem durch eine bürokratische und zentralistische Steuerung verursacht und so schien es nur folgerichtig, genau das Gegenteil davon zu versuchen.[197]

Andere Unternehmen aus anderen Ländern und Branchen zeigten ähnliche Muster und es entstand durch die Initiative von *Hope* und *Fraser* Ende der 90er Jahre der Beyond Budgeting Roundtable (BBRT), ein Diskussionsforum, in dem Unternehmen, Berater und Wissenschaftler ihre Ideen zu Beyond Budgeting austauschten und gemeinsam daran gingen, die Kernprinzipien herauszuarbeiten, wie sie in den folgenden Kapiteln 5.2 und 5.3 beschrieben sind.

***Abbildung 5-1:***     *Argumentationslinie von Beyond Budgeting nach J. Daum[198]*

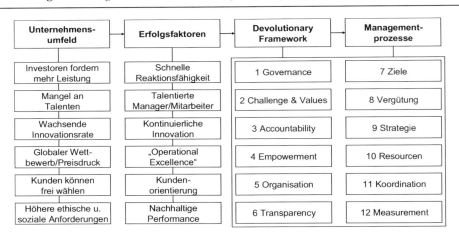

## 5.2     Adaptiver Führungsprozess

Unter adaptiven Managementprozessen verstehen *Hope* und *Fraser* Führungsmethoden, die stärker als bisher Veränderungen berücksichtigen. Es soll kein starres Gerüst mehr geben aus Zielvorgabe und Vergleich des erreichten Zustands mit einem historisch definierten Soll. Letzteres führt nach Ansicht der Autoren zu zwei schwerwiegenden Problemen: So beurteilte Manager werden versuchen, die Zielvorgaben möglichst niedrig zu setzen und es wird an einmal definierten Zielen festgehalten, obwohl sich die Umwelt rasch verändert und es wichtiger wäre, ad hoc zu reagieren. Der Grundgedanke adaptiver Managementprozesse konkretisiert sich in sechs Prinzipien, die Abbildung 5-2 im Überblick zeigt.[199]

**Prinzip 1: Relative Ziele auf der Grundlage externer Vergleichswerte**

Wie oben beschrieben, kann der Vergleich zwischen einem vorab definierten Ziel und dem nachher erreichten Zustand zu einem zu „bescheidenen" Plan führen und der Plan kann in einem dynamischen Umfeld rasch unsinnig werden. Es erscheint nahe liegend, die Managerleistung an die Überschreitung eines im Nachhinein gemessenen Zielwerts zu knüpfen. Dieser Zielwert sollte idealerweise unternehmensextern und nicht durch das Management manipulierbar sein. Da sich das Unternehmen letztlich im Wettbewerb behaupten muss, scheint es am besten, wettbewerbsbezogene Größen heranzuziehen, so beispielsweise die Umsatzentwicklung des eigenen Unternehmens gegenüber den wichtigsten Wettbewerbern. Weiterhin sollte der Zielwert nur hinterher gemessen werden, um unvorhersehbare Schwankungen des Marktes zu berücksichtigen. Unabhängig davon, ob der relevante Markt wächst oder schrumpft, kommt es primär darauf an, besser als die Gesamtmarktentwicklung zu sein. In Kapitel 4.5.4 wurden solche relativen Ziele schon ausführlich vorgestellt, diskutiert und bewertet.

*Abbildung 5-2:*  *Beyond Budgeting – Adaptiver Führungsprozess[200]*

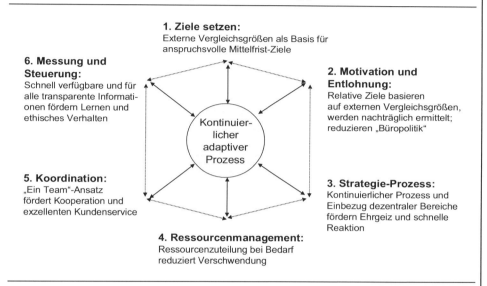

**1. Ziele setzen:**
Externe Vergleichsgrößen als Basis für anspruchsvolle Mittelfrist-Ziele

**6. Messung und Steuerung:**
Schnell verfügbare und für alle transparente Informationen fördern Lernen und ethisches Verhalten

**2. Motivation und Entlohnung:**
Relative Ziele basieren auf externen Vergleichsgrößen, werden nachträglich ermittelt; reduzieren „Büropolitik"

Kontinuierlicher adaptiver Prozess

**5. Koordination:**
„Ein Team"-Ansatz fördert Kooperation und exzellenten Kundenservice

**3. Strategie-Prozess:**
Kontinuierlicher Prozess und Einbezug dezentraler Bereiche fördern Ehrgeiz und schnelle Reaktion

**4. Ressourcenmanagement:**
Ressourcenzuteilung bei Bedarf reduziert Verschwendung

### Prinzip 2: Leistungsbewertung von Teams im Nachhinein

Das zweite Prinzip bezieht sich auf die häufig genannte These, dass Teams eine bessere Leistung erzielen, als einzelne Mitarbeiter für sich es könnten. In Kapitel 4.4.5 wurde dargelegt, dass Teams oder Gruppen nicht grundsätzlich und ohne weiteres zu besseren Entscheidungen gelangen. Sie schaffen das nur, wenn in ihnen eine offene, auch kontroverse Diskussion zugelassen wird und die Gruppenmitglieder den Anreiz haben, ihre abweichenden, aber wertvollen Informationen zu äußern. Das haben sie vor allem dann, wenn ihre Entlohnung von der Gruppenleistung abhängt. Genau das schlägt das Beyond-Budgeting-Konzept vor.[201]

Ohne entsprechende Kontroll- und Sanktionsmechanismen ist in Gruppen damit zu rechnen, dass einzelne Teammitglieder in Versuchung geraten, Trittbrettfahrer zu spielen, sich mehr Anteile am Erfolg zu verschaffen als ihnen zustünde, oder vor der Arbeit zu drücken. *Hope* und *Fraser* setzen auf den Druck der Gruppe, der das verhindern soll. Die einschlägigen Untersuchungen zeigen genauer, dass eine Kooperation und Eindämmung der beschriebenen negativen Verhaltensweisen dann gelingen, wenn Sanktionen für Fehlverhalten glaubwürdig angekündigt und durchgeführt werden. Es reicht nicht, Sanktionen anzudrohen, wenn der Übeltäter dann doch ohne Strafe davonkommt. Und es reicht nicht, nur auf den Gruppendruck zu hoffen.[202] Weiterhin lässt sich leicht sehen, dass ein hoher Leistungsdruck auch zum Mobbing leistungsschwächerer Gruppenmitglieder führen kann, um diese letztlich zum Verlassen der Gruppe zu bewegen.

Eine Leistungsbewertung im Nachhinein bedeutet wie in Prinzip 1 genannt: Die Leistungsmessung erfolgt relativ zu einem vorzugsweise externen Maßstab, wobei die erzielte Leistung erst nach Ablauf einer Periode festgestellt werden kann. Offen ist die Frage, wie der von der Gruppe erzielte Bonus auf die einzelnen Mitglieder aufgeteilt wird. Dazu äußern sich *Hope* und *Fraser* nicht. Am einfachsten wäre es, den Bonus auf alle anteilig nach Köpfen zu verteilen. Will man davon abweichen, weil manche erkennbar oder angeblich mehr geleistet haben, fangen die Streitigkeiten garantiert an. Dann ist der Gruppenbonus nur ein Mäntelchen für eine eigentlich wieder gewollte Individualentlohnung. Dabei kommt der Gruppenerfolg im besten Fall doch erst durch die Zusammenarbeit der Gruppe zustande. Also wieso dann wieder den Anteil der Einzelnen daran unterschiedlich bewerten?

**Prinzip 3: Kontinuierliche Planung**

In vielen Unternehmen werden Pläne einmal im Jahr aufgestellt. In einer hoch dynamischen Welt erscheint der Zeitabstand von einem Jahr zwischen zwei Planungen zu lang. Gemäß Beyond Budgeting sollte rollierend und in kurzen Fristen (monats-, quartalsweise) geplant werden. Diese Planungen sollten durch entsprechende Kontroll- und Hochrechnungen ergänzt werden, so dass ein rollierender Planungs- und Kontrollzyklus entsteht. So könnte die oberste Führungsebene quartalsweise mit der nächsten Führungsebene Fragen zu strategischen und operativen Plänen, Maßnahmen, Hochrechnungen und externen Vergleichswerten diskutieren. Damit sinken die Aufwände für die jährliche Planung, gleichzeitig steigen sie durch den rollierenden Planungs- und Kontrollprozess jedoch wieder an. Insgesamt verschiebt sich der Fokus des Managements von den einmal pro Jahr stattfindenden Budget- und Zielgesprächen zu einer kontinuierlichen Steuerung. Der Mehraufwand der kontinuierlichen Steuerung soll durch eine höhere Produktivität mehr als ausgeglichen werden. Das ist zunächst einmal nur eine Hoffnung, es muss sich in der Praxis zeigen, ob die rollierende Planung nicht doch zu mehr Aufwand führt. Die Gefahr, auch bei kürzeren Zeiträumen sehr detailliert Daten zu planen und zu kontrollieren, ist nicht von der Hand zu weisen. Im Beyond-Budgeting-Konzept soll diese Gefahr verhindert werden, indem das Top-Management erkennt, dass es Delegation und Dezentralisierung wirklich umsetzen und gewähren muss. Damit wären dann auch weniger Kontrollen nötig.

**Prinzip 4: Flexible Ressourcenallokation**

Durch den stärker kurzfristig orientierten Planungs- und Kontrollprozess wird es auch nötig, dass Führungskräfte rasch und flexibel auf Ressourcen zugreifen können – seien es Kapital, Personal, Technologie usw. Manager erhalten damit auch mehr Entscheidungsbefugnisse bei Investitionsprojekten. Benötigt also ein Vertriebs-Team einen Entwicklungsingenieur für ein Kundenprojekt, soll es diesen ad hoc anfordern und bekommen können. Ebenso soll ein Produktionsmanager kurzfristig eine neue Fabrikanlage bauen können dürfen. Das benötigte Kapital fordert er ad hoc bei der Finanzabteilung an.

Dem stehen zwei Schwierigkeiten entgegen:

1) **Ressourcenart und -menge.** Realistischerweise lässt sich keine Ressource in beliebiger Anzahl und kürzester Zeit beschaffen. Benötigen beispielsweise mehrere Manager oder Teams kurz hintereinander beträchtliche Finanzmittel, so könnte das Unternehmen versucht sein, sie sich am Kapitalmarkt durch Ausgabe neuer Aktien zu beschaffen. Eine Kapitalerhöhung ist jedoch nicht mal eben schnell an einem Nachmittag durchgeführt. Sie benötigt Zeit. Die ständige Kontrolle der Liquidität dürfte hier noch wichtiger sein als in Unternehmen ohne Beyond Budgeting. Denn durch die kurzfristigen, Ad-Hoc-Anforderungen von Finanzmitteln, Investitionen etc. können fast unbemerkt Liquiditätsprobleme auftauchen. Ähnliche Schwierigkeiten einer raschen Bereitstellung von Ressourcen gelten für die Anforderung qualifizierten Personals oder die Beschaffung komplexer Bauteile durch Sonderfertigung. Das vierte Prinzip kann sich also nur auf relativ geringe Mengen solcher Ressourcen beziehen, die entweder ausreichend im Unternehmen vorhanden sind oder leicht beschafft werden können.

2) **Verbundeffekte.** Ein Grund für die Existenz von Unternehmen sind unter anderem Verbundeffekte, also das Zusammenwirken mehrerer Teilbereiche, durch die erst eine Leistung erreicht wird, oder die Nutzung einer Ressource durch mehrere Teilbereiche, die dadurch ihre Wirtschaftlichkeit erhöhen. Es lässt sich zeigen, dass Verbundeffekte zu massiven Abstimmungsproblemen führen können, wenn Manager oder Teams dezentral über Ressourcen entscheiden. Insbesondere führen relative Ziele dazu, dass Teams und dezentrale Manager zu ihren Gunsten entscheiden und nicht das Unternehmen als Ganzes im Blick haben.[203]

**Prinzip 5: Koordination über Marktpreise innerhalb des Unternehmens**

In der „traditionellen" Planung und Budgetierung werden Maßnahmen und Entscheidungen über den zentralen Plan aufeinander abgestimmt. Ohne solch einen Zentralplan, den es im Beyond-Budgeting-Konzept ja nicht gibt, sind alle Aktivitäten und Entscheidungen dann abzustimmen, wenn sie auftreten, also fallweise, so wie im Prinzip 4 bereits beschrieben. Die Abstimmung soll über einen marktähnlichen Mechanismus erfolgen und auf Marktpreisen unter Berücksichtigung von Kundenprofitabilitäten und Beziehungen basieren. Voraussetzung dafür ist nach *Hope* und *Fraser* eine offene und vertrauensvolle Kommunikation.

Die Idee, Marktpreise für Leistungen anzusetzen, die im Unternehmen ausgetauscht werden, ist nicht neu. Dahinter steht die Vorstellung, den Leistungsaustausch als Austausch zwischen Anbietern und Nachfragern auf einem Markt anzusehen. In einem vollkommenen Markt wäre der Marktpreis das richtige Signal für die Knappheit der Leistung und würde zu einer Marktklärung führen. Der Rückschluss von einer logischen Idee „vollkommener Markt" auf ein reales Phänomen ist jedoch trügerisch. Vollkommene Märkte existieren nicht in der Wirklichkeit. Reale Märkte weisen positive Transaktionskosten auf und die Unsicherheit ist ein Problem. Das bedeutet, dass die Suche nach Marktpartnern sowie die Anbahnung und der Abschluss von Geschäften nicht kostenlos sind, es fallen Transaktionskosten an. Nicht alle wünschenswerten Informationen lassen sich beschaffen oder sind überhaupt bekannt. Eine Abstimmung über Marktpreise ist damit nie „perfekt" möglich. Es beginnt schon bei der Frage nach der Qualität, Beschreibung und Mengen der auszutauschenden Leistung, geht über die Suche und Auswahl geeigneter vergleichbarer Leistungen, der Entscheidung für einen der möglichen oder messbaren Preise bis hin zu Überlegungen, welche Beschaffungsnebenkosten in den Preisen zu berücksichtigen sind. Erschwerend kommt noch hinzu, dass bei Verbundeffekten und langfristigen Leistungsbeziehungen die Übertragung der Idee eines Marktes mit kurzfristigen Transaktionen nicht angemessen scheint. Es ist daher nicht verwunderlich, dass die Verrechnung des Leistungsaustauschs überwiegend kostenorientiert erfolgt.[204]

**Prinzip 6: Transparente Informationen für alle Mitarbeiter**

Ein Kernelement des neuen Managementmodells ist Information. Es sollte nur eine Wahrheit existieren, die in einem einzigen und allen zugänglichen Informationssystem vorgehalten wird. Folgende Informationen sollten darin vorkommen: Schlüsselindikatoren (Key Performance Indicators), Istdaten und Hochrechnungen. Daneben soll es die rollierende Planung unterstützen. Bereits aus der Diskussion um Balanced Scorecard bekannt und hier wieder aufgegriffen ist die Forderung, neben finanziellen Kennzahlen auch nicht-finanzielle Größen als Frühindikatoren einzusetzen.

Eine einheitliche und für alle Mitarbeiter sichtbare Informationsbasis erfordert eine EDV-Anwendung mit entsprechenden einheitlichen Informationen und Informationsstrukturen. Es dürfte keine leichte Arbeit sein, die vielfältigen Wünsche und komplexen Strukturen abzubilden und auf dem neuesten Stand zu halten. Der Intention des Beyond-Budgeting-Konzepts nach müssten sowohl die dezentralen Teams und Manager als auch die zentrale Führung ihre Informationswünsche einbringen können und abgebildet sehen. Aus Angst, etwas Wichtiges zu übersehen, kann es schnell dazu kommen, sehr viele Daten zu integrieren, was wiederum deren Auswertung und Nutzung erschwert. Neben der Frage, welche Informationen abzubilden sind, müssen weitere Fragen geklärt werden: Gibt es widersprüchliche Daten? Wie können die Widersprüche aufgelöst werden? Woher kommen die einzelnen Daten? Wie sollen sie aufbereitet werden?

Die geringere Fremdkontrolle beziehungsweise höhere Selbstkontrolle kann zumindest am Anfang eigenmächtiges und schädliches Verhalten Einzelner erleichtern. Eine Selbstkontrolle ist auch nicht davor gefeit, „betriebsblind" zu sein und unzulässig optimistisch die eigenen Erfolge darzustellen. Dem soll durch die extern orientierten relativen Ziele entgegengearbeitet werden.

**Was folgt aus dem adaptiven Führungsprozess?**

Nach Ansicht von *Hope* und *Fraser* wirken sich diese Änderungen in den Managementprozessen auch auf das Verhalten der Beschäftigten aus. Anstatt um knappe Finanzmittel zu konkurrieren, belohnt das Managementsystem ihrer Ansicht nach die gemeinsame Anstrengung zur Erfüllung von Kundenwünschen und zum Überholen der Konkurrenz.[205]

# 5.3 Prinzipien der Unternehmenssteuerung

Die zweite Gruppe der Ideen des Beyond-Budgeting-Konzepts umfasst die radikale Delegation und Dezentralisierung. Verantwortung und Kompetenzen sollen möglichst weitgehend delegiert werden, und zwar an diejenigen Mitarbeiter, die für diese Aufgabe das meiste Wissen und den besten Zugang zu Märkten etc. haben. Die bisherige Debatte über „Empowerment" und Ähnliches halten *Hope* und *Fraser* für reine „Rhetorik". Wirkliche Verantwortungsübertragung finde kaum statt.[206]

**Prinzip 1: Klares Regelwerk zur Überwachung und Kontrolle**

Anstatt durch detaillierte Pläne und Budgets zu führen, sollen Führungskräfte ihren Mitarbeitern klare Prinzipien und Grenzen benennen, an die sich selbige halten sollen. Gemeinsame Ziele und Werte sollen im Vordergrund stehen. Entscheidungen sollten begrenzt werden durch Angaben zum strategischen Fokus des Unternehmens, zu akzeptablen Verhaltensweisen und Ähnlichem. Zunächst ist den Mitarbeitern Vertrauen entgegenzubringen. Werden sie diesem Vertrauen nicht gerecht und erbringen sie nicht die erwartete Leistung, müssen sie das Unternehmen verlassen.[207] Interessanterweise betonen die Musterfälle des Beyond Budgeting nach *Hope* und *Fraser* nicht die Gewinnerzielung als oberste Maxime, sondern den Dienst an der Gesellschaft.

Um den Mitarbeitern den Umgang mit der größeren Freiheit und Verantwortung nahe zu bringen, sollen die Führungskräfte als Mentoren wirken, also auch wenn sie versucht sind, nicht eingreifen, sondern nur beraten und helfen. Das dürfte wohl in der Praxis eine der schwierigsten Anforderungen sein.

Eine weitere, ganz praktische Schwierigkeit ist die Wahl der geeigneten Werte und Prinzipien als Grenzen und Orientierung für die Mitarbeiter. Dafür dürfte es keine allgemeine Lösung geben, über Plattitüden und letztlich triviale Aussagen kommen viele Autoren kaum hinaus. Die Lösung muss stattdessen in jedem einzelnen Fall konkret ausprobiert und gefunden werden.

Auch zu bedenken ist: Werte und Prinzipien sind ihrer Natur nach allgemeine Aussagen. Sie können sich kaum auf konkrete Fälle beziehen, dann wären es detaillierte Regeln. Allgemeine Aussagen müssen wie unbestimmte Rechtsbegriffe im Recht interpretiert, gedeutet, konkretisiert werden. Was gehört noch zu einem bestimmten Wert oder Prinzip, was nicht? Ohne genaue Grenzen ist eine Kontrolle der Einhaltung sehr schwierig und löst unerfreuliche Diskussionen und Haarspaltereien aus.

---

**Abbildung 5-3:** *Beyond Budgeting – Radikale Dezentralisierung[208]*

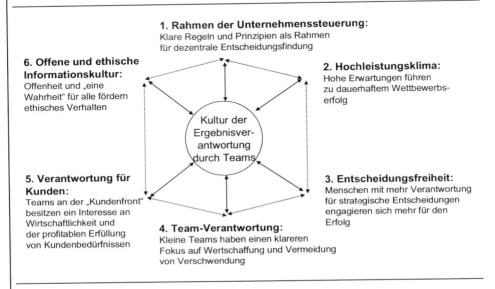

**1. Rahmen der Unternehmenssteuerung:**
Klare Regeln und Prinzipien als Rahmen für dezentrale Entscheidungsfindung

**6. Offene und ethische Informationskultur:**
Offenheit und „eine Wahrheit" für alle fördern ethisches Verhalten

**2. Hochleistungsklima:**
Hohe Erwartungen führen zu dauerhaftem Wettbewerbserfolg

Kultur der Ergebnisverantwortung durch Teams

**5. Verantwortung für Kunden:**
Teams an der „Kundenfront" besitzen ein Interesse an Wirtschaftlichkeit und der profitablen Erfüllung von Kundenbedürfnissen

**3. Entscheidungsfreiheit:**
Menschen mit mehr Verantwortung für strategische Entscheidungen engagieren sich mehr für den Erfolg

**4. Team-Verantwortung:**
Kleine Teams haben einen klareren Fokus auf Wertschaffung und Vermeidung von Verschwendung

---

**Prinzip 2: Hochleistungskultur**

Um die Leistung der Mitarbeiter zu steigern, ist der erste Schritt die Einführung relativer Ziele auf externer Basis, wie weiter oben beschrieben. Dieser sollte einhergehen mit dem Ansporn des Managements an die Mitarbeiter, Prozesse und Maßnahmen permanent zu hinterfragen, um besser zu werden. Hilfreich sind dazu beispielsweise Ranglisten, Leistungsvergleiche und Derartiges. Sie stellen permanent die Leistung der einzelnen Teams und Unternehmensbereiche in eine Rangfolge, um den Ehrgeiz anzustacheln. Andererseits sollte die Konkurrenz innerhalb der Organisation nicht zu weit getrieben werden, um nicht schädliche Nebeneffekte zu erzeugen. So wird in einzelnen Beispielunternehmen eine variable Vergütung auch nach dem Unternehmensergebnis berechnet, um ein Interesse am Wohlergehen des Gesamtunternehmens zu forcieren.

An diesem Prinzip wird sehr deutlich, dass Beyond Budgeting darauf zielt, den Mitarbeitern mehr Leistung abzuverlangen. Die Mitarbeiter werden dabei weniger durch direkte Vorgaben des Managements unter Druck gesetzt. Vielmehr soll über den Umweg der relativen Ziele im Vergleich zum Wettbewerb ein Leistungsdruck aufgebaut werden. Am Ergebnis ändert das jedoch nichts. Implizit wird angenommen, dass Mitarbeiter, die hier nicht mithalten wollen oder können, das Unternehmen zu verlassen haben.

Hinter dem Prinzip der Hochleistungskultur steht m. E. auch die Idee, dass ein Unternehmen (nur) die besten Mitarbeiter benötige, um Bestleistung zu erwirtschaften. Das ist im Prinzip richtig, aber nur die halbe Wahrheit. [209] Natürlich machen exzellente Mitarbeiter einen Unterschied in der erbrachten Leistung eines Teams und eines Unternehmens. Und die Leistungsunterschiede zwischen exzellenten und durchschnittlichen Mitarbeitern sind teils erheblich. Die andere Hälfte der Wahrheit, um im Bild zu bleiben, ist aber Folgendes:

- Leistung und Talent sind oft nur schwer erkennbar

  Während bei der Montage von Kühlschränken Gut- und Schlechtleistung noch recht leicht messbar sind, wird es bei vielen Tätigkeiten außerhalb manueller Arbeit sehr viel schwieriger. Nicht nur ist die Leistung oft schwer messbar, auch der Zusammenhang zwischen Einsatz der Person und Leistung ist nicht ganz klar. Weist ein Unternehmen steigende Gewinne auf, so muss das nicht am Geschäftsführer liegen, es kann auch einfach ohne sein Zutun aufwärts gehen. So legten Umsätze und Gewinne bei vielen deutschen Unternehmen seit 2006 zu. Der Hauptgrund dürfte wohl in der gestiegenen Nachfrage liegen, weniger in der besseren Verkaufsleistung der Vorstände.[210] Neben dem Problem, Leistung zu erkennen, ist auch zu bedenken, dass Leistung nicht konstant ist. Mitarbeiter haben bessere und schlechtere Tage. Je nachdem wann Sie die Leistung messen, schätzen Sie Mitarbeiter zu gut oder zu schlecht ein. Das Urteil über die Leistung eines anderen ist stark von Verzerrungen geprägt. Erzählt man einem Lehrer, dass einer seiner zufällig (!) ausgewählten Schüler besonders intelligent sei, so wird dieser Schüler am Jahresende bessere Noten haben.[211] Also prägt die Erwartung an eine Person auch die spätere Wahrnehmung und Leistung der Person. Weiterhin schließen Menschen unbewusst und sozusagen automatisch vom Erfolg eines Unternehmens darauf, dass es auch sehr gute Mitarbeiter haben müsse.[212]

- Begabungen und Talente sind nicht konstant

  Begabungen und Talente sind keine objektiven Größen. Sie sind stark kulturell gefärbt. Ihr Auftreten oder ihre Wahrnehmung hängen auch davon ab, ob und wie eine Person motiviert ist, wie sie geführt wird und in welcher Umgebung sie arbeiten kann. Man kann also Menschen nicht einfach einteilen nach mehr oder weniger Begabten. Entscheidender als natürliche Begabungen scheinen in vielen Feldern hohe, konstante Anstrengungen und praktische Erfahrungen zu sein.[213]

- Der Kontext ist meist wichtiger als das individuelle Leistungsvermögen

  Ob eine Person Leistung im Unternehmen erbringen kann, hängt wesentlich davon ab, auf welche Ressourcen sie zugreifen kann und ob Abläufe, Strukturen sowie Kommunikationswege die Leistung fördern oder nicht. Insbesondere der Gedankenaustausch mit anderen, die leichte oder erschwerte Möglichkeit, Erfahrungen zu diskutieren oder gemeinsam an einer Problemlösung zu arbeiten, beeinflussen die Leistung. Insoweit ist der Schluss zulässig, dass die Organisation die Leistung der Mitarbeiter fördern, aber auch behindern kann. Und dieser Effekt scheint sogar höher zu sein als der Einfluss der individuellen Mehr- oder Minderbegabung.

In den Prinzipien des Beyond Budgeting steckt also mindestens eine halbe Wahrheit: Organisation und Führung können die Leistung der Mitarbeiter und des Unternehmens insgesamt deutlich steigern oder ihr schaden. Eine halbe Wahrheit ist dies, da es weit weniger auf die Auswahl von „High Potentials" ankommt, als man beim Studium des Beyond Budgeting meinen könnte.

**Prinzip 3: Entscheidungsfreiheit**

Manager und Teams auf allen Ebenen benötigen nach *Hope* und *Fraser* strategische Ziele und nicht detaillierte Planvorgaben, außer jenen, die sie selber aufstellen. Das übergeordnete Management sollte diese Pläne mit den Mitarbeitern diskutieren und Annahmen, verborgene Risiken und Szenarien ansprechen. Im Ergebnis soll ein Klima herrschen, in dem Verantwortungs- und Risikoübernahme belohnt wird. Mitarbeiter sollen ermutigt werden, zu entscheiden und zu handeln, wie auch immer sie es für richtig halten und nicht wie es im Plan steht.

Angesichts des oben beschriebenen Leistungsdrucks wird aus dieser Entscheidungsfreiheit eine Entscheidungsverantwortung, eine Verantwortung, Erfolge zu erbringen und das dauerhaft.[214] Ihre Grenzen findet die neue Freiheit darüber hinaus in den aus Prinzip 1 bekannten Regeln und Leitlinien und natürlich dort, wo mehrere Manager oder Teams Entscheidungen zum selben Sachverhalt treffen wollen. Das gilt bei Verbundeffekten als auch bei knappen Ressourcen. So können beispielsweise FuE-Mitarbeiter nicht an mehreren Projekten gleichzeitig arbeiten. Welcher Manager oder welches Team hat dann den Vorzug, wenn mehrere die FuE-Kapazität für ein Projekt benötigen? Müsste dann gemäß Prinzip 5 (Koordination über Marktpreise) die gestiegene Nachfrage zu steigenden Verrechnungspreisen führen, bis nur noch ein Manager übrig bleibt, dessen Projekt sich auch mit teureren FuE-Mitarbeitern rechnet? Oder sollen dann externe FuE-Dienstleistungen beauftragt werden?

Problematischer wird auch die Führung des Gesamtunternehmens, da fast alles relevante Wissen in den dezentralen Bereichen angesiedelt ist. Verbundeffekte oder Koordinationsbedarfe lassen sich so zentral nur schwer erkennen. Ob die dezentralen Bereiche selbst dazu in der Lage sind, solche Fragen zu lösen, bleibt offen.

Und schließlich: Nicht jeder Mitarbeiter wird mehr Entscheidungsfreiheit (und Verantwortung) zu schätzen wissen, sei es weil er damit nicht umgehen kann oder diese Verantwortung persönlich nicht tragen will. Unter Umständen benötigt man anders qualifizierte Mitarbeiter für die Führung der dezentralen Bereiche.

**Prinzip 4: Teamverantwortung und Teamorganisation**

Ähnlich wie im Bild des vollkommenen Wettbewerbs mit seinen zahlreichen kleinen Wettbewerbern soll auch die Hochleistungsorganisation aus lauter kleinen, kundenorientierten Teams bestehen. Selbige können schneller reagieren und entscheiden, als eine große Unternehmenseinheit das könnte. Und schließlich funktioniert in kleinen Teams der Gruppendruck zur Kontrolle des Verhaltens der Teammitglieder besser. Mit diesem Vorschlag soll auch die Tendenz zu immer größeren Unternehmenseinheiten umgekehrt werden. Die Tendenz zur Größe speist sich nach *Hope* und *Fraser* aus dem Wunsch, durch Skaleneffekte Kostenvorteile zu erlangen. Im Beyond-Budgeting-Modell stehen ihrer Ansicht nach dagegen Wertschaffung und Kundenzufriedenheit im Fokus. Und diese könnten durch kleine Geschäfteinheiten und insbesondere Teams besser erreicht werden. Die Teams und Geschäftseinheiten sollen in Form eines Netzwerks organisiert sein und alle sollen auf bestimmte Kunden und Kundensegmente ausgerichtet sein. Von einer funktionalen Aufbauorganisation sollte man daher Abschied nehmen.

Eine stark an Kunden ausgerichtete Organisation mit zahlreichen kleinen Teams scheint eher für Dienstleistungsbranchen geeignet denn für Industrieunternehmen. Dienstleistungen unterscheiden sich vielfältig von der Industriegüterproduktion. Erstere entstehen oft erst im Kundenkontakt beziehungsweise benötigen den Kunden zur Erstellung, so bei einem Friseurbesuch genauso wie bei einem Beratungsprojekt. Die einzelnen Dienstleistungen sind sehr häufig stark kundenspezifisch und von eher kurzer Dauer. Dann ist es sicher angemessen, mit kleinen Teams zu arbeiten. Sie können rasch handeln, kurzfristig benötigte Ressourcen abrufen und das Projekt in Eigenverantwortung so steuern, dass es (hoffentlich) zum Erfolg wird.

Industrielle Fertigung ist dagegen auf große Stückzahlen und hohe Standardisierung ausgerichtet oder wie im Anlagenbau auf lange Produktionszyklen mit hoher Fertigungstiefe beziehungsweise zahlreichen Subunternehmern. Es dominieren hohe Investitionen, die sich erst auf lange Sicht auszahlen. Hier erscheint die Idee der kundenorientierten Teamorganisation weniger passend.

Für technologieorientierte Branchen wie Hard- und Softwareanbieter kann eine starke kundenorientierte Organisation sogar zu einem ernsten Problem werden: Die Ausrichtung auf die Wünsche vorhandener Kunden lässt Unternehmen oft auf aktuelle Technologien setzen, die ihre derzeitigen Kunden benötigen. Dass daneben neue Technologien entstehen für Abnehmer, die in Kürze die Marktnachfrage dominieren werden, entgeht ihnen damit. Zumindest gilt das für wirklich neue, „disruptive" Technologien[215], so geschehen beim Aufkommen der Digitalfotografie. Die immer stärkere Fokussierung von Fotolabors auf ihre Kunden hat dann keinen Nutzen mehr, wenn das Geschäftsmodell der Fotolabors ins Wanken gerät. Kundenorientierung ist wichtig, aber nicht alles.

**Prinzip 5: Verantwortung für Kunden**

Eine hohe Kundenzufriedenheit ist nach *Hope* und *Fraser* das Mittel der Wahl zur Erlangung von Wettbewerbsvorteilen. Um Kunden bestmöglich zufriedenzustellen, ist es nach Beyond Budgeting nötig, alle nötigen Kompetenzen dafür an entsprechende Manager und Teams an der „Kundenfront" zu geben. Erfolgreiche Teams sollten weiterhin ihr Wissen und ihre Erfahrung an andere Teams weitergeben, damit diese davon lernen und besser werden können.

Hier wird ein eklatanter Widerspruch im Konzept deutlich: Teams sollen untereinander zusammenarbeiten, ihre Ideen und Erfahrungen austauschen. Sie werden aber gleichzeitig zum einen durch relative Ziele unter starken Leistungsdruck gesetzt. Und ihre Erfolge und Misserfolge werden zum Zweiten durch Ranglisten und „Bundesliga-tabellen" für jedermann im Unternehmen sichtbar. Warum sollte ein Team auf die Idee kommen, sein „Erfolgsgeheimnis" anderen Teams zu erzählen, damit diese es überholen können? Gehen wir vom empirisch bestätigten Verhalten aus, so ist ein gewisser Prozentsatz der Menschen – etwa 20 bis 30 % – reine Egoisten, die diese Frage ganz klar mit „Nein" beantworten werden. Etwas weniger Personen zählen zu den vorbehaltlos Kooperierenden, die ohne zu zögern anderen Teams helfen würden. Die verbleibende Mehrheit verhält sich bedingt kooperativ. Sie werden dann anderen Teams helfen, wenn sie selbst diese Hilfe früher oder später erfahren.[216] Diese Prozentzahlen und auch das jeweilige Verhalten sind nicht fix, und es wäre eine interessante Frage herauszufinden, welcher Verhaltenstyp letztlich in Unternehmen überwiegt, die Beyond Budgeting anwenden. Und insbesondere dürfte es zu Veränderungen in den Verhaltensmustern kommen: Verdrängen die Egoisten die Altruisten oder gewinnen Letztere die Oberhand? Welchen Einfluss besitzen die verschiedenen Beyond-Budgeting-Prinzipien auf diese Dynamik? Fragen, die bisher nicht geklärt sind.

**Prinzip 6: Offene und „ethische" Informationskultur**

Wie bereits dargelegt, ist eine rasche und offene Informationsversorgung wesentlich für den Erfolg des Beyond-Budgeting-Konzepts. Damit auch wirklich offen kommuniziert und informiert wird, sind hohe ethische Standards einzuführen. So muss Vertrauen vorhanden sein, auch schlechte Nachrichten berichten zu dürfen. Solche schlechten Nachrichten sollten dann durch Teams analysiert werden. Vorschläge sind zu erarbeiten, wie damit umgegangen werden könnte.[217]

Damit derartige Standards nicht nur auf dem (geduldigen) Papier stehen, dürfte es entscheidend sein, dass sie von den Führungskräften vorgelebt werden. Sonst erleiden sie das Schicksal vieler Führungsgrundsätze, Leitlinien und Visionen: Sie kosten Geld, sind aber bedeutungslos.

# 5.4 Umsetzung

Immer wieder betonen die Vertreter des Beyond Budgeting, dass es wenig bringt, sich einzelne Prinzipien herauszusuchen und diese umzusetzen. Die Wirkung entfalte sich nur durch die Umsetzung aller Prinzipien. Nur dann wirkten die einzelnen Prinzipien sinnvoll zusammen. Beyond Budgeting sei ein geschlossenes und unteilbares Konzept.[218] Eine radikale Änderung großer Organisationen von einem Tag zum anderen scheint jedoch selbst den optimistischsten Beyond-Budgeting-Protagonisten unrealistisch. Deshalb soll die Umsetzung zwei Schritte umfassen: Sie beginnt mit einem radikal neuen Denken über Führung gemäß den Beyond-Budgeting-Prinzipien. Die anschließende Umsetzung darf dann aber schrittweise erfolgen. Wobei Letztere nicht unbedingt als Projektplan mit Meilensteinen zu verstehen ist. Der Wandel soll erfolgen „per Kontamination, per Infektion, die schleichende, tröpfelnde und organische Veränderung von unten nach oben, von innen nach außen". Also keine zentrale Vorgabe detaillierter Schritte, sondern mehr Anstöße, Versuche, Ideen, die in der Organisation viele Veränderungen, viele Blüten treiben sollen, die aber auch zusammenpassen müssen. Das heißt: „Die Anwendung des Beyond-Budgeting-Ansatzes muss Inkohärenz zwischen den Modellen [also dem früheren und neuen Steuerungsansatz, Anm. d. Autors] vermeiden, schnell die Kohärenz des neuen Modells herstellen und auf diesem Entwicklungsweg organisationale Schizophrenie verhindern."[219] Einen einheitlichen Vorgehensplan zur Umsetzung gibt es daher nicht, nur wesentliche Merkmale und Prinzipien.

Beyond Budgeting soll aber auch nicht als starres System verstanden werden. Es soll sich an die jeweilige Situation anpassen. Somit kann es auch kein wirklich einheitliches Beyond-Budgeting-System geben.[220] Jedes Unternehmen muss seinen eigenen Weg der Umsetzung finden. Und so wundert es nicht, dass die von den Beyond-Budgeting-Vertretern präsentierten Fallbeispiele im Detail doch recht unterschiedliche Vorgehensweisenaufweisen.

Immerhin erwähnen *Hope* und *Fraser* doch zwei Stadien, die ein Unternehmen auf dem Weg zu Beyond Budgeting durchlaufen soll:[221]

1. Zunächst soll eine „adaptive" Steuerung eingerichtet werden, also eine, die auf den ersten sechs Prinzipien der adaptiven Führung basiert (Kapitel 5.2). Bei den untersuchten Fallstudien kam es dadurch nach Aussage von *Hope* und *Fraser* zu Kosteneinsparungen, weniger „Büropolitik", schnellerer Reaktion und besserer strategischer Ausrichtung.

2. Im zweiten Schritt ist eine neue, dezentralisierte Führungsorganisation aufzubauen, gemäß den weiteren sechs Prinzipien der Unternehmenssteuerung (Kapitel 5.3). Hier spielt die oberste Führungsebene eine entscheidende Rolle. Sie muss Verantwortung abgeben, weniger im Detail kontrollieren und mehr Vertrauen in die Mitarbeiter zeigen. Genauso müssen Eigentümer das Konzept mittragen, da sie relative Ergebnisse erhalten und nicht mehr nur absolute. [222]

## 5.5 Kritische Bewertung

### 5.5.1 Empirie als Lackmus-Test jedes Konzepts

Über jedes der einzelnen Prinzipien von Beyond Budgeting kann man kontrovers diskutieren, ebenso wie über die Herleitung der Ideen oder die prognostizierten Wirkungen auf die Leistung eines Unternehmens. Das ist alles wichtig und richtig und es wird weiter unten darauf eingegangen. Zunächst ist jedoch die Frage zu klären, ob das Konzept in Unternehmen erfolgreich ist. Denn der Test in der Praxis, die empirische Bestätigung oder Widerlegung, ist das kräftigste Argument für und wider Beyond Budgeting und so steht die Empirie am Beginn der Bewertung.

Beyond Budgeting ist ein Konzept der Praxis, darauf sind die Vertreter von Beyond Budgeting durchaus stolz, sie verweisen auf ihre Praxisbeispiele und Praxiserfahrungen, teils wohl um den angeblichen Gegensatz zu akademischen „Spitzfindigkeiten" zu betonen. Ihrer Meinung nach ist die Konsequenz von Beyond Budgeting: „significant and *sustainable* success."[223] Noch pointierter stellt *Pfläging* fest: „Beyond Budgeting ist wahr. Und es funktioniert."[224]

Wenn es denn so hervorragend funktioniert und dauerhaften Erfolg sichert, so sollte es immerhin zehn Jahre nach seiner erstmaligen Publikation[225] heute schon fast zum Standard der Unternehmensführung gehören. Warum sollten Unternehmen etwas unterlassen, das mehr Gewinn bei weniger Kosten verspricht?

In allen bekannten Studien über die Verbreitung von Beyond Budgeting sind die Ergebnisse ähnlich und ähnlich ernüchternd: Nur sehr wenige Unternehmen haben sich offenbar auf diesen Weg eingelassen, die Prozentanteile der Beyond-Budgeting-Anwender bewegen sich bei Befragungen meist im niedrigen einstelligen Prozentbereich:

- In den Untersuchungen der *Hackett Group* möchten die meisten Unternehmen ihre Planungsprozesse verkürzen, rollierende Hochrechnungen einführen oder mit Benchmarks ergänzen. Beyond Budgeting verwenden jedoch nur sehr wenige.[226]

- In eine ähnliche Richtung tendieren die Befragten einer Untersuchung von *Suhr* und *Ewert*. Auch hier ist eine Tendenz zum „Better Budgeting" erkennbar.[227]

- Und schließlich zeigt auch die Untersuchung von *PriceWaterhouseCoopers* dieselben Ergebnisse. Nur 5 % der Befragten wenden Beyond Budgeting an.[228]

Zwischenfazit: Eine breite Verwendung von Beyond Budgeting in der deutschsprachigen und europäischen Praxis kann man aus diesen Erhebungen nicht ablesen.

Ein interessantes Ergebnis zeigt sich im Vergleich der Untersuchungen der *Hackett Group* von 2003 und 2005. Im Jahr 2003 hatten etwa 12 % der Befragten beabsichtigt, Beyond Budgeting einzuführen beziehungsweise die Budgetierung klassischer Prägung abzuschaffen. Zwei Jahre später haben das nur vier Prozent erreicht. Auch die angestrebten Verbesserungen fielen weit weniger deutlich aus als beabsichtigt. Abbildung 5-4 zeigt die relevanten Befragungsergebnisse im Vergleich. Die Gründe dürften vielfältig sein. Plausibel scheint es aber anzunehmen, dass eine so radikale Veränderung, wie sie Beyond Budgeting verlangt, nicht von der Mehrheit der Unternehmen angestrebt und wenn, auch nur selten erreicht wurde.

Wie bei der Diskussion der Umsetzung in Kapitel 5.4 betont, gibt es nicht eine ideale Beyond-Budgeting-Realisierung, sondern viele denkbare. So könnte man angesichts der empirischen Zahlen argumentieren, dass manche Unternehmen, die ihre Planung und Budgetierung verbessert haben, wissentlich oder unwissentlich Beyond Budgeting eingeführt haben. Die Zahl der Anwender könnte also höher sein als oben erwähnt. Ebenso wissen wir nicht, welche Verbreitung Beyond Budgeting in der Gesamtheit aller Unternehmen aufweist, da nur kleine Stichproben erhoben wurden und statistische Verzerrungen auftreten können.[229] Auch könnte es sein, dass manche Befragten vor dem Begriff zurückschrecken oder fälschlicherweise eine Beyond-Budgeting-Realisierung annehmen.

Trotz aller methodischen Zweifel an den obigen empirischen Ergebnissen halte ich es für gerechtfertigt, zu folgendem Schluss zu kommen: Beyond Budgeting müsste angesichts der behaupteten großen Vorteile deutlich stärker verbreitet sein, als es sich bisher in allen verfügbaren Studien zeigt.[230] Eine Bewegung hin zu Beyond Budgeting lässt sich nicht erkennen.

Natürlich, werden Beyond-Budgeting-Vertreter vermutlich sagen, es sei eben ein herausforderndes Konzept. Nicht jeder sei dafür bereit. Aber es gäbe doch Erfolgsbeispiele. Doch was zählen wenige Beispiele angesichts abertausender Unternehmen? Und wissen wir, ob der Erfolg dieser Beispielunternehmen durch oder trotz Beyond Budgeting entstand oder ob er mit Beyond Budgeting überhaupt etwas zu tun hatte? Und welche Erkenntnis hat man gewonnen, wenn man nur nach Bestätigungen sucht und nicht nach einer möglichen Widerlegung der eigenen Hypothesen?

*Abbildung 5-4:*    *Beabsichtigte und erreichte Planungsverbesserungen[231]*

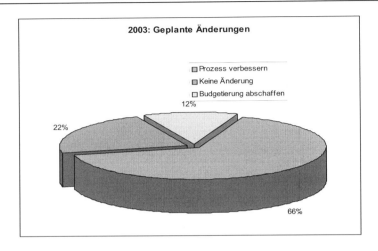

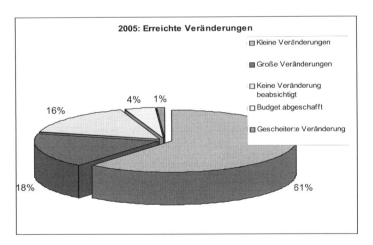

## 5.5.2    Beyond Budgeting – Bewertung im Einzelnen

**Begründung und Ableitung der Prinzipien**

Der Wandel der Unternehmensumwelt, die geänderten Wertvorstellungen der Menschen und eine zunehmende Vielfalt und Undurchdringlichkeit wirtschaftlicher Situationen werden als Begründung für zahlreiche Konzepte herangezogen, so auch für

Beyond Budgeting. Nur ist es eben nicht zwingend und kausal ableitbar, dass eine komplexere Welt andere Führungsinstrumente bräuchte. Solch eine Behauptung kann man nur schwer beweisen oder widerlegen.

Die Prinzipien des Beyond-Budgeting-Konzepts wurden nach Aussage von *Hope* und *Fraser* aus mehr als 20 Fallstudien destilliert.[232] Sie diskutierten ihre Erkenntnisse mit Mitgliedern des BBRT (Beyond Budgeting Roundtable), einer Vereinigung, die sich genau mit diesen Ideen beschäftigt. Es dürfte nicht verwundern, wenn an diesem BBRT primär solche Personen teilnehmen, die die Ideen auch unterstützen. Davon abgesehen, handeln sich die Autoren mit dieser Vorgehensweise mehrere, schwerwiegende methodische Probleme ein:[233]

- Das Problem der Induktion: Aus 20 Fallstudien kann man sicher Einblicke gewinnen, nur kann man daraus nicht ableiten, dass die Einblicke für alle anderen Unternehmen gelten müssten. Eine Verallgemeinerung, ein Rückschluss von 20 Unternehmen auf alle Unternehmen der Welt, ist schlicht fragwürdig.

- Die Suche nach Bestätigung: Selbstverständlich lassen sich auch aus nur zwei Fallstudien und erst recht aus 20 Erkenntnisse gewinnen. Nur darf man dann nicht nach weiteren Fällen suchen, die sie bestätigen. Man muss versuchen, sie zu widerlegen. Erst wenn das nicht gelingt, kann man vorläufig von einem Erkenntnisgewinn sprechen. Verdeutlichen wir uns das am bekannten Schwarzer-Schwan-Beispiel: Auch durch noch so zahlreiche Beobachtung weißer Schwäne kann man nicht darauf schließen, dass es keine schwarzen gäbe (sie gibt es tatsächlich). Erst die Entdeckung eines schwarzen Schwans kann die Hypothese widerlegen, dass es nur weiße Schwäne gebe. [234] Die Nichtexistenz von Beweisen ist kein Beweis der Nichtexistenz. Bezogen auf Beyond Budgeting könnte man so zum Beispiel die These aufstellen, dass Beyond Budgeting zu überdurchschnittlicher Rendite führen würde. Findet man nun häufig Unternehmen, die hohe Renditen aufweisen und nicht Beyond Budgeting implementiert haben, oder solche, die Beyond Budgeting implementiert haben und mäßige Renditen zeigen, so darf man an der Gültigkeit der Hypothese zweifeln.

- Man findet nur „Überlebende" im Nachhinein: Alle Fallstudien sind Unternehmen, die noch existieren und die nachträglich analysiert werden. Das verzerrt die Auswahl und die Aussage deutlich: Denn man hätte in der Vergangenheit zum Beispiel 100 Unternehmen an den Start gehen lassen sollen, manche mit und manche ohne Beyond Budgeting. Nach mehreren Jahren wären einige davon aus den verschiedensten Gründen nicht mehr aktiv. Eine spätere Analyse könnte zeigen, welchen Effekt Beyond Budgeting wirklich besäße. Natürlich ist solch ein „Versuchsaufbau" in den Sozialwissenschaften schwierig, er wäre jedoch lohnend.

- Korrelation, Ursache-Wirkung und Effektstärke: *Hope* und *Fraser* erwähnen, dass sie eine statistische Analyse durchgeführt haben, in der die Beziehung zwischen „progress toward the beyond budgeting model" und „improved competitive performance" als statistisch signifikant ermittelt wurde.[235] Leider werden Methodik,

Durchführung und Resultate nicht weiter beschrieben. Die Schlussfolgerung allein ist aber keineswegs so offenkundig: Selbst wenn die beiden Größen eine statistisch signifikante Korrelation aufweisen, wissen wir a) nicht, welches Ursache und welches Wirkung ist. So könnte eine gute Performance dazu führen, den Mitarbeitern mehr Freiräume zu geben oder eine Ad-hoc-Anforderung für Ressourcen einzuführen, da man aufgrund des Erfolgs genügend Ressourcen hat, b) Das Ergebnis kann statistisch signifikant sein, der Effekt jedoch so gering, dass er praktisch kaum eine Bedeutung hat. Führt Beyond Budgeting zu einer statistisch signifikanten aber in der Wirkung nur geringen Erhöhung der Performance um 0,2 %, würden die meisten wohl darauf verzichten, es einzuführen.[236]

**Vergleich zur herkömmlichen Planung und Budgetierung**

Als Kontrast zu Beyond Budgeting verweisen viele seiner Protagonisten auf ein sehr negativ dargestelltes Führungsmodell: Jährlich festgelegte Ziele, die nicht angepasst werden dürfen. Mitarbeiter, die versuchen, über politischen Einfluss auf das Top-Management, möglichst leicht zu erreichende Ziele zu bekommen. Ein Top-Management, das Mitarbeitern nur wenig Entscheidungsspielraum einräumt, da es ihnen nur wenig Eigenverantwortung zutraut.[237] Und so weiter. Hier wird schnell deutlich: Je schlechter man dieses Führungsmodell darstellt, desto heller und wünschenswerter erstrahlt der Stern des Beyond Budgeting. In der Praxis allerdings gibt es sehr viele unterschiedliche Führungssysteme und sicher nicht nur ein extrem rigides und starres Führungssystem, wie es bei Beyond Budgeting als Gegensatz erwähnt wird. Nur ein (!) herkömmliches Planungs- und Budgetierungssystem anzunehmen, ist ein Zerrbild der Wirklichkeit, davon abgesehen, dass man Planung durch die in Kapitel 4 beschriebenen Ansätze auch verbessern kann, ohne gleich auf Beyond Budgeting umzusteigen. Um aber die Unterschiedlichkeit der „herkömmlichen" Führungssysteme und Beyond Budgeting zu erkennen, kann ein Vergleich der Zielvorgabe und des Führungsprozesses helfen. Abbildung 5-5 stellt beide Modelle einander gegenüber.

Der Entscheidungsprozess besteht in Abbildung 5-5 aus den beiden Stufen „Ratifizierung", also der Genehmigung von Plänen durch eine höhere Führungsebene, sowie „Überwachung", der Kontrolle der Planumsetzung. Die Delegation von Aufgaben führt unweigerlich zu negativen Effekten, zu Kosten der Delegation („Agency Costs").[64] Beide Konzepte weisen andere Wege der Begrenzung dieser negativen Effekte auf.

---

[64] Siehe Kapitel 1.3.2, der Beauftragte wird auch als Agent bezeichnet, die Beauftragung als Agentur, deshalb Agency Costs, Agenturkosten oder Delegationskosten.

**Abbildung 5-5:** *Vergleich „klassische" Budgetierung und Beyond Budgeting*

| | „klassische" Budgetierung | Beyond Budgeting |
|---|---|---|
| **Entscheidungs-befugnisse** | Eng begrenzt durch Regeln und Budgetgrenzen | Möglichst weit, nur beschränkt durch allgemeine Regeln, „dos & don'ts" |
| **Messung Leistung** | Individuelle Leistung, meist rein finanzielle Größen Vergleich Plan mit Ist | Kollektive Leistung, Messung durch Key Performance Indicators, Messung relativ zu Wettbewerber |
| **Sanktionierung von Leistung** | Individuelle Zielerreichung, Persönlicher Bonus/Malus | Kollektive Zielerreichung, Gruppenbonus/-malus |
| **Entscheidungsprozess ... Ratifizierung** | Jährlicher Planungsprozess | Rollierende Hochrechnung bspw. quartalsweise |
| **... überwachung** | Monatliche Abweichungsanalyse | Rollierende Abweichungsanalyse bspw. monatlich |
| **Begrenzung von „Agency Costs"** | Einengung der Handlungsspielräume, Budgetkontrolle | Gemeinsame Werte, Vertrauen, Unternehmenskultur |
| **Primärer Budgetzweck** | Entscheidungsunterstützung | Verhaltenssteuerung |

## Prinzipien im Einzelnen

Bereits bei der Beschreibung der zwölf Prinzipien wurde deutlich, dass es wie immer Licht und Schatten gibt. Kein Prinzip von Beyond Budgeting ist bedingungslos positiv, jedes kann auch unerwünschte Nebeneffekte zeigen. Sie sind oft auch an Voraussetzungen gebunden, die unerwähnt bleiben, so bei der fallweisen Ressourcenzuteilung und den marktorientierten Verrechnungen.

Da Beyond Budgeting als Ganzes umzusetzen sei und nur bei vollständiger Umsetzung seine Wirkung entfalte, können wir nicht einfach diejenigen Prinzipien herausgreifen, die uns unkritisch oder passend erscheinen.

### Wie stimmig ist das Menschenbild von Beyond Budgeting?

Beyond-Budgeting-Vertreter lehnen das in den Wirtschaftswissenschaften verwendete Modell des homo oeconomicus ab. Sie betonen mehrfach, dass es dem Menschen nicht wirklich gerecht werde. Ebenso, und das zu Recht, verweisen sie darauf, dass viele Autoren von Managementbüchern sich nicht über ihr Menschenbild klar werden. Ganz anders hier: Beyond Budgeting entspreche der „Natur des Menschen"[238]. Hierzu verweist *Pfläging* auf zwei Menschenbilder. Das nach seiner Ansicht richtige ist intrinsisch motiviert, zur Selbststeuerung fähig und grundsätzlich vertrauenswürdig. Solche Personen bräuchten Beyond Budgeting, um endlich ihre Leistung erbringen und sich zum Wohle des Unternehmens entfalten zu können. Dabei stören Hierarchien und Budgets klassischer Prägung nur.

Anstatt nun noch ein Menschenbild zu kreieren, sei auf die Ergebnisse der Forschung verwiesen und ein Aspekt herausgegriffen, an dem sich ganz klar ein Unterschied festmachen lässt: Die Hierarchie im Unternehmen. Gemäß Beyond Budgeting ist Hierarchie soweit möglich abzuschaffen und durch weitgehende Delegation und Dezentralisierung zu ersetzen, das Top-Management fungiert als Coach und Ansporner der Mitarbeiter. Wenn dem so wäre und Menschen Hierarchien ablehnten, wieso gibt es sie dann überall? Der Mensch, und das hat die Forschung festgestellt, ist ein Wesen, das sich nach sozialer Rangordnung sehnt und vor allem danach, in ihr oben zu stehen. Zumindest gilt das für die männliche Hälfte der Menschheit. Wie in Kapitel 3.2 beschrieben, nützt Hierarchie denen, die in der Rangordnung oben stehen, und auch denen, die unten stehen. Insbesondere Männer wollen dominant sein, streben nach hohem Rang und den dadurch erhältlichen Privilegien. Genauso wollen Menschen (nicht nur Männer) Bindung und Zugehörigkeit. Wenn ein Konzept wie Beyond Budgeting die Rangordnung durch Dezentralisierung einebnen will und Bindungen lockern möchte durch mehr Autonomie und Unabhängigkeit, läuft das meines Erachtens dem inneren Antrieb vieler Menschen zuwider. Sicher nicht aller, da es viele Schattierungen gibt, und sicher gibt es auch Menschen und Kulturen, in denen Rang und Bindung anders oder weniger ausgedrückt werden. Doch die überwiegende Zahl der Menschen und Kulturen tendiert zur Betonung der Hierarchie und Bindung, denn sonst gäbe es mehr egalitäre Gesellschaften, weniger Großunternehmen und weniger Rangabzeichen.[239]

**Kontextabhängigkeit der Planung**

Planungssysteme existieren nicht im leeren Raum. Dass sie wirken, hängt von bestimmten Bedingungen ab. Die Betriebswirtschaftslehre hat sich schon seit längerem mit den Bedingungen (den Kontextfaktoren) der Planung beschäftigt.

Die am häufigsten genannten Kontextfaktoren sind Komplexität und Dynamik des Unternehmensumfelds. Beide zusammen ergeben die Turbulenz. Je mehr Aspekte in der Unternehmensumwelt zu berücksichtigen sind und je stärker sie sich verändern, desto höher ist die Turbulenz. Solche Aspekte können sein: Zahl und Art der Wettbewerber, Kunden, Produktvarianten, Rechtsnormen und so weiter.[240]

Je turbulenter das Umfeld, desto mehr sollte man auf dezentrale Führung setzen, desto mehr sollten sich dezentrale Einheiten untereinander selbst abstimmen. So lautet dann der Ratschlag. Daher ist es nicht verwunderlich, dass in solchen dynamischeren Zeiten Beyond Budgeting als Lösung empfohlen wird. Abbildung 5-6 zeigt zunächst, dass es auch Bereiche gibt, in denen eine herkömmliche Planung mehr oder weniger versagen wird („roter Bereich"). Sehr komplexe Umfeldsituationen mit hoher Dynamik erlauben keine verlässliche Prognose mehr. Planung wird damit unmöglich. Einzig auf Unternehmenskultur oder fallweise Selbstabstimmung kann man sich vielleicht noch verlassen. Wir werden in Kapitel 6.2 sehen, dass dieses fast schon chaotische Bild nur selten zutrifft. Im „grünen Bereich" scheint dagegen Planung und Budgetierung noch möglich, wenn auch kein Konzept für alle Situationen geeignet scheint. Die „klassische" Budgetierung eignet sich danach in Situationen, die komplex sein können, sich aber wenig ändern, etwa bei Unternehmen des Anlagenbaus mit hoher Fertigungstiefe. Beyond Budgeting ist dort positioniert, wo hohe Umfelddynamik bei geringerer Komplexität herrscht. Wie weiter oben beschrieben, stehen Verbundeffekte den Prinzipien der Entscheidungsfreiheit und Teamorganisation eher entgegen.[241]

---

**Abbildung 5-6:** *Budgetierung im Kontext von Dynamik und Komplexität*[242]

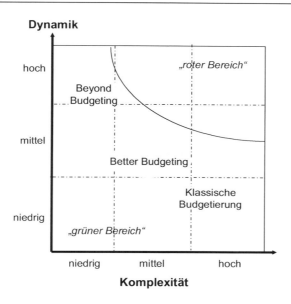

---

Können sich also die Beyond-Budgeting-Vertreter bestätigt sehen? In dynamischeren Zeiten braucht es andere Steuerungskonzepte? In diesem Zusammenhang ist eine aktuelle empirische Studie von *Zyder* bemerkenswert. Sie ergab, dass bei hoher Wettbewerbsintensität Unternehmen verstärkt auf die Budgetierung setzen, zum Beispiel dadurch, dass Budgets mit den Zielen und Anreizsystemen verbunden werden. Herrscht dagegen eine geringe Wettbewerbsintensität, spielt eher die Effizienz der Budgetierung eine Rolle, also die Optimierung des PuK-Systems, Senkung der Planungskosten. Budgetierung erfüllt danach je nach Umfeldsituation unterschiedliche Aufgaben. Ein Versagen der „klassischen" Budgetierung bei hoher Marktdynamik konnte *Zyder* nicht ermitteln. Die Behauptung des Beyond Budgeting, dass es in dynamischen Märkten besser geeignet sei, lässt sich also nicht bestätigen.[243] Abbildung 5-6 ist daher vielleicht argumentativ schlüssig abgeleitet, empirisch aber nicht gestützt.

**Alles nur eine Managementmode?**

Diese Frage stellen *Schäffer* und *Zyder* in einem Fachaufsatz. Eine Managementmode kennzeichnet sich durch eingängige Begriffe, leicht fassbare Ideen, die positiv klingen und den Lesern eine meist revolutionäre Steigerung des Erfolgs versprechen. Sie bieten überzeugende Erfolgsgeschichten, ohne auf die Schwierigkeiten der Umsetzung hinzuweisen oder sich mit den Niederungen der Implementierung allzu sehr zu beschäftigen. Der Vergleich von Beyond Budgeting mit den Kriterien einer Managementmode in Tabelle 5-7 lässt den Schluss zu, dass Beyond Budgeting genau das ist. Eine Managementmode muss nach Ansicht mancher nicht von vornherein schlecht sein, lenkt sie doch Aufmerksamkeit auf ein Thema, das vielleicht, neben all dem Blendwerk, wirklich von Belang ist.

*Tabelle 5-2:*   *Merkmale von Managementmoden und Beyond Budgeting[244]*

| Merkmale von Managementmoden | Übertragen auf Beyond Budgeting |
|---|---|
| Bisher sträflich vernachlässigter Schlüsselfaktor, erfordert Bruch mit den bisherigen Managementprinzipien | Humankapital, Umweltdynamik; erfordert Bruch mit bisherigem Steuerungsmodell der Budgetierung |
| Anwendung neuer Prinzipien sind angesichts der Herausforderungen unausweichlich | "In einer Zeit diskontinuierlichen Wandels, unvorhersehbarem Wettbewerb, wankelmütiger Kunden sind die alten Annahmen nicht mehr gültig." |
| Neue Prinzipien stehen mit zentralen Werten der Leser in Verbindung | Dezentralisierung, Übertragung von Verantwortung, Unternehmertum und ethische Verantwortung sind einige Werte, die bei Beyond Budgeting genannt sind |
| Praxis wird nicht belehrt, sondern auf ihre eigenen Spitzenleistungen aufmerksam gemacht, leicht fassbare Beispiele suggerieren leichte Umsetzung | Erfolgreiche Beispiele der Praxis wie Svenska Handelsbanken, Borealis, Ikea und andere |
| Keiner muss sich schuldig fühlen; frühere Prinzipien waren damals genau richtig, nur eben künftig nicht mehr | Früher war die klassische Budgetierung genau das richtige Instrument; nur genügt sie in Zukunft nicht mehr |
| Raffinierte Mischung aus Einfachheit und Mehrdeutigkeit | Die zwölf Prinzipien sind eingängig, leicht fassbar. Im Detail bleiben jedoch viele offene Fragen. |
| Implementierung ist herausfordernd, aber bringt enorme Verbesserungen | „Unternehmen, die in der einen oder anderen Weise die Budgetierung abgeschafft haben, sind unter denen, die das Licht sehen." |
| Anschein der Wissenschaftlichkeit durch empirische Studien (allerdings von fragwürdiger Qualität) | Verweis auf Studien und eigene, internetbasierte Umfrage sowie auf Wissenschaftler, die diese Ideen unterstützen |
| Leicht lesbar, wenige Fremdwörter oder wissenschaftlicher Jargon | Man bemüht sich um eine einfache, direkte Sprache und viele Fallbeispiele |
| Trifft den Nerv der Zeit | New Economy, Intellectual-Capital-Diskussion als Startpunkt von Beyond Budgeting |

In einer Gegenwart, in der viele Unternehmen unter hohem Druck stehen, ihre Kosten zu senken und bessere Ergebnisse zu erreichen, können auch die Planung und Budgetierung, wie die Führungssysteme insgesamt, nicht im Abseits stehen. Auch sie müssen ihre Existenz rechtfertigen und ihre Wirksamkeit nachweisen.[245] Und so kam Beyond Budgeting vielleicht gerade zur rechten Zeit, als man begann, auch die bisher vom Wirtschaftlichkeitsdruck eher ausgenommenen Unternehmensbereiche entsprechend zu analysieren.

# 6 Planung und Budgetierung - ein Fazit

## 6.1 Wieso ist Planung so schwierig?

Die meisten Praktiker und Wissenschaftler beschäftigen sich mit der Frage, „Wie kann man besser planen?" Auch dieses Buch legt darauf den Schwerpunkt. Viele Aufsätze in Fachzeitschriften beleuchten zahllose Detailfragen zur Gestaltung und Optimierung der Planung und Budgetierung. Es wäre zu erwarten, dass diese Frage nach Jahrzehnten der Diskussion geklärt wäre. Das ist keineswegs der Fall, wenn wir uns noch einmal die empirischen Ergebnisse zu den Planungs- und Prognoseproblemen vergegenwärtigen (Kapitel 3). Ich möchte deshalb hier am Ende die seltener diskutierte Frage erörtern: „Wieso ist es so schwierig zu planen?"

Für die Beantwortung der zweiten Frage dürfen wir uns nicht vordergründig mit Planungsinstrumenten beschäftigen und wie man sie durch neue Methoden oder mehr Rechenleistung verbessern könnte. Sondern wir müssen einen gedanklichen Schritt zurückgehen, indem wir uns klarmachen: Die Schwierigkeiten zu Planen resultieren überwiegend aus den Schwierigkeiten zu Prognostizieren. Und die Prognoseschwierigkeit muss etwas damit zu tun haben, welche Eigenschaften eine Marktwirtschaft aufweist. Denn für den Erfolg in einer Marktwirtschaft wird ein Unternehmen prognostizieren und planen wollen und müssen. Es gibt im Wesentlichen zwei Vorstellungen darüber, wie eine Marktwirtschaft funktioniert, die jeweils unterschiedliche Schlussfolgerungen zulassen, wie leicht oder schwierig Prognosen und Pläne zu erstellen sind.

**1) Das mechanische Modell mit der Tendenz zum Gleichgewicht:**

Bereits bei den ersten bedeutenden Ökonomen finden sich Vorstellungen über die Wirtschaft als die eines mechanischen Apparates, eines komplexen zwar, aber dennoch eines ähnlich der mechanischen Physik des 19. Jahrhunderts gestalteten Geräts. Die Idee eines mechanischen Systems der Wirtschaft dominiert bis heute sowohl in der wissenschaftlichen Diskussion als auch in populären Vorstellungen über Wirtschaft. Nicht umsonst spricht man von Mechanismen der Preisbildung oder dem Mechanismus der Nachfrage. Offenkundig sieht man Wirtschaften als ein komplexes mechanisch-hydraulisches System. Dieses System soll, nachdem es von außen angestoßen wird, nach einiger Zeit wieder zum Gleichgewicht (eigentlich: Stillstand) kommen. Überlässt man den Markt sich selbst, müsste er der Theorie nach im Gleichgewicht auch zum Optimum finden. Das entspricht der in der Newton'schen Physik vorherr-schenden Vorstellung einer Vollkommenheit des Universums, bei der die Kräfte der Natur von selbst dazu tendieren, das System Natur in eine (prä-)stabilisierte Harmonie zu bringen. Das System Ökonomie kann daher nicht systemimmanent aus der Ruhe, das heißt aus dem Gleichgewicht, gebracht werden, sondern nur durch exogene Schocks, wie beispielsweise politische Unruhen. Da sie exogen sind, braucht sie der Ökonom nicht zu erklären und er kann sie für jede Abweichung seiner Theorie von der Realität verantwortlich machen, was ihn gleichzeitig davon enthebt, seine Theorie in Frage stellen zu müssen, denn sie erklärt ja alles.[246]

Gemäß diesem Bild, erlaubt es die schiere Komplexität der Wirtschaft dem einzelnen Unternehmen zwar nicht, die Zukunft wirklich zu berechnen. Doch sollte es aufgrund der erkannten Mechanismen und Gesetzmäßigkeiten in der Lage sein, mit hinreichen-der Genauigkeit, Vorhersagen zu treffen. Die Prognoseabweichungen sollten höchs-tens zufällige Schwankungen ausdrücken, jedoch generell sehr gering sein.[247] Ein Plan sollte bei der angenommenen Rationalität der Menschen meist zutreffen, bis auf die vorgenannten zufälligen Schwankungen sowie exogene Schocks. Letzteres „erklärt" dann leider jede Plan-Ist-Abweichung und macht diese Vorstellung empirisch nur schwer widerlegbar.

Dennoch, es gibt einige empirische Befunde, die von der eben beschriebenen mecha-nistischen Sichtweise nicht erklärt werden können oder ihren Annahmen beziehungs-weise Folgerungen widersprechen:

- Zahlreiche Marktschwankungen, für die kein exogener Schock erkennbar ist und die weit über normalverteilte Zufälle hinausgehen,

- die immer noch bestehenden Schwierigkeiten, realistische Prognosen zu erstellen, obwohl die Computerleistung zu günstigen Preisen extrem angestiegen ist und Prognosemethoden immer komplexer werden.

Das mechanistische Weltbild ist daher meines Erachtens nicht angemessen und lässt Unternehmen in der Praxis ratlos und etwas hilflos zurück.

**2) Wirtschaft als komplex-adaptives System:**

Seit einigen Jahren zeichnet sich ein Bild der Wirtschaft ab, das die realen Erscheinun-gen besser erklären kann als das mechanistische. Es fußt auf folgenden Punkten:[248]

- **Akteure:** In einer Volkswirtschaft agieren sehr viele unterschiedliche Teilnehmer. Sie treffen Entscheidungen auf Basis von Daumenregeln (Heuristiken), wobei ih-nen nur begrenzte und oft unvollkommene Informationen zur Verfügung stehen. Ebenso unterliegen sie Täuschungen und Irrtümern, sie lernen jedoch, sich im Zeit-ablauf anzupassen.

- **Interaktion, Netzwerke:** Die einzelnen Akteure berücksichtigen auch das Verhal-ten und mögliche Entscheidungen anderer Akteure. Ihre Handlungen sind daher in einer Art Netzwerk miteinander verbunden, wobei die Art und Weise der Ver-bindungen sich mit der Zeit ändert.

▦ **Dynamik, Zeitbedarfe und Pfadabhängigkeit:** Zur Beurteilung wirtschaftlichen Handelns muss die Entwicklung in der Zeit berücksichtigt werden (Dynamik). Herstellung und Distribution von Gütern benötigen Zeit, ebenso Reaktionen der anderen Marktteilnehmer auf neue Ereignisse. Relevant ist für eine Analyse auch, dass jeder Akteur in seinen Entscheidungsmöglichkeiten auch seine bisherigen Entscheidungen (seine Geschichte) mitberücksichtigen muss. Der heutige Erfolg eines Unternehmens basiert auf seinem vergangenen. Der Erfolg von Microsoft basiert auf dem glücklichen Umstand, dass sein Gründer Bill Gates im Jahr 1981 einen im Nachhinein klugen Vertrag mit IBM schloss. Er erlaubte ihm, das Betriebssystem MS DOS nicht nur an IBM, sondern auch an andere PC-Hersteller zu verkaufen.[249] Der bisher erfolgreiche Weg des Unternehmens ist eine Kette solcher Entscheidungen, die sich nachträglich als gut oder zumindest nicht allzu schädlich herausgestellt haben. Der Erfolg ist „pfadabhängig" und kann nicht einfach kopiert werden.

▦ **Nicht-Linearität:** Das Zusammenspiel zahlreicher Akteure, ihrer miteinander vielfältig verbundenen Handlungen, der zeitlichen Effekte, wie oben beschrieben, führt zu nicht-linearen Effekten. Sie lassen sich aufgrund der schnell wachsenden Komplexität nicht mehr vorausberechnen und es besteht kein einfacher, linearer Zusammenhang zwischen Ursache (zum Beispiel einer Preissenkung) und der Wirkung (gestiegene oder gesunkene Nachfrage). Es zeigt sich dann, dass Märkte in der Regel nicht im Gleichgewicht sind und auch nicht dorthin tendieren. Sie sind eher Momentaufnahmen eines sich im Zeitablauf vollziehenden Marktprozesses. Dieser Marktprozess verläuft in einem Wechsel aus Phasen längerer, relativer Stabilität und kürzeren Phasen mit großen Veränderungen. Dieser Wechsel aus längeren ruhigen Zeiten und kürzeren unruhigeren Zeiten lässt Viele annehmen, die Zukunft sei eine Fortschreibung der Vergangenheit. Sie argumentieren, was früher zu Erfolg führte, gelte auch künftig – bis sie dann eines Besseren belehrt werden. In den Zeiten der Stabilität funktioniert auch Planung und Prognose recht gut und so ist man mehr als überrascht, wenn sich die Zeiten doch ändern.

▦ **Lernen durch Evolution:** Die einzelnen Akteure passen ihre Entscheidungen und Handlungen an die jeweilige Situation an. Täten sie es nicht, wären sie bei wechselnden Verhältnissen über kurz oder lang nicht mehr Marktteilnehmer, sondern insolvent. Der Prozess der Anpassung ist ein evolutionärer: Produkte, Marktauftritte, Entscheidungen etc. werden in unterschiedlichen Varianten ausprobiert (Differenzierung), die erfolgreichen im Sinne von funktionierenden oder passenden werden ausgewählt, die anderen verschwinden wieder (Selektion). Diejenigen, die ausgewählt werden, verstärken sich damit auch über eine positive Rückkopplung (Verstärkung), die nicht erfolgreichen sind verschwunden. Da sich die Marktverhältnisse mit der Zeit ändern, ändern sich auch die jeweils durch diesen Prozess resultierenden, erfolgreichen Verhaltensweisen, Produkte etc. Es ist hier wichtig zu verstehen, dass Evolution ein allgemein anwendbarer Algorithmus aus Differenzierung, Selektion und Verstärkung ist, nicht ein biologischer. Er kann vielmehr auf verschiedene Verhältnisse angewandt werden, sei es die Biologie oder die Ökonomie. Unternehmen sind keine Organismen, die sich fortpflanzen oder Gene in sich tragen. Sie sind soziale Konstruktionen.

Die Wirtschaft ist in dieser Sichtweise ein komplexes System, das sich anpasst. Sie ist nicht chaotisch oder vom Zufall bestimmt. Die Unmöglichkeit, künftige Zustände vorauszuberechnen, resultiert nicht vorrangig aus exogenen Schocks (auch wenn es diese durchaus gibt) oder Zufallsschwankungen (auch Zufälle gibt es natürlich), sondern aus der Komplexität der Wirtschaft selbst. Wenn wir diese Sichtweise akzeptieren, heißt das für die Planung und Budgetierung: 1) Märkte schwanken oft zyklisch, die Länge und Ausprägung der Zyklen sind aber nicht konstant. 2) Eine Analyse vergangener Zeitreihen kann nur dann helfen, wenn sich die Verhältnisse wiederholen. Das Wirtschaftswunder der Nachkriegszeit in Deutschland wiederholt sich jedoch so nicht noch einmal. 3) Die Vergangenheit des Unternehmens bestimmt seinen heutigen und künftigen Erfolg oder Misserfolg mit. Unternehmen gehen mit unterschiedlichen Voraussetzungen in den Wettbewerb, sei es Kapital, Know-how oder Marktstellung. Diese sind Resultate früherer Ereignisse und Handlungen. Der aktuelle Erfolg ist daher einzelfallbezogen, er ist nicht so einfach für andere Unternehmen kopierbar oder auf Dauer wiederholbar. 4) Erfolg ist nicht wirklich dauerhaft erreichbar, sondern zeitlich begrenzt. Er geht vorüber, Wettbewerbsvorteile sind schwer zu erlangen und verschwinden oft rasch wieder, sei es dass sich Marktverhältnisse ändern, oder der Wettbewerb dafür sorgt. Wettbewerb führt dazu, dass Unternehmen sich permanent anstrengen müssen, Schritt zu halten, um nicht zurückzufallen und zu verschwinden.

Die obige Perspektive bedeutet meines Erachtens auch: Eine zu starke Beschäftigung mit Fragen der Planungsgestaltung kann verdecken, dass die tatsächlichen Schwierigkeiten eines Unternehmens nicht aus Problemen mit Planungsinstrumenten resultieren. Sie können genauso gut Führungsprobleme sein, sei es dass Führungskräfte zu lange zögern, eine wichtige Entscheidung zu treffen, oder auf eine falsche Marktstrategie setzen. Hier kann kein Planungsinstrument weiterhelfen. Ebenso können solche Schwierigkeiten aus gesamtwirtschaftlichen Veränderungen resultieren: Während in der Nachkriegszeit Deutschland als Niedriglohnland von der Globalisierung bevorzugt wurde, Planung vor allem für Kapazitätsauslastung sorgen sollte und die deutschen Arbeitnehmer Gewinner im Wettstreit um Wohlstand wurden, hat sich der Wind inzwischen gedreht. Durch die Niedriglohnkonkurrenz in Osteuropa und Asien wandelt sich Deutschland von einem Produzenten immer mehr zu einem Händler und Veredler, einer „Basarökonomie". Davon profitieren die deutschen Arbeiter nicht mehr, sondern sie gehören eher zu den Verlierern. Ebenso zu den Verlierern gehören Unternehmen, die sich dagegenstemmen wollen oder die weltwirtschaftlichen Verschiebungen nicht erkennen.[250] Statt mehr Planung sind Führung und Ideen gefragt.

# 6.2 Was kann man tun?

Die eben erläuterte Sichtweise mag auf den ersten Blick deprimierend wirken, vielleicht auch auf den zweiten. Sie ist auf jeden Fall ernüchternd, was die Vorhersagequalität von Prognosen und das Eintreffen von Plänen angeht. Was man auf jeden Fall nicht daraus ableiten sollte, ist: Keine Pläne mehr zu machen, nur noch spontan zu handeln oder sich in sein angebliches Schicksal zu ergeben. Meine Schlussfolgerungen sind dagegen:[251]

1. Pläne und Budgets sind nötig, um Ressourcen (Finanzen, Kapazitäten, Personal) zuzuteilen und aufzuteilen beziehungsweise aufeinander abzustimmen. Denn Ressourcen sind immer begrenzt und verschiedene Verwendungen konkurrieren um sie.

2. Pläne und Budgets erlauben es, Reaktionszeiten zu erhöhen und Flexibilität zu gewinnen. Wenn man sich vorab überlegt, was alles passieren könnte, wie man dann darauf reagieren möchte und welche internen oder externen Signale auf kritische Veränderungen hindeuten könnten, ist man auf jeden Fall besser vorbereitet. Wenn auch der Erfolg dennoch nicht garantiert wird. Das heißt auch: Nicht in Nibelungentreue zum Plan halten, sondern bereit sein, lieber den Plan zu opfern als das Unternehmen.

3. Szenarien bereithalten und offen sein: Der letzte Punkt sagt es bereits, wir sollten uns planerisch mit mehreren Möglichkeiten beschäftigen. Neben Plan A immer noch einen Plan B, C und so weiter in petto haben. Dazu gehört auch: Experimentieren, Ausprobieren, Raum für neue Ideen zur Verfügung stellen.

4. Anspruchsvolle Ziele setzen, die nicht einengen: Um im Wettbewerb mithalten zu können, muss man auch wissen, wie man im Vergleich zur Konkurrenz steht. Relative Ziele erlauben es, seine eigene Position mit der des Wettbewerbs zu vergleichen, und ist mein Vorschlag, sie in Maßen zu verwenden. Angesichts der Schwierigkeit vorherzusagen, was im künftigen Wettbewerb erforderlich ist, sollten Ziele weder zu allgemein („Wir wollen Marktführer sein.") noch zu konkret sein („Wir wollen die X AG als Kunden gewinnen.").

5. Wirksame Ideen verstärken, unwirksame aussondern: Ob Pläne und Ideen funktionieren, erkennt man in einer dynamischen, komplexen Wirtschaft erst in der Umsetzung. Es gilt, rasch zu prüfen, ob eine Idee funktioniert, wenn ja, die Ressourcen verstärkt dorthin zu lenken und von misslungenen Ideen abzuziehen. Die Empfehlungen des Beyond Budgeting und Advanced Budgeting, einen adaptiven Planungs- und Hochrechnungsprozess einzuführen, gehen in dieselbe Richtung.

Die Gefahren, die von Plänen ausgehen, sind allerdings nicht von der Hand zu weisen: Pläne basieren wesentlich auf der Fortschreibung der Vergangenheit. Sie bekräftigen damit die Erfolgsfaktoren und Strukturen der Vergangenheit. In einer stark sich wandelnden Umwelt, die genau diese Faktoren ändert, reduzieren Pläne daher die Anpassungsfähigkeit von Unternehmen. Unternehmen mit komplexen Leistungsverflechtungen und ausgeprägten Hierarchien werden Pläne und Budgets erstellen, um ihre Binnenkomplexität zu steuern. Solche Pläne und Budgets belohnen nicht das Experimentieren und Ausprobieren, sondern das Erfüllen vorgegebener Aufgaben und Ziele. Und schließlich: Pläne und Budgets teilen Ressourcen zu. Da Ressourcen knapp sind, werden sie eher dort zugeteilt, wo man bisher Erfolg hatte, um diesen zu verstärken und zu wiederholen. Oder man teilt sie für Aufgaben zu, von denen man annimmt, dass sie anderweitig nützlich sind. Für das Experimentieren mit neuen Ideen ist dann eher kein Geld vorhanden. Da die meisten neuen Ideen scheitern werden, heißt Experimentieren hier auch, häufig kleinere Verluste hinnehmen zu müssen, bis dann eine Idee sich einmal als großer Wurf erweist. Dem steht die menschliche Tendenz zur Verlustvermeidung entgegen. Verschärft wird das Ganze noch durch die oben erwähnte Tendenz, dass sich längere Zeiten der Stabilität mit kürzeren Zeiten der Unrihe und Veränderung abwechseln. Die Fokussierung auf strikte Pläne, Hierarchien und unternehmensinterne Koordination passt zu den Phasen der Stabilität und zeigt Erfolge, bis sich dann plötzlich die Umstände deutlich ändern.

Ich möchte am Schluss meine Auffassung noch einmal in vier Sätze fassen:

- Planung und Budgetierung können die Unsicherheit und das Risiko aus dem Geschäftsleben nicht herausrechnen.

- Planung kann die Zukunft nicht vorhersagen.

- Planung kann höchstens auf die Zukunft vorbereiten, wie immer sie aussieht.

- Noch wichtiger als Planung ist, jeden Tag Produkte und Leistungen zu erstellen und sie an Kunden zu verkaufen, und das zu Kosten, die niedriger sind als ihr Preis.

Das wusste schon der Staatsmann Perikles:

> *Es kommt nicht darauf an, die Zukunft vorauszusagen,*
> *sondern auf die Zukunft vorbereitet zu sein.*

# 7 Anhang

## Literaturempfehlungen und Links

### Lehrbücher und Monographien

Grundlegendes zur Planung findet sich in folgenden **Lehrbüchern:**

HAHN. D.; HUNGENBERG, H. (2001): PuK, Planung und Kontrolle, Planungs- und Kontrollsysteme, Planungs- und Kontrollrechnung, Wertorientierte Controllingkonzepte. 6. Aufl., Wiesbaden 2001.

> Die Autoren beschreiben sehr ausführlich den Aufbau der Planung, stellen Planungs- und Kontrollrechnungen vor und zeigen anhand mehrerer detaillierter Unternehmensbeispiele, wie diese in der Praxis aussehen können. Die Unterschiede bei funktionaler beziehungsweise divisionaler Aufbauorganisation werden ausführlich dargestellt, ebenso die Organisation der Planung und Kontrolle selbst.

HORVÁTH, P. (2006): Controlling. 10. Aufl., München 2006.

> *Péter Horváth* betrachtet in seinem bereits klassischen Lehrbuch Planung und Kontrolle mit Blick auf die vielfältigen Koordinationsaufgaben. Er beschreibt zahlreiche Instrumente und zeigt an Praxisbeispielen deren Anwendung.

WEBER, J.; SCHÄFFER, U. (2006): Einführung in das Controlling. 11. Aufl., Stuttgart 2006.

> Eine stärker verhaltensorientierte Sichtweise auf Planung und Kontrolle findet sich im Lehrbuch von *Jürgen Weber* und *Utz Schäffer*. Damit sprechen sie einen Aspekt an, der in anderen Lehrbüchern oft zu kurz kommt.

Informationen zu **neueren Ansätzen** der **operativen Planung** erhält man aus folgenden Werken:

GLEICH, R.; HOFMANN, S.; LEYK, J. (2006): Planungs- und Budgetierungsinstrumente. Freiburg 2006.

> Ebenfalls ein Sammelband. Das Buch vereinigt mehrere Beiträge der Zeitschrift „Der Controller-Berater". Sie behandeln neuere Ansätze der Planung und Budgetierung.

HORVÁTH, P.; GLEICH, R. (Hrsg.) (2003): Neugestaltung der Unternehmensplanung. Stuttgart 2003.

> In diesem gewichtigen Sammelband werden in insgesamt 33 Beiträgen zahlreiche Facetten und Aspekte der Planung und ihrer Verbesserungsmöglichkeiten beschrieben. Man gewinnt damit einen Eindruck von den vielfältigen Ansatzpunkten zur Planungsverbesserung. Die Beiträge können als Startpunkt dienen für eine intensivere Beschäftigung mit Planung und Kontrolle.

Die Themen **Advanced Budgeting** und **Beyond Budgeting** werden in den folgenden Büchern diskutiert:

DAUM, J. (Hrsg.): Beyond Budgeting. München 2005.

HOPE, J.; FRASER, R. (2003): Beyond Budgeting. How Managers can break free from the Annual Performance Trap. Boston, Mass., 2003.

HORVÁTH & PARTNERS (2004) (Hrsg.): Beyond Budgeting umsetzen. Erfolgreich planen mit Advanced Budgeting. Stuttgart 2004.

> Mehrere Autoren der Unternehmensberatung *Horváth & Partners* beschreiben nicht Beyond Budgeting, wie es der Titel suggerieren könnte, sondern ihr eigenes Konzept des Advanced Budgeting.

PFLÄGING, N. (2003): Beyond Budgeting, Better Budgeting. Freiburg u. a. 2003.

PFLÄGING, N. (2006): Führen mit flexiblen Zielen. Frankfurt, New York 2006.

> Die eben genannten Werke stammen alle von Vertretern des Beyond Budgetings, darunter das „Hauptwerk" von *Jeremy Hope* und *Robin Fraser.*

Die in Kapitel 6 angesprochene Sicht auf die **Unternehmensplanung** in einem offenen, **evolutionären Prozess**, der es kaum zulässt, verlässliche Prognosen zu erstellen, wurde inspiriert durch die folgenden Werke:

ORMEROD, P. (2005): Why Most Things Fail. London 2005.

> Das Buch lässt Zweifel aufkeimen an der traditionellen Sicht auf betriebswirtschaftliche Probleme und deren prinzipieller Lösbarkeit durch quantitative Modelle. *Paul Ormerod* zeigt an verschiedenen Beispielen, dass Ökonomie als evolutionärer Prozess verstehbar ist, der es Unternehmen auferlegt, permanent um ihre Position zu kämpfen. Dieser Kampf kann nicht durch rationale Planung gewonnen werden, sondern höchstens durch Innovation, schnelle Reaktion und eine Portion Glück. Die meisten Dinge aber scheitern, wie der Titel sagt.

BEINHOCKER, E. (2006): The Origin of Wealth. Boston, Mass. 2006

> *Eric Beinhocker* vertieft und erweitert die Vorstellungen *Ormerods*. Er beschreibt zum einen die Historie des vorherrschenden Blickwinkels auf die Ökonomie sowie deren Versagen in der Erklärung der Realität. Und er skizziert mit Bezug auf die aktuelle Forschung, wie ein evolutionäres Verständnis von Wirtschaft reale Phänomene erklären kann. Die Folgerungen für die Planung in Kapitel 6.2 sind wesentlich durch seine Ausführungen inspiriert.

# Fachzeitschriften

Neuere Entwicklungen zur Planung und Budgetierung werden meist zuerst in Zeitschriftenaufsätzen veröffentlicht und diskutiert. Somit lohnt der regelmäßige Blick in Fachzeitschriften. Eine Auswahl folgt in alphabetischer Reihenfolge:

**Bilanzbuchhalter und Controller**, Verlag C.H. Beck, München

> Die Zeitschrift wendet sich sowohl an Leser, die im externen Rechnungswesen tätig sind, als auch an solche, die in der Kostenrechnung oder im Controlling arbeiten. Dabei ist der Fokus eher auf die Praxis in kleineren und mittleren Unternehmen gerichtet.

**Controlling**, Verlage C.H. Beck und Vahlen, München und Frankfurt am Main

> Diese Zeitschrift spricht stärker ein Publikum an, das in Großunternehmen arbeitet und sich für neue Trends, innovative Methoden und Instrumente interessiert. Es werden kaum Grundlagen oder Anwendungen klassischer Planungsinstrumente vorgestellt. Der Blick richtet sich auf die Weiterentwicklung des Controllings und seiner Methoden.

**Controller Magazin**, Verlag für Controlling-Wissen AG, Gauting.

> Das Organ des Internationalen Controllervereins speist sich stark aus den Beiträgen seiner Mitglieder sowie der Trainer der Controller-Akademie und spiegelt eher deren Interessen wider. Eine wissenschaftliche Diskussion von Controlling und Planung ist die Ausnahme.

**Der Controlling-Berater**, Haufe-Verlag, Freiburg im Breisgau

> Ursprünglich aus einer Loseblattsammlung entstanden, erscheinen meist siebenmal jährlich Hefte, die Praxislösungen vorstellen, aber auch auf neuere Controlling-Instrumente eingehen. Die Beiträge stammen von Praktikern in Unternehmen, Mitarbeitern von Unternehmensberatern sowie aus Hochschulen. Ausführliche Fallbeispiele erleichtern das Verstehen und helfen bei der Umsetzung in die eigene Praxis.

**Zeitschrift für Controlling und Management** (ZfCM), Betriebswirtschaftlicher Verlag Dr. Th. Gabler, Wiesbaden.

> Die Zeitschrift firmierte bis 2001 als kostenrechnungspraxis und wurde anschließend einem kompletten Relaunch unterworfen. Sie hat heute das Ziel, sowohl der Praxis zu dienen, als auch die wissenschaftliche Diskussion voranzubringen. Dabei sollen wissenschaftliche Erkenntnisse der Praxis helfen, ihre Anwendung des Controllings zu verbessern. Mehrmals im Jahr erscheinen Sonderhefte mit Beiträgen zu einem Rahmenthema.

## Verbände und Links

Mehrere **Berufsverbände** und **Gesellschaften** beschäftigen sich mit Fragen der Planung, Budgetierung und Kontrolle. Dazu zählen:[252]

- Bundesverband Bilanzbuchhalter und Controller e.V. (www.bvbc.de)

- Internationaler Controllerverein e.V. (www.controllerverein.de)

- International Group of Controlling (IGC) (www.igc-controlling.org)

- Österreichisches Controller-Institut (www.oeci.at)

- Schweizerischer Verband der diplomierten Experten in Rechnungslegung und Controlling und der Inhaber des eidgenössischen Fachausweise in Finanz- und Rechnungswesen (www.veb.ch)

Über das Internet erhält man heutzutage eine Vielzahl an Informationen. Neben einigen unabhängigen Seiten, wie nachfolgend, veröffentlichen auch viele Software- und Beratungsunternehmen Informationen zur Planung und Budgetierung. Folgende Seiten könnten als Startpunkt dienen:

http://www.competence-site.de/controlling

http://www.my-controlling.de

## Abkürzungen

| | |
|---|---|
| A. a. O. | Am angegebenen Ort |
| ARIS | Architektur integrierter Informationssysteme |
| Aufl. | Auflage |
| BC | Bilanzbuchhalter und Controller (Zeitschrift) |
| BFuP | Betriebswirtschaftliche Forschung und Praxis (Zeitschrift) |
| BSC | Balanced Scorecard |
| DBW | Die Betriebswirtschaft (Zeitschrift) |
| ders. | derselbe |
| Diss. | Dissertation |
| ebd. | ebenda oder ebendort |
| H. | Heft |

| | |
|---|---|
| Hrsg. | Herausgeber |
| Jg. | Jahrgang |
| k. A. | keine Angabe(n) |
| m. E. | meines Erachtens |
| m. w. N. | mit weiteren Nachweisen |
| m. W. n. | meines Wissens nach |
| o. Jg. | ohne Jahrgang |
| PuK | Planung und Kontrolle, Planungs- und Kontroll- |
| S. | Seite(n) |
| u.a. | und andere |
| Univ. | Universität |
| WiSt | Wirtschaftswissenschaftliches Studium (Zeitschrift) |
| ZfCM | Zeitschrift für Controlling und Management |
| Zugl. | Zugleich |

# Anmerkungen

1   Quelle: *Mellerowicz, K.* (1976), S. 251.

2   Vgl. hierzu *Ormerod, P.* (2005), S. 221, eigene Zusammenfassung.

3   Vgl. *Wild, J.* (1982), S. 13.

4   Quelle: *Schweitzer, M.; Küpper, H.-U.* (2003), S. 6

5   Quelle: *Hering, E.* (2002), S. 17.

6   Vgl. *Wild, J.* (1982), S. 51.

7   Vgl. dazu und nachfolgend *Horváth, P.* (2001), S. 179 ff.

8   Quelle: *Töpfer, A.* (1976), S. 144, leicht modifiziert.

9   Sogenannte engpassorientierte Planung nach *Gutenberg*. Vgl. zu einer (kritischen) Diskussion *Schneider, D.* (2001), S. 549. *Gutenberg* selbst nannte es „Ausgleichsgesetz der Planung".

10  Vgl. stellvertretend für viele *Hahn, D.: Hungenberg; H.* (2001), S. 86 ff.

11  Vgl. *Cartesis* (2006), S. 8.

12  Vgl. *Cartesis* (2006), S. 9.

13  Vgl. weiterführend zur strategischen Planung *Müller-Stewens, G.; Lechner, C.* (2005) sowie *Mintzberg, H.* u. a. (2003).

14  Quelle: *Dillerup, R.; Stoi, R.* (2006), S. 406.

15  Quelle: *PriceWaterhouseCoopers* (2006), S. 10 f.

16  Vgl. *Troßmann, E.* (1992)

17  Quelle: *PriceWaterhouseCoopers* (2006), S. 9. Der Horizont der Jahresplanung beträgt bei allen befragten Unternehmen ein Jahr, so dass auf eine grafische Darstellung verzichtet wird.

18  Vgl. dazu *Küpper, H.-U.* (2005), S. 336.

19  Vgl. *Dillerup, R.; Stoi, R.* (2006), S. 387 f. m .w. N.

20  Quelle: *Dambrowski, J.* (1986), S. 34.

21  Vgl. *Cartesis* (2006), S. 6, eigene Darstellung.

22  In Anlehnung an *Ernst, C.; Riegler, C.; Schenk, G.* (2007), S. 3 ff.

23  Vgl. hierzu und ausführlicher *Picot, A.; Dietl, H.; Franck, E.* (2005), sowie *Kräkel, M.* (2004). Die angesprochenen Probleme sind unter dem Oberbegriff agency problems bekannt (Prinzipal-Agent-Theorie)

24  Man denke nur an eine ärztliche Behandlung: Zwar kann man sehen, was ein Arzt tut, der Sinn und Zweck erschließt sich dem Laien jedoch nicht unbedingt. So ähnlich geht es dem Management auch, wenn es die Handlungen von Mitarbeitern bewerten soll.

25  Moral Hazard wird teilweise mit moralischem Risiko übersetzt. Es hat jedoch nichts mit Moral zu tun. Vielmehr stammt de Begriff aus dem Versicherungswesen. Typischer Fall: Ein Vertragsnehmer einer Fahrradversicherung entwendet sein eigenes Fahrrad und möchte den angeblichen Schaden von der Versicherung beglichen bekommen. Jede Theorie vereinfacht und so ist diese eher negative Sicht auf menschliches Verhalten auch stark vereinfachend und wohl auch zu einseitig. Genauso häufig kommt es zu Kooperation.

26  Einen Überblick zu diesen und anderen Instrumenten zur Reduzierung von Delegationsproblemen geben die in Anmerkung 23 genannten Autoren.

27  Vgl. *Zimmerman, J.* (2003) sowie *Ewert, R.; Wagenhofer, A.* (2005).

28  Vgl. den Beitrag in Stuttgarter Zeitung vom 17.05.2005, S. 13.

29  Vgl. hierzu *Buchner*, H. (2002), S. 62 ff. mit weiteren Nachweisen.

30  Prognostiziert man beispielsweise eine mögliche Absatzkrise in zwei Jahren, kann es nach Veröffentlichung der Prognose dazu kommen, dass Kunden durch die Prognose angeregt zu anderen Lieferanten wechseln und damit die nur als möglich genannte Absatzkrise zur Realität wird. Auch bekannt als „sich selbst erfüllende Prophezeiung". Weiterführend beispielsweise *Klein* (2006).

31  Ausführlicher hierzu *Hahn, D.; Hungenberg, H.* (2001), S. 117 ff.

32  Investitionsrechnungen sind hier ausgeklammert, da nur die operative Planung betrachtet wird, also eine Planung, die sich auf ein Jahr oder kürzer bezieht.

33  Sofern man vom Anschaffungswert her abschreibt und nicht „unter Null" abschreibt, wie bei kalkulatorischen Abschreibungen möglich.

34  In Anlehnung an *Coenenberg, A. G.* (2000), S. 434 ff.

35  Einen Einstieg in die Diskussion bieten *Franz, K.-P.; Winkler, C.* (2006), S. 50 ff.

36  Vgl. hierzu *Rieg, R.; Rieg, S.* (2007), Kapitel 8 mit weiteren Nachweisen.

37  Vgl. *International Group of Controlling* (2006), S. 44 f.

38  In Anlehnung an *Hahn, D., Hungenberg, H.* (2001), S. 595.

39  Vgl. hierzu und weiterführend *Coenenberg, A. G.* (2003).

40  Prinzip der Beeinflussbarkeit oder controllability principle. Vgl. dazu beispielsweise *Weber, J.; Schäffer, U.* (2006), S. 238f., *Zimmerman, J.L.* (2003), S. 207 ff.

41  Ausführlicher zu Kennzahlen, vgl. stellvertretend für viele *Horváth, P.* (2001), S. 568 ff.

42  So stufen in Befragungen von Managern die Befragten Kennzahlen als sehr bedeutend ein, vgl. *Weber, J.; Sandt, J.* (2005), S. 380.

43  Vgl. zu dieser an das Balanced Scorecard-Konzept angelehnten Einteilung *Weber, J.; Schäffer, U.* (2006), S. 168 ff.

44  Vgl. nachfolgend *Weber, J.; Sandt, J.* (2005), S. 384 ff.

45  Inwieweit das nur eine „sozial erwünschte" Antwort war, da die Diskussion um solche Kennzahlen in Theorie und Praxis anhält, wäre eine eigene Untersuchung wert.

46  Diese Einteilung geht auf *Simons, R.* (1999) zurück, der die zweite Kategorie „interaktive Kennzahlen" nennt; diese Wortwahl halte ich für misslungen.

47  So die Auswirkungen unterschiedlicher Bilanzierungsregeln, vgl. beispielsweise *Rieg, R.* (2007) am Beispiel des Economic Value Added nach HGB und IAS. Zur hier erwähnten Informationsverkürzung siehe *Weber, J.; Schäffer, U.* (2006), S. 194 f.

48  Vgl. *Weber, J. u. a.* (2005), S. 56 f.

49  Hierzu und nachfolgend vgl. *Küpper, H.-U.* (2005), S. 328 ff.

50  Quelle: *Küpper, H.-U.* (2005), S. 342.

51  Vgl. auch *Horváth, P.* (2001), S. 269 ff.

52  Kaizen = Kontinuierlicher Verbesserungsprozess.

53  Quelle: *PriceWaterhouseCoopers* (2006), S. 12; Bezeichnungen leicht geändert.

54  Vgl. nachfolgend *Weber, J.; Schäffer, U.* (2006), S. 240ff. m. w. N.

55  Sehr aufschlussreich ist hier *Levine, R.* (2004), Kapitel 1.

56  Zum Fall Leo Kirch beispielsweise
http://www.bpb.de/publikationen/AFJSOM,2,0,Der_Fernsehmarkt_in_Deutschland_Turbulen
zen_und_Umbr%FCche.html
Eine Ursache für die Entscheidungsbindung könnte das Vermeiden kognitiver Dissonanzen
sein, auf das *Leon Festinger* 1959 hinwies, vgl. *Levine, R.* (2004), S. 287 ff.

57  Die Regression zum Mittelwert und andere Irrtümer und Fehlschlüsse sind anschaulich
beschrieben bei *Randow, G.* (2004), *Beck-Bornholdt, H.-P.; Dubben, H.-H.* (2003) und *Dubben, H.-H.; Beck-Bornholdt, H.-P.* (2006).

58  Zitiert nach *Malik, F.* (2000), S.210.

59  Dazu anschaulich *Surowiecki, J.* (2005).

60  Zur wissenschaftlichen Auseinandersetzung siehe die Beiträge im Sammelband von *Gintis, H.*
u.a. (2004), einen populärwissenschaftlichen Zugang bietet *Norretranders, T.* (2004)

61  Vgl. *Leavitt, H.* (2003).

62  Vgl. *Cartesis* (2006), S. 10 f.

63  Vgl. *Deloitte & Touche* (2006), S. 6.

64  Ähnlich auch *Deloitte & Touche* (2006), S. 13; weiterführend zum Herdenverhalten und Imitation *Surowiecki, J.* (2005), Kapitel 3. Zur hier geäußerten Schlussfolgerung passt auch, dass in der Cartesis-Studie 60% der Befragten eine Verkürzung ihrer Planung auf bis zu vier Wochen wünschen, vgl. *Cartesis* (2006), S. 20 f.

65  Vgl. *Deloitte & Touche* (2006), S. 4.

66  Vgl. *Deloitte & Touche* (2006), S. 3, sowie *BearingPoint* (2006), S. 18.

67  Vgl. *BearingPoint* (2006), S. 14.

68  Quelle: *The Hackett Group* (2005), S. 18, Abbildungen zusammengefasst.

69  So *BearingPoint* (2006), S. 26, und *Deloitte & Touche* (2006), S. 10. Im Detail weichen die Prozentangaben voneinander ab, wie nicht anders zu erwarten.

70  Quelle: *PriceWaterhouseCoopers* (2006), S. 25.

71  Vgl. *Deloitte & Touche* (2006), S. 7., auch *Schäffer, U.; Weber, J.; Willauer, B.* (2001), allerdings mit einer gegenteiligen Schlussfolgerung: Unternehmen, die einen höheren Neuplanungsanteil aufweisen, verfügen über eine effektivere Planung. Das wurde allerdings durch Selbsteinschätzung der Teilnehmer gemessen, was ich für problematisch halte. Menschen schließen vom Ergebnis („effektivere Planung") auf ihre dazu führenden Handlungen. *Rosenzweig, P.* (2007) nennt dies den „Halo-Effekt".

72  Vgl. *Deloitte & Touche* (2006), S. 8, und *The Hackett Group* (2005), S. 19.

73  Vgl. *The Hackett Group* (2005), S. 8 f.

74  Quelle: *Mentzer, J.; Cox, J.* (1984). Weitere Daten zur Prognosegenauigkeit und Prognosen allgemein finden Sie unter http://www.forecastingprinciples.com

75  Vgl. *Cartesis* (2006), S. 20 f.

76  Vgl. *Armstrong, S.* (2006) sowie zu den Wettbewerben von Prognoseverfahren (M-competitions) *Makridakis, S.; Hibon, M.* (2000).

77  Hierzu, wenn auch teils polemisierend *Taleb, N. N.* (2007). Zu beachten ist auch, dass Extremereignisse häufiger vorkommen dürften, als von der üblichen statistischen Annahme der Normalverteilung her gesehen.

78  Quelle: *The Hackett Group* (2005), S. 13.

79  Quelle: *Deloitte* (2006), S. 12.

80  Aus EDV-technischer Sicht vgl. beispielsweise *Hars, A.* (1994) und *Nonnenmacher, M. G.* (1994).

81  Vgl. auch *Gleich, R., Voggenreiter, D.* (2003).

82  Zur Berechnung vgl. *Coenenberg, A. G.* (2003), S. 385 ff.

83  Vgl. hierzu und ausführlicher *Gleich, R.* (2001a), S. 7 ff.

84  Vgl. auch *Gleich, R.* (2001a), S. 231 sowie *Klingebiel, N.* (1999), S. 20 ff.

85  Vgl. ebd. S. 413. Die Untersuchung von *Gleich* stammt aus dem Jahr 2001. Neuere Untersuchungen zur Verbreitung und Umsetzung sind mir nicht bekannt.

86  Vgl. auch *Weber, J., Schäffer, U.* (2006), S. 186 ff.

87  Die Vorgehensweisen der präskriptiven Entscheidungstheorie ist beispielsweise beschrieben bei *Klein, R., Scholl, A.* (2004), S. 324ff. Die Autoren gehen m. E. von unrealistischen Annahmen aus. So verfügen die Entscheider regelmäßig über sicheres Wissen der Zukunft oder können Wahrscheinlichkeiten und Nutzenfunktionen benennen. Empirische Untersuchungen zeigen, dass Menschen eher unbewusste, schnelle und informationsmäßig sparsame Heuristiken verwenden. Zu Letzterem siehe als Einstieg *Gigerenzer, G.* (2007).

88  Vgl. zu einer wissenschaftlichen Diskussion *Pfaff, D., Kunz, A. H., Pfeiffer, T.* (2000) S. 52 f.

89  Quelle: *Horváth, P.* (1989). In späteren Auflagen ist das Beispiel nicht mehr enthalten.

90  Vgl. hierzu und nachfolgend *Brenner, M.; Leyk, J.* (2004), S. 102 ff.

91  Zur Umwelt- oder Lageprognose vgl. *Hahn, D.; Hungenberg, H.* (2001), S. 324 ff.

92  Vgl. zu einer theoretischen Erörterung der rollenden Planung *Klein, A.; Scholl, R.; Häselbarth, O.* (2004), insb. S. 160. Zu den weiteren Vorteilen auch *Brenner, M.; Leyk, J.* (2004), S. 111. Ein empirischer Nachweis für die behaupteten Vorteile fehlt m. E.

93  Zu diesen Argumenten *Rickards, R.* (2007), S. 153 f. m. w. N.

94  Vgl. nachfolgend *Armstrong, S.* (2006), insb. S. 595.

95  Vgl. die anschauliche Darstellung bei *Paulos, J. A.* (2004), S. 37 ff.

96  Eine formale Erläuterung findet sich bei *Hartung, J. Elpelt, B.; Klösener, K.-H.* (2005), S. 678ff.

97  Weiterführend *Hartung, J.; Elpelt, B.; Klösener, K.-H.* (2005), S. 672 f.

98  Vgl. zur Prozesskostenrechnung beispielsweise *Coenenberg, A.G.* (2003), S. 205 ff., auf dessen Ausführungen ich mich beziehe, soweit nicht anders vermerkt.

99  Ebd. S. 222ff. bezeichnet deshalb die Vorteile der Prozesskostenrechnung als Allokationseffekt (genauere Zurechnung der Gemeinkosten), Komplexitätseffekt (komplexere Steuerung und Handhabung von Produkten drückt sich in höheren Prozesskosten aus) und Degressionseffekt (da Prozesskosten in der Regel unabhängig von der Produktanzahl sind, führen höhere Herstellmengen zu geringeren Prozesskosten je Stück).

100 Vgl. ausführlicher *Gleich, R.* (2001b) sowie die einzelnen Beiträge in *Horváth & Partners* (2005).

101 Vgl. zur Idee *Mayer, R.; Essiger, K.* (2004), S. 150 ff. Sie ähnelt von der Grundidee der periodischen Planerfolgsrechnung von *Wartmann, Steinecke* und *Laßmann*, vgl. *Schweitzer, M.; Küpper, H.-U.* (2003), S. 358 ff.

102 Vgl. Brenner, M.; Mayer, R. (2005), S. 175 ff.

103 Vgl. *Rickards, R.* (2007), S. 131.

104 Vgl. auch ebd. S. 132f. Er sieht die Hauptgründe in der fehlenden Einigkeit, was genau prozessorientierte Planung sein soll und wie man sie implementiert, sowie in einer geringen Priorität, die dem Thema seitens der Unernehmensführung gegeben wird. Ich halte das Problem der Unsicherheit und der daraus resultierenden Schwierigkeit ein Prozessmodell aktuell und nützlich zu halten, für den tiefer liegenden und eigentlichen Grund.

105 Vgl. ebd. S. 126 ff., 155.

106 Vgl. hierzu und nachfolgend *Pfohl, H.-C.; Stölzle, W.* (1997), S. 101ff. Flexible Planung wird auch als bedingte Planung bezeichnet, da Bedingungen für die Anwendung bestimmter Pläne definiert werden.

107 Das funktioniert natürlich nur bei einer finanziellen Planung, nicht bei einer Maßnahmenplanung. Siehe zum Beispiel www.asrap.com

108 Vgl. hierzu und nachfolgend *Geschka, H.* (1999), *Müller-Stewens, G.; Lechner, C.* (2005), S. 209ff., sowie *Baum, H.-G.; Coenenberg, A.G.; Günther, T.* (2004), S. 332 ff. m. w. N.

109 In Anlehnung an *Eisenführ, F.; Weber, M.* (2003), S. 38.

110 Vgl. *Eisenführ, F.; Weber, M.* (2003), S. 38 ff. Eine Sonderform der Entscheidungsbäume finden Sie bei der Methode der Realoptionen. Auch hier werden verschiedenen Entscheidungsmöglichkeiten (Verschieben, Abbrechen, Erhöhen etc.) verschiedene Wahrscheinlichkeiten und Werte zugewiesen. In der Praxis fehlt es jedoch meist an den Voraussetzungen, um die Methode anzuwenden. Ausführlicher zur Kritik an der Entscheidungstheorie *Schneider, D.* (2001), wenn auch nicht immer leicht nachzuvollziehen, dafür lohnend.

111 Ich beziehe mich hier auf *Sunstein, C.* (2003), insb. Kapitel 6, der eine ganze Reihe entsprechender Studien zusammenfasst und eigene Schlussfolgerungen ableitet, denen ich mich anschließe. Leider findet sich in der betriebswirtschaftlichen Literatur meist ein zu einseitiges Hochloben der Gruppenarbeit oder das Gegenteil davon. Wie man an diesem Abschnitt sieht, muss man differenzieren.

112 Vgl. *Sunstein, C.* (2003), S. 14 f. m. w. N.

113 Vgl. ebd. S. 54ff. Konformität und Kaskadeneffekte sind allerdings nicht per se schlecht, nur dann, wenn sie zu falschen Entscheidungen führen oder extreme Meinungen bestärken. Da man allerdings vorab oft nicht weiß, ob eine Entscheidung richtig ist, kann es vernünftiger sein, Kaskaden eher zu vermeiden und divergente Meinungen zu integrieren.

114 Vgl. ebd. S. 111 ff., insb. 120-124.

115 Vgl. ebd. S. 135-137.

116 Quelle: *Jehn, K. A.; Northcraft, G. B.; Neale, M. A.* (1999), S. 744.

117 Vgl. *Sunstein, C.* (2003), S. 71.

118 Vgl. *Sunstein, C.* (2003), S. 186.

119 Vgl. nachfolgend *Oehler, K.* (2006a), S. 303 ff., sowie *Oehler, K.* (2006b).

120 Quelle: *Oehler, K.* (2006b), S. 347.

121 Vgl. *Bremer, G.* (2006) sowie www.vaillant.de [25.07.07].

122 Quelle: *Bremer, G.* (2006), S. 539 mit leichten Änderungen.

123 Ausführlicheres zur allgemeinen Vorgehensweise findet sich im Sammelband von *Horváth & Partners* (2005). In Bezug auf Controlling-Prozesse vgl. *Gleich, R.* (2001a), S. 142 ff.

124 Ich will nicht abstreiten, dass es auch Fälle geben mag, in denen man eben einfach „schneller, besser, billiger" werden will. Nur, wenn das übergeordnete Ziel fehlt, worin liegt dann der Sinn und Zweck? Die Grenze zum puren Aktionismus scheint dann nicht mehr weit.

125 Vgl. nachfolgend *Bergsmann, S., Grabek, A., Brenner, M.* (2005), S. 54 ff., sowie *Gleich, R.* (2001b).

126 Vgl. *Alpar, P. u.a.* (2005), S. 246 ff., sowie *Scheer, A.-W.* (2001), ders. (2002).

127 Vgl. *Bergsmann, S., Grabek, A., Brenner, M.* (2005), S. 64 f.

128 Vgl. zum CFO Panel *Binder, B.* (2005).

129 Vgl. das Beispiel bei *Gleich, R. (2001a)*, S. 156 f.

130 Vgl. ausführlicher *Ernst, E., Reinhard, H., Vater, H.* (2007).

131 Vgl. *Becker, R.; Schmidt, H.* (2005).

132 Quelle: ebd. S. 190. Mit freundlicher Genehmigung der Deutsche Post World Net AG.

133 Quelle: ebd. S. 109.

134 Vgl. *Hebeler, C.* (2005) sowie www.henkel.de [20.08.2007].

135 Quelle: *Hebeler, C.* (2005), S. 520.

136 Zur Prozess-Steuerung ausführlich *Brenner, M.; Mayer, R.* (2005).

137 Vgl. *Brickley, J.; Smith, C.; Zimmerman, J.* (2004), S. 280 ff., das Thema wurde bereits in Kapitel 1.3.2. aufgegriffen.

138 Zur Abweichungsanalyse ausführlich *Coenenberg, A. G.* (2003), Kapitel 14 und 15.

139 Vgl. auch *Küpper, H.-J.* (2005), S. 327ff., und *Picot, A.; Dietl, H.; Franck, E.* (2005), S. 294 ff.

140 Vgl. den Überblick bei *Picot, A.; Dietl, H.; Franck, E.* (1999), S. 90 ff.

141 Vgl. die Ergebnisse des CFO-Panels von *Horváth & Partners*, beschrieben in *Leyk, J.; Müller, M.; Grünebaum,. D.* (2006), S. 474 ff.

142 Beachten Sie auch, dass Pläne und Entscheidungen meist besser werden, wenn man es schafft, unterschiedliche Informationen verschiedenster Personen zu aggregieren, siehe Kapitel 4.4.2 und die dort angegebene Literatur.

143 I. A. a. *Greiner. O.* (2006), S. 310 f.

144 Vgl. *Pfläging, N.* (2007), S. 166 ff.

145 I. a. A. *Pfläging, N.* (2007), S. 176f., sowie *Sauter, R.; Sauerwein, E.* (2004), S. 177.

146 Vgl. *Sauter, R.; Sauerwein, E.* (2004), S. 178 m. w. N.

147 Vgl. ebd. 178ff. m. w. N.

148 Vgl. *Pfläging, N.* (2007), S. 187f. im Gegensatz zu *Sauter, R.; Sauerwein, E.* (2004), S. 184 ff. *Pfläging* verweist gerne auf Beispiele, doch damit ist nichts bewiesen. Aus Einzelfällen kann man nicht auf das Ganze schließen. Relevant wären Studien, die versuchten, die These zu widerlegen und dann scheiterten.

149 Vgl. auch *Rosenzweig, P.* (2007), S. 111 ff., der von einer Täuschung der absoluten Leistung (delusion of absolute performance) spricht.

150 Zur Zielbildung und Anforderungen an Ziele allgemein vgl. *Klein, R.; Scholl, A.* (2006), S. 116 ff., zur Herleitung der Ziele und Zielwerte mit Beispielen siehe *Greiner, O.* (2006), S. 307ff.

151 Vgl. *Kräkel, M.* (2004), S. 251 ff.

152 I. A. a. *Schentler, P.; Tschandl, M.* (2007), S. 73.

153 Vgl. *Rosenzweig, P.* (2007), S. 101 ff. „delusion of lasting success". Besonders kritisiert er die Betrachtung erfolgreicher Unternehmen im Nachhinein und Analyse der „Erfolgsfaktoren" der Erfolgreichen (ex post facto). Korrekt wäre es, vom Ausgangszeitpunkt die Gesamtheit aller Unternehmen über einen längeren Zeitraum zu betrachten. Erst dann ließen sich Erfolgsfaktoren erkennen im Vergleich der Gescheiterten und noch Existierenden. Letztere sind übrigens meist keine Hochtechnologie-Unternehmen, sondern stellen gewöhnlichere Produkte her: Lebensmittel, Haushaltswaren etc. Vielleicht wäre der eigentliche Lackmus-Test der Führung das Überleben und nicht, exorbitante Gewinne zu erwirtschaften. Denn nichts schwindet so schnell wieder wie Erfolg.

154 *Pfläging, N.* (2007), S. 172.

155 A.a.O. S. 172.

156 In derselben Ausgabe der Zeitschrift „Der Controlling-Berater" werden zwei gegensätzliche Vorschläge unterbreitet. *Pfläging, N.* (2007) plädiert für völlige Delegation und Freiräume der Mitarbeiter, die wenig kontrolliert werden sollen. *Oehler, K.* (2007) argumentiert für ein umfassendes Leistungs-Messsystem im Unternehmen (Corporate Performance Management), das alle Aktivitäten und Handlungen durch Kennzahlen überprüfbar macht. Der Leser bleibt etwas ratlos zurück, was er denn nun tun soll.

157 Vgl. *Hungenberg, H.; Wulf, T.* (2003), S. 255 ff., und *Gaiser, B.; Greiner, O.* (2003), S. 269 f. m. w. N.

158 Erstmalige Veröffentlichung des Konzepts war *Kaplan, R.; Norton, D.* (1992); einen Überblick zu empirischen Studien geben *Wunder, T.* (2004), S. 271 f. m .w. N. und *Bach, N.* (2006).

159 Quelle: *Horváth & Partner* (2001), S. 10.

160 Vgl. *Horváth, P.; Gaiser, B.* (2000).

161 Vgl. *Horváth/Gaiser* (2000) S. 21 ff., *Kaplan/Norton* (2001) sowie *Horváth & Partner* (2001).

162 Vgl. hierzu *Gaiser, B.; Wunder, T.* (2004) sowie *Kaplan, R.; Norton, D.* (2004).

163 Quelle: *Kaplan, R.; Norton, D.* (2004), S. 11; eigene Übersetzung.

164 Vgl. ausführlicher *Horváth & Partner* (2001) S. 275 ff.

165 Quelle: i. A. a. *Horváth & Partner* (2001), S. 279.

166 Vgl. nachfolgend *Davids, M.* (2000).

167 Vgl. GuV-Rechnung unter www.whirlpool.com (15.09.2005).

168 Quelle: *Davids, M.* (2000), S. 112

169 Vgl. die Metastudie von *Bach, N.* (2006).

170 Vgl. *Ahn, H.* (2005) m. w. N.

171 So wird vorgeschlagen, Instrumente der Marktforschung zu nutzen, um die richtigen Kennzahlen zu finden. Vgl. *Wiedmann, K.-P.; Boecker, C.; Buckler, F.* (2005).

172 Vgl. *Kaplan/Norton* (2001) S. 323.

173 Vgl. *Wunder, Th.* (2001).

174 Vgl. hierzu und nachfolgend *Rosenzweig, P.* (2007), S. 142ff., ähnlich Ormerod, P. (2005), S. 222 ff., insbesondere S. 239 f.

175 So hat sich der Umsatz der Markt- und Sozialforschungsinstitute zwischen 1986 und 2006 mehr als verfünffacht auf zwei Milliarden € jährlich. (http://www.adm-ev.de/ 30.11.2007).

176 Vgl. *Rosenzweig, P.* (2007), insbesondere S. 156 sowie S. 172 ff.

177 Vgl. *Kopp, J.; Leyk, J.* (2004), S. 4 ff.

178 Vgl. *Leyk, J.; Kopp. J.* (2004), S. 55f., 58 f.

179 Quelle: *Leyk, J.; Kopp. J.* (2004), S. 57.

180 Vgl. *Kopp, J.; Leyk, J.* (2004), S. 11 ff. Die Prinzipien sind so benannt, wie auch in der Originalquelle. Anmerkungen stammen vom Autor.

181 *Pfläging, N.* (2007), S. 186.

182 Vgl. *Nicolai, A.; Kieser, A.* (2002), S. 588, 592.

183 In diese Richtung argumentieren auch *Sauter, R.; Sauerwein, E.* (2004), insb. S. 181 f.

184 Vgl. *Gaiser, B.; Greiner, O.* (2004), hier S. 138 ff.

185 Quelle: *Leyk, J.; Kopp. J.* (2004), S. 53.

186 Vgl. *Leyk, J.; Kopp. J.* (2004), S. 50 ff. Die Autoren sprechen ausdrücklich von Entwicklungsstufen. So ganz klar ist jedoch nicht, worin der „Entwicklungsimpuls" hinter den verschiedenen Ausprägungen liegen soll. Ist es das Versagen der Pläne vor der Realität? Ist es der Wunsch nach stärkerer Anpassung an Änderungen? Ebenfalls im Dunkeln bleibt, wie diese unterschiedlichen Ausprägungen ermittelt wurden.

187 Vgl. zum Einführungsprozess *Leyk, J.; Kopp, J.; Grünebaum, D.* (2004).

188 Vgl. beispielsweise *Leyk, J.; Kopp. J.* (2004), S. 58 f.

189 So auch beim Vorschlag von *Tigges, B.; Schmid, M.* (2004), der ebenfalls von einem bestimmten Idealbild der Planung ausgeht. Das Vorgehensmodell der Autoren orientiert sich daran, dieses und genau dieses umzusetzen.

190 Vgl. auch *Weber, J.; Schäffer, U.* (2006), S. 275.

191 Quelle: *Gleich, R.; Greiner, O.; Hofmann, S.* (2006), S. 290. Ein ähnliches Vorgehen empfehlen *Weber* und *Linder*, mit dem Unterschied, dass zunächst ein Pilotversuch gestartet werden sollte, bevor die Veränderungen flächendeckend umgesetzt werden, vgl. *Weber, J.; Linder, S.* (2004), S. 678 ff.

192 Vgl. nachfolgend *Hope, J.; Fraser, R.* (2003), S. 4 ff.

193 Einen kurzen historischen Abriss liefert *Daum, J.* (2003), S. 77 ff.

194 Dieses sehr negative Bild gleicht m. E. eher einer Karikatur als der Realität, besonders negativ äußert sich hier *Pfläging, N.* (2006), S. 20ff. Ich greife den Punkt unter Kapitel 5.5 wieder auf.

195 Vgl. *Daum, J.* (2005), S. 45 ff.

196 Vgl. *Hope, J.; Fraser, R.* (2003), S. 13 f., übersetzt vom Verfasser.

197 Vgl. *Hope, J.; Fraser, R.* (2003), S. 29ff. Dort werden auch andere Beispielunternehmen dargestellt. Siehe auch *Pfläging, N.* (2006), S. 39 ff.

198 Quelle: *Daum, J.* (2005), S. 46. Die Darstellung findet sich so nicht in den Originalarbeiten von *Hope* und *Fraser*. Es mag sein, dass *Daum* dies so interpretiert hat.

199 Vgl. *Hope, J.; Fraser, R.* (2003), S. 71 ff. Zur Bewertung siehe auch *Schentler, P.; Tschandl, M.* (2007), S. 68 ff.

200 Quelle: *Hope, J.; Fraser, R.* (2003), S. 70, übersetzt vom Verfasser.

201 Ich vermute dass diese Begründung den Autoren Hope und Fraser nicht bekannt ist. Sie weisen jedenfalls an keiner Stelle darauf hin.

202 Vgl. *Gintis, H. u .a.* (2004), S. 8.

203 Vgl. ausführlicher zu Verbundeffekten, Anreizsystemen und Beyond Budgeting *Weber, J.; Linder, S.; Spillecke, D.* (2003).

204 Vgl. *Coenenberg, A. G.* (2003), S. 527ff. Es fragt sich auch, warum man Marktprozesse in ein Unternehmen bringen will. Es gibt ökonomische Gründe, warum Unternehmen als hierarchische Organisationsform existieren und nicht nur Märkte. Wären Marktpreise für alle Leistungen ansetzbar, dürfte es keine Unternehmen geben beziehungsweise hätte es sich nicht gelohnt, Unternehmen zu gründen. Zu Letzterem *Neus, W.* (2005), S. 411.

205 Vgl. *Hope, J.; Fraser, R.* (2003) S. 89 f. ohne nähere Begründung. In der Psychologie ist seit längerem bekannt, dass nicht nur das Denken das Verhalten bestimmt, sondern auch umgekehrt. Indem man also das Verhalten durch Regeln und Abläufe beeinflusst, wird auch das Denken der Mitarbeiter beeinflusst. Es ist also prinzipiell möglich, dass durch andere Führungsprozesse auch ein anderes Verhalten vorherrscht.

206 Vgl. dazu und nachfolgend *Hope, J.; Fraser, R.* (2003), S. 143 ff., sowie *Schentler, P.; Tschandl, M.* (2007), S. 74 ff.

207 So explizit *Hope, J.; Fraser, R.* (2003), S. 86 und S. 145.

208 Quelle: *Hope, J.; Fraser, R.* (2003), S. 144, übersetzt vom Verfasser.

209 Vgl. *Pfeffer, J.; Sutton, R.* (2006), 85 ff.

210 Wieso die Nachfrage Mitte 2006 so plötzlich und stark gestiegen ist, bleibt ebenfalls im Dunkeln. Auch die professionellen Ökonomen waren überrascht.

211 Dieses Experiment wurde tatsächlich durchgeführt.

212 Der sogenannte Halo-Effekt oder Fundamentale Attributionsfehler, siehe *Rosenzweig, P.* (2007).

213 Abgesehen natürlich von Feldern, auf denen eine natürliche Begabung erst Voraussetzung der Leistungsfähigkeit ist wie in der Musik oder im Sport. Aber selbst dort genügt Begabung allein nicht.

214 Vgl. beispielsweise *Hope, J.; Fraser, R.* (2003), S. 150.

215 Vgl. ausführlicher *Christensen, C.* (2006, 1997).

216 Vgl. *Fehr, E.; Fischbacher, U.* (2004), S. 166 f.

217 Was genau *Hope* und *Fraser* darunter verstehen und wie das funktionieren kann, bleibt leider recht unklar, vgl. *Hope, J.; Fraser, R.* (2003), S. 156 f.

218 So explizit *Pfläging, N.* (2006), S. 37.

219 Beide Zitate von *Pfläging, N.* (2006), S. 255. Wenn Sie das nicht so ganz verstehen, sind Sie vermutlich nicht der Einzige.

220 Vgl. *Pfläging, N.* (2006), S. 261 und *Daum, J.* (2005), S. 57. Damit immunisiert sich das Konzept m. E. gegen eine empirische Überprüfung.

221 Vgl. *Hope, J.; Fraser, R.* (2003), S. 36 f.

222 Ausführlich *Pfläging, N.* (2003), S. 482 ff.

223 *Hope, J.; Fraser, R.* (2003), S. 143, Hervorhebung im Original.

224 *Pfläging, N.* (2006), S. 15. Man sollte allerdings in der Betriebswirtschaftslehre wie in jeder ernst zu nehmenden Wissenschaft keine Glaubenssätze aufstellen. Die Gefahr, widerlegt zu werden, ist einfach zu groß.

225 Vgl. *Hope, J.; Fraser, R.* (1997).

226 Vgl. *The Hackett Group* (2003, 2005).

227 Vgl. *Suhr, K.-P.; Ewert, M.* (2005)

228 Vgl. *PriceWaterhouseCoopers* (2006).

229 So wären zu nennen: **Selektionsverzerrungen**, beispielsweise wenn man bei der Befragung aus Bequemlichkeit nur solche Unternehmen auswählt, die man persönlich kennt. Bei den Erhebungen an mehreren Stichtagen (so bei *The Hackett Group*) wissen wir nicht, ob überhaupt dieselben Unternehmen befragt wurden oder es nicht jeweils andere waren. Möglich ist auch ein **Survivorship bias,** das heißt, man befragt ex post nur noch existierende Unternehmen und nicht alle, die vor längerer Zeit mit Planung oder auch Beyond Budgeting begonnen haben und jetzt aus welchen Gründen auch immer insolvent sind.

230 Ich beziehe mich hier auf das Argument des **ökonomischen Darwinismus**: Konzepte, die in der Praxis seit längerem existieren, müssen irgendeinen Nutzen bieten, der mindestens ihre Kosten deckt. Ansonsten würde sie kein Unternehmen anwenden. Vgl. *Brickley, J.; Smith, C.; Zimmerman, J.* (2003), S. 7 f. Zwar können wir nicht sicher sein, dass diese Praktiken sinnvoll sind, sie schaden aber zumindest nicht so sehr, als dass Unternehmen insolvent werden.

231 Quelle: *The Hackett Group* (2005), S. 8, Darstellung verändert.

232 Vgl. *Hope, J.; Fraser, R.* (2003), S. XIV f.

233 In Anlehnung an *Rosenzweig, P.* (2007). In Bezug auf Beyond Budgeting siehe *Weber, J.; Linder, S.* (2005), S. 239, die ebenfalls methodische Schwächen und fehlende empirische Bestätigung monieren.

234 Das Induktionsproblem wurde schon oft in Philosophie und Wissenschaftstheorie thematisiert. Die Formulierung als Schwarzer Schwan-Problem stammt offenbar von *John StuartMill*. Vgl. *Taleb, N. N.* (2005), S. 117.

235 Vgl. *Hope, J.; Fraser, R.* (2003), S. XV.

236 Zum Problem der statistischen Signifikanz und deren Beziehung zur praktischen Bedeutsamkeit (Effektstärke) vgl. *Bortz, J., Döring, N.* (2006), Kapitel 9. Die umgangssprachliche Signifikanz meint meist die Effektstärke, die Bedeutsamkeit. Die statistische Signifikanz gibt die Irrtumswahrscheinlichkeit an. Beides hat nichts miteinander zu tun.

237 Vg. *Hope, J.; Fraser, R.* (2003), S. 5ff., und *Pfläging, N.* (2003), S. 33 ff.

238 *Pfläging, N.* (2006), S. 254, siehe auch weiter ebd. S. 28 ff.

239 Vergnüglich zu lesen, jedoch auf der aktuellen Forschung fußend *Conniff, R.* (2006).

240 Vgl. ausführlicher *Buchner, H.* (2002), S. 93 ff. Neben diesen Kontextfaktoren kann auch die jeweilige Landeskultur als weiterer Einflussfaktor gesehen werden. Nicht zufällig scheinen viele der Beispielunternehmen aus Skandinavien zu stammen. Die dortige Kultur erleichtert sicher den Umgang mit Unsicherheit, eine eher feminine Einstellung, die Gruppenziele fördert und Ähnliches. Vgl. dazu *Lingnau, V.; Mayer, A.; Schönbohm, A.* (2004).

241 Vgl. *Weber, J.; Linder, S.* (2005), S. 242 ff., anders dagegen *Buchner, H.* (2002), S. 102.

242 Quelle: *Weber, J.; Linder, S.* (2005), S. 258.

243 Vgl. *Zyder, M.* (2007), S. 172 ff., insb. S. 176.

244 Vgl. *Schäffer, U.; Zyder, M.* (2003), S. 102 ff. sowie eigene Ergänzungen. Die Übertragung auf Beyond Budgeting bezieht sich auf die bei *Schäffer* und *Zyder* zitierten Quellen.

245 Ausdruck dieser Tendenz ist zum Beispiel die Überschrift des Sonderhefts 2/2006 der Zeitschrift ZfCM „Industrialisierung des Controllings".

246 Zum mechanistischen Bild der Ökonomie und m. E. auch einer Großzahl betriebswirtschaftlicher Arbeiten siehe *Bendixen, P.* (2003), 65ff., *Brodbeck, K.-H.* (2000), S. 22ff. sowie *Beinhocker, E.* (2006), S. 45 ff. Dieser Sicht wird auch nicht dadurch abgeholfen, dass man von begrenzt rationalen Individuen ausgeht. Auch dann noch suchen die meisten Wissenschaftler nach Gleichgewichten und Optima. Siehe dazu den Sammelband *Gigerenzer, G.; Selten, R.* (2002). Ein offenes und komplexes System wie die Ökonomie und Unternehmen insgesamt entwickelt sich über die Zeit und kennt keine Gleichgewichte (die in der Physik eigentlich Stillstand bedeuten) oder Optima.

247 Auch diese Idee ist der Physik entlehnt. Die Bewegungen von Molekülen in Gasen sind zufällig. Ihre Bewegung auf der Mikroebene erzeugt die Eigenschaft der Temperatur auf der Makroebene. Je heftiger die Stöße der Moleküle, desto höher die Temperatur. Analog sollen die Reaktionen und Handlungen der Unternehmen und Konsumenten zwar auf der Mikroebene „zufällig" oder „irrational" sein können, auf der Makroebene oder im Durchschnitt (!) aber zu einer rationalen Tendenz zum Gleichgewicht bzw. Optimum führen. Siehe *Brodbeck, K.-H.* (2000), S. 64 ff.

248 Vgl. den Überblick bei *Beinhocker, E.* (2006) ab Kapitel 4, insb. S. 97.

249 Vgl. *Beinhocker, E.* (2006), S. 326f. Er spricht von „frozen accidents".

250 Ich beziehe mich hier auf die nicht unumstrittene aber m. W. n. bisher nicht widerlegte These von *Sinn, H.-W.* (2005).

251 In Anlehnung an *Beinhocker, E.* (2006), S. 323 ff.

252 Die hier angegebenen Hinweise erheben keinen Anspruch auf Vollständigkeit. Verlag und Autor haften nicht für Inhalte auf den erwähnten oder anderen Internetseiten.

# Literaturverzeichnis

AHN, H. (2005): Möglichkeiten und Grenzen der Balanced Scorecard. In: WiSt (34. Jg.) H. 3/2005, S. 122 – 127.

ALPAR, P. u. a. (2005): Anwendungsorientierte Wirtschaftsinformatik. 4. Aufl., Wiesbaden 2005.

ARMSTRONG, S. (2006): Findings from evidence-based forecasting: Methods for reducing forecasting errors. In: International Journal of Forecasting, (22. Jg.) S. 583 – 598.

BACH, N. (2006): Analyse der empirischen Balanced Scorecard Forschung im deutschsprachigen Raum. In: ZfCM (50. Jg.) H. 5/2006, S. 298 – 304.

BAUM, H.-G.; COENENBERG, A. G.; GÜNTHER, T. (2004): Strategisches Controlling. 3. Aufl., Stuttgart 2004.

BEARINGPOINT (HRSG.) (2006): Effiziente Unternehmensplanung als Grundlage der Unternehmenssteuerung. Frankfurt am Main 2006. (http://www.bearingpoint.de)

BECK-BORNHOLDT, H.-P./DUBBEN, H.-H. (2003): Der Schein der Weisen. Irrtümer und Fehlurteile im täglichen Denken. Reinbek bei Hamburg 2003.

BECKER, R./SCHMIDT, H. (2005): Teamorientierte Geschäftsprozessoptimierung. In: HORVÁTH & PARTNERS (2005), S. 107 – 122.

BEINHOCKER, E. (2006): The Origin of Wealth. Boston, Mass. 2006

BENDIXEN, P. (2003): Das verengte Weltbild der Ökonomie. Darmstadt 2003.

BERGSMANN, S./GRABEK, A./BRENNER, M. (2005): Transparenz durch Prozessanalyse und -modellierung. In: HORVÁTH & PARTNERS (2005), S. 47 – 68.

BINDER, B. (2005): Benchmarking in Controlling und Finance – Vom Controlling- zum CFO Panel. In: Controller Magazin (30. Jg.) H. 4/2005, S. 373 – 376.

BORTZ, J./DÖRING, N. (2006): Forschungsmethoden und Evaluation. 4. Aufl., Heidelberg 2006.

BREMER, G. (2006): Berichtswesen: Konzeption eines IT-gestützten Planungs- und Berichtswesens bei der Vaillant-Group. In: Der Controlling-Berater (o. Jg.) H. 4/2006, 22.06.2006, S. 521 – 550.

BRENNER, M./LEYK, J. (2004): Rollierender Forecast und rollierende Planung. In: HORVÁTH & PARTNERS (2004), S. 101 – 121.

BRENNER, M./MAYER, R. (2005): Aufbau eines permanenten Prozesscontrolling. In: Horváth & Partners (2005), S. 159 – 179.

BRICKLEY, J./SMITH, C./ZIMMERMAN, J. (2004): Managerial Economics and Organizational Architecture. Boston u. a. 2004.

BRODBECK, K.-H. (2000): Die Fragwürdigen Grundlagen der Ökonomie. 2. Aufl., Darmstadt 2000.

BUCHNER, H. (2002): Planung im turbulenten Umfeld. München 2002.

CARTESIS (Hrsg.) (2006): Globale Planungsstudie. Operatives Geschäft und Strategie – wer gewinnt? Paris 2006. (http://www.cartesis.de)

CHRISTENSEN, C. (2006, 1997): The Innovator's Dilemma. New York. Erste Ausgabe Boston, Mass., 1997.

COENENBERG, A. G. (2000): Jahresabschluß und Jahresabschlußanalyse. 17. Aufl., Landsberg/Lech 2000.

COENENBERG, A. G. (2003): Kostenrechnung und Kostenanalyse. 5. Aufl., Stuttgart 2003.

CONNIFF, R. (2006): Was für ein Affentheater. Frankfurt a. M./New York 2006.

DAMBROWSKI, J. (1986): Budgetierungssysteme in der deutschen Unternehmenspraxis. Darmstadt 1986.

DAUM, J. (2003): Von der Budgetsteuerung zum Beyond Budgeting: Motivation, Fallbeispiele der Pioniere und Zukunftsperspektiven. In: ZfCM Sonderheft 1/2003, S. 77 – 90.

DAUM, J. (2005): Beyond Budgeting: Ein Management- und Controlling-Modell für nachhaltigen Unternehmenserfolg. In: DAUM, J. (Hrsg.): Beyond Budgeting. München 2005, S. 31 – 61.

DAVIDS, M. (2000): Balanced Scorecard – Übersetzung von Unternehmensstrategien in individuelle Aktionen bei Whirlpool. In: HORVÁTH, P. (Hrsg.): Strategische Steuerung. Stuttgart 2000, S. 107 – 118.

DELOITTE & TOUCHE GmbH Wirtschaftsprüfungsgesellschaft (Hrsg.) (2006): Blick nach vorn. Eine Standortbestimmung zur Planung deutscher Unternehmen. Berlin u. a. 2006.

DILLERUP, R./STOI, R. (2006): Unternehmensführung. München 2006.

DUBBEN, H.-H./BECK-BORNHOLDT, H.-P. (2006): Der Hund, der Eier legt. Erkennen von Fehlinformationen durch Querdenken. Reinbek bei Hamburg 2006.

EISENFÜHR, F./WEBER, M. (2003): Rationales Entscheiden. 4. Aufl., Berlin u. a. 2003.

ERNST, E./REINHARD, H./VATER, H. (2007): Post-IMPACT – Ergebnisse eines Programms zur Weiterentwicklung des Controllings. In: ZfCM (51. Jg.) H. 3/2007, S. 189 – 193.

ERNST, C./RIEGLER, C./SCHENK, G. (2007): Übungen zur Internen Unternehmensrechnung. 3. Aufl., Berlin u. a. 2007.

EWERT, R./WAGENHOFER, A. (2005): Interne Unternehmensrechnung. 6. Aufl., Berlin u. a. 2005.

FEHR, E./FISCHBACHER, U. (2004): The Economics of Strong Reciprocity. In: GINTIS, H. u.a. (2004), S. 151 – 191.

FRANZ, K.-P./WINKLER, C. (2006): Unternehmenssteuerung und IFRS. München 2006.

GAISER, B./GREINER, O. (2003): Strategiegerechte Planung mit Hilfe der Balanced Scorecard. In: HORVÁTH, P.; GLEICH, R. (2003), S. 269 – 295.

GAISER, B./GREINER, O. (2004): Anbindung der operativen Planung an die strategische Planung mit der Balanced Scorecard. In: HORVÁTH & PARTNERS (2004), S. 123 – 146.

GAISER, B./WUNDER, T. (2004): Strategy Maps und Strategieprozess. Einsatzmöglichkeiten, Nutzen, Erfahrungen. In: Controlling (16. Jg.) H. 8-9/2004, S. 457 – 463.

GESCHKA, H. (1999): Die Szenariotechnik in der strategischen Unternehmensplanung. In: HAHN, D.; TAYLOR, B. (Hrsg.): Strategische Unternehmensplanung, strategische Unternehmensführung. 8. Aufl., Heidelberg 1999.

GIGERENZER, G. (2007): Bauchentscheidungen. Die Intelligenz des Unbewussten und die Macht der Intuition. München 2007.

GIGERENZER, G./SELTEN, R. (Hrsg.) (2002): Bounded Rationality. The Adaptive Toolbox. Cambrigde, Mass., 2002.

GINTIS, H. u. a. (Hrsg.) (2004): Moral Sentiments and Material Interests. The Foundations of Cooperation in Economic Life. Cambrigde, London 2004.

GLEICH, R. (2001a): Das System des Performance Measurement. München 2001.

GLEICH, R. (2001b): Prozessorientiertes Performance Measurement. In: Der Controlling-Berater (o. Jg.) H. 2/2001, 19. März 2001, S. 25 – 46.

GLEICH, R.; GREINER, O./HOFMANN, S. (2006): Better, Advanced und Beyond Budgeting: Von der Evolution zur Revolution. In: Der Controlling-Berater (o. Jg.) H. 3/2006, 03.05.2006, S. 285 – 300.

GLEICH, R./VOGGENREITER, D. (2003): Neugestaltung der Planung und Budgetierung in der produzierenden Industrie. In: ZfCM Sonderheft 1/2003, S. 65 – 70.

GREINER, O. (2006): Beyond Budgeting: Implementierungsansätze für Praktiker. In: Der Controlling-Berater (o. Jg.) H. 3/2006, 03.05.2006, S. 301 – 322.

HAHN. D./HUNGENBERG, H. (2001): PuK, Planung und Kontrolle, Planungs- und Kontrollsysteme, Planungs- und Kontrollrechnung, Wertorientierte Controllingkonzepte. 6. Aufl., Wiesbaden 2001.

HARS, A. (1994): Referenzdatenmodelle. Grundlagen effizienter Datenmodellierung. Wiesbaden 1994. Zugl.: Saarbrücken, Univ., Diss., 1993.

HARTUNG, J./ELPELT, B./KLÖSENER, K.-H. (2005): Statistik. Lehr- und Handbuch der angewandten Statistik. 14. Aufl., München, Wien 2005.

HEBELER, C. (2005): Neugestaltung der Unternehmensplanung bei Henkel. In: Controlling (17. Jg.) H. 8-9/2005, S. 515 – 522.

HERING, E./RIEG, R.; (2002): Prozessorientiertes Controlling-Management. 2. Aufl., München, Wien 2002.

HOPE, J./FRASER, R. (1997): Beyond Budgeting. Breaking Through the Barrier to "The Third Wave". In: Management Accounting (75. Jg.) H. 11/1997, S. 20 – 23.

HOPE, J./FRASER, R. (2003): Beyond Budgeting. How Managers can break free from the Annual Performance Trap. Boston, Mass., 2003.

HORVÁTH, P. (1989): Controlling. 3. Aufl., München 1989.

HORVÁTH, P. (2006): Controlling. 10. Aufl., München 2006.

HORVÁTH, P./GAISER, B. (2000): Implementierungserfahrungen mit der Balanced Scorecard im deutschen Sprachraum – Ansätze zur konzeptionellen Weiterentwicklung. In: BFuP (52. Jg.) H. 1/2000, S. 17 – 35.

HORVÁTH, P./GLEICH, R. (Hrsg.) (2003): Neugestaltung der Unternehmensplanung. Stuttgart 2003.

HORVÁTH & PARTNER (2001) (Hrsg.): Balanced Scorecard umsetzen. 2. Aufl., Stuttgart 2001.

HORVÁTH & PARTNERS (2004) (Hrsg.): Beyond Budgeting umsetzen. Erfolgreich planen mit Advanced Budgeting. Stuttgart 2004.

HORVÁTH & PARTNERS (2005) (Hrsg.): Prozessmanagement umsetzen. Durch nachhaltige Prozessperformance Umsatz steigern und Kosten senken. Stuttgart 2005.

HUNGENBERG, H./WULF, T. (2003): Gestaltung der Schnittstelle zwischen strategischer und operativer Planung. In: HORVÁTH, P./GLEICH, R. (2003), S. 249 – 267.

INTERNATIONAL GROUP OF CONTROLLING (Hrsg.) (2006): Controller und IFRS. Konsequenzen für die Controlleraufgaben durch die Finanzberichterstattung nach IFRS. Schriftleitung B. Weißenberger. Freiburg i. Br. 2006.

JEHN, K. A./NORTHCRAFT, G. B./NEALE, M.A. (1999): Why Differences Make a Difference: A Field Study of Diversity, Conflict, and Performance in Workgroups. In: Administrative Science Quarterly (44. Jg.), 1999, S. 741 – 763.

KAPLAN, R./NORTON, D. (1992): The Balanced Scorecard – Measures that Drive Performance. In: Harvard Business Review (70. Jg.) H. 1/1992, S. 71 – 79.

KAPLAN, R. S./NORTON, D. P. (2001): Die strategiefokussierte Organisation. Führen mit der Balanced Scorecard. Stuttgart 2001.

KAPLAN, R./NORTON, D. (2004): Strategy Maps. Boston, Mass. 2004.

KLEIN, R./SCHOLL, A. (2004): Planung und Entscheidung. München 2004.

KLEIN, R./SCHOLL, A./HÄSELBARTH, L. (2004): Planung im Spannungsfeld zwischen Informationsdynamik und zeitlichen Interdependenzen. In: WiSt (33. Jg.) H. 3/2004, S. 153 – 160.

KLEIN, S. (2006): Alles Zufall. 2. Aufl., Reinbek bei Hamburg 2006.

KLINGEBIEL, N. (1999): Performance Measurement. Grundlagen, Ansätze, Fallstudien. Wiesbaden 1999.

KOPP, J./LEYK, J. (2004): Effizient und effektiv planen und budgetieren. In: HORVÁTH & PARTNERS (2004), S. 1 – 13.

KRÄKEL, M. (2004): Organisation und Management. 2. Aufl., Tübingen 2004.

KÜPPER, H.-U. (2005): Controlling. Konzeption, Aufgaben, Instrumente. 4. Aufl., Stuttgart 2005.

LEAVITT, H. J. (2003): Why Hierarchies Thrive. In: Harvard Business Manager, H. 3/2003, S. 96 – 112.

LEVINE, R. (2004): Die große Verführung. Psychologie der Manipulation. 2. Aufl., München 2004.

LEYK, J./KOPP, J. (2004): Innovative Planungs- und Budgetierungskonzepte und ihre Bewertung. In: HORVÁTH & PARTNERS (2004), S. 15 – 59.

LEYK, J./KOPP, J./GRÜNEBAUM, D. (2004): Die Horváth & Partners-Methode zum Redesign von Planungssystemen. In: HORVÁTH & PARTNERS (2004), S. 61 – 71.

LEYK, J./MÜLLER, M./GRÜNEBAUM, D. (2006): Der Ansatz des Advanced Budgeting in der Unternehmenspraxis: Empirische Ergebnisse des Horváth & Partners CFO-Panel zum aktuellen Anwendungsstand. In: Der Controller Berater (o. Jg.) H. 4/2006, 22.06.2006, S. 469 – 479.

LINGNAU, V./MAYER, A.; SCHÖNBOHM, A. (2004): Beyond Budgeting – Notwendige Kulturrevolution für Unternehmen und Controller? Beiträge zur Controlling-Forschung Nr. 6. Lehrstuhl für Unternehmensrechnung und Controlling. Technische Universität Kaiserslautern (www.controlling-forschung.de).

MAKRIDAKIS, S./HEBON, M. (2000): The M3-Competition: results, conclusions and implications. In: International Journal of Forecasting (16. Jg.) S. 451 – 476.

MALIK, F. (2000): Führen, Leisten, Leben. Stuttgart, München 2000.

MAYER, R./ESSIGER, K. (2004): Outputorientierte Planung. In: HORVÁTH & PARTNERS (2004), S. 147 – 172.

MELLEROWICZ, K. (1976): Unternehmenspolitik. Band 1: Grundlagen. 3. Aufl., Freiburg im Breisgau 1976.

MENTZER, J. T./COX, J. E. (1984): Familiarity, Application, and Performance of Sales Forecasting Techniques. In: Journal of Forecasting (3. Jg.) H. 1/1984, S. 27 – 36.

MINTZBERG. H. u. a. (2003): The strategy process: concepts, contexts, cases. 4. Aufl., Upper Saddle River, New Jersey, USA, 2003.

MÜLLER-STEWENS, G./LECHNER, C. (2005): Strategisches Management. Wie strategische Initiativen zum Wandel führen. 3. Aufl., Stuttgart 2005.

NEUS, W. (2005): Einführung in die Betriebswirtschaftslehre. 4. Aufl., Tübingen 2005.

NICOLAI, A./KIESER, A. (2002): Trotz eklatanter Erfolglosigkeit: die Erfolgsfaktorenforschung weiter auf Erfolgskurs. In: DBW (62. Jg.) H. 6/2002, S. 579 – 596.

NONNENMACHER, M. G. (1994): Informationsmodellierung unter Nutzung von Referenzmodellen. Die Nutzung von Referenzmodellen zur Implementierung industriebetrieblicher Informationssysteme. Frankfurt a. M. u. a. 1994. Zugl.: Hohenheim, Univ., Diss. 1993.

NORRETRANDERS, T. (2004): Homo generosus. Warum wir Schönes lieben und Gutes tun. Reinbek bei Hamburg 2004.

OEHLER, K. (2006a): Corporate Performance Management mit Business Intelligence Werkzeugen. München, Wien 2006.

OEHLER, K. (2006b): Planung und Budgetierung: (Neue) Anforderungen an die Softwareunterstützung. In: Der Controlling-Berater (o. Jg.) H. 3/2006, 3. Mai 2006, S. 341 – 368.

OEHLER, K. (2007): Corporate Performance Management: Geschäftsprozesse im Fokus. In: Der Controlling-Berater (o. Jg.) H. 2/2007, 28.03.2007, S. 193 – 224.

ORMEROD, P. (2005): Why Most Things Fail. London 2005.

PAULOS, J. A. (2004): Das einzig Gewisse ist das Ungewisse. Darmstadt 2004.

PFAFF, D./KUNZ, A.H./PFEIFFER, T. (2000): Balanced Scorecard als Bemessungsgrundlage finanzieller Anreizsysteme. Eine theoretische und empiriegeleitete Analyse resultierender Grundprobleme. In: BFuP (52. Jg.) H. 1/2000, S. 36 – 55.

PFEFFER, J./SUTTON, R. (2006): Hard Facts, Dangerous Half-Truths & Total Nonsens. Boston, Mass., 2006.

PFLÄGING, N. (2003): Beyond Budgeting, Better Budgeting. Freiburg i. Br. u. a. 2003.

PFLÄGING, N. (2006): Führen mit flexiblen Zielen. Frankfurt a. M., New York 2006.

PFLÄGING, N. (2007): Unternehmensführung: Relative Ziele und Leistungsverträge als innovative Controlling-Technologie. In: Der Controlling-Berater (o. Jg.) H. 2/2007, 28.03.2007, S. 163 – 192.

PICOT, A./DIETL, H./FRANCK, E. (2005): Organisation. Eine ökonomische Perspektive. 4. Aufl., Stuttgart 2005.

PRICEWATERHOUSECOOPERS (Hrsg.) (2006): SMART Planning & Forecasting – Performance Improvement für die Unternehmenssteuerung. Frankfurt a. M. 2006 (http://www.pwc.com/de)

RANDOW, G. V. (2004): Das Ziegenproblem. Denken in Wahrscheinlichkeiten. Reinbek bei Hamburg 2004.

RICKARDS, R. (2007): Budgetplanung kompakt. München, Wien 2007.

RIEG, R. (2007): Änderung von Controlling-Kennzahlen durch IAS/IFRS. In: BC (31. Jg.) H. 1/2007, S. 10 – 14.

RIEG, R./RIEG, S. (2007): Internationales Controlling. München 2008, erscheint.

ROSENZWEIG, P. (2007): The Halo Effect. New York u. a. 2007.

SAUTER, R./SAUERWEIN, E. (2004): Benchmarking, relative Ziele und Vergütungssysteme im Rahmen des Advanced Budgetings. In: HORVÁTH & PARTNERS (2004), S. 173 – 193.

SCHÄFFER, U./WEBER, J./WILLAUER, B. (2001): Zur Optimierung von Intensität und Neuplanungsanteil der operativen Planung. In: Controlling (13. Jg.) H. 6/2001, S. 283 – 288.

SCHÄFFER, U./ZYDER, M. (2003): Beyond Budgeting – ein neuer Management Hype? In: ZfCM Sonderheft 1/2003, S. 101 – 110.

SCHEER, A.-W. (2001): ARIS – Modellierungs-Methoden, Metamodelle, Anwendungen 4. Aufl., Berlin u.a. 2001.

SCHEER, A.-W. (2002): ARIS – Vom Geschäftsprozess zum Anwendungssystem. 4. Aufl., Berlin u. a. 2002.

SCHENTLER, P./TSCHANDL, M. (2007): Beyond Budgeting – eine kritische Würdigung. In: Der Controlling-Berater (o. Jg.) H. 1/2007, 26.01.2007, S. 59 – 80.

SCHNEIDER, D. (2001): Betriebswirtschaftslehre. Band 4: Geschichte und Methoden der Wirtschaftswissenschaften. München, Wien 2001.

SCHWEITZER, M./KÜPPER, H.-U. (2003) Systeme der Kosten- und Erlösrechnung. 8. Aufl., München 2003.

SIMONS, R. (1999): Performance Measurement and Control Systems for Implementing Strategy. Upper Saddle River 1999.

SINN, H.-W. (2005): Die Basarökonomie. 2. Aufl., Berlin 2005.

SUHR, K.-P./EWERT, M. (2005): Beyond Budgeting in der Praxis – eine Unternehmensumfrage. In: Controller Magazin (30. Jg.) H. 2/2005, S. 168 – 170.

SUNSTEIN, C. (2003): Why Societies need Dissent. Cambridge, Mass., London, England, 2003.

SUROWIECKI, J. (2005): The Wisdom of Crowds. New York 2005.

TALEB, N. N. (2005). Fooled by Randomness. 2. Aufl., New York 2005.

TALEB, N. N. (2007): The Black Swan. The Impact of the Highly Improbable. New York 2007.

THE HACKETT GROUP (Hrsg.) (2003): Quo Vadis, Budgeting? Eschborn 2003.

THE HACKETT GROUP (Hrsg.) (2005). Planning on the Move! Eschborn 2003.

TIGGES, B./SCHMID, M. (2004): Unternehmensplanung. Erfolgstreiber oder Bremsklotz? In: Controlling (16. Jg.) H. 12/2004, S. 689 – 694.

TÖPFER, A. (1976): Planungs- und Kontrollsysteme industrieller Unternehmungen. Eine theoretische, technologische und empirische Analyse. Berlin, München 1976.

TROßMANN, E. (1992): Prinzipien der rollenden Planung. In: WiSt (21. Jg.), H. 3/1992, S. 123 – 130.

WEBER, J. (Hrsg) (2005): Das Advanced-Controlling-Handbuch. Weinheim 2005.

WEBER, J./LINDER, S. (2004): Better Budgeting und Beyond Budgeting erfolgreich implementieren. In: Controlling (16. Jg.) H. 12/2004, S. 677 – 681.

WEBER, J./LINDER, S. (2005): Budgeting, Better Budgeting oder Beyond Budgeting. In: WEBER, J. (2005), S. 217 – 270.

WEBER, J./LINDER, S./SPILLECKE, D. (2003): Beyond Budgeting bei Verbundeffekten? In: ZfCM Sonderheft 1/2003, S. 111 – 120.

WEBER, J./SANDT, J. (2005): 10 Erfolg durch Kennzahlen. In: WEBER, J. (2005), S. 379 – 404.

WEBER, J./SCHÄFFER, U. (2006): Einführung in das Controlling. 11. Aufl., Stuttgart 2006.

WEBER, J. u. a. (2005): 2 Verhaltensorientiertes Controlling. In: WEBER, J. (2005), S. 49 – 95.

WIEDMANN, K.-P./BOECKER, C./BUCKLER, F. (2005): Die Balanced Scorecard mit dem richtigen Inhalt füllen. Das Beispiel marktforschungsbasierter Kennzahlen. In: Controlling (17. Jg.) H. 6/2005, S. 335 – 341.

WILD, J. (1982): Grundlagen der Unternehmensplanung. Opladen 1982.

WUNDER, TH. (2001): Acht typische Missverständnisse zum Einsatz der „Balanced Scorecard" in der Unternehmenspraxis. In: BC (25. Jg.) H. 12/2001, S. 267 – 269.

WUNDER, T. (2004): Transnationale Strategien. Anwendungsorientierte Realisierung mit Balanced Scorecards. Wiesbaden 2004. Zugl.: Diss., European Business School, 2003.

ZIMMERMAN, J.L. (2003): Accounting for Decision Making and Control. 4. Aufl., Boston u. a. 2003.

ZYDER, M. (2007): Die Gestaltung der Budgetierung. Wiesbaden 2007.

# Abbildungsverzeichnis

# Tabellenverzeichnis

# Zum Autor

*Robert Rieg* beschäftigt sich in Praxis und Theorie seit vielen Jahren mit Planung und Budgetierung. Er lehrt seit 1999 Controlling und Interne Unternehmensrechnung an der Hochschule Aalen – Technik und Wirtschaft. Davor war er mehrere Jahre als Unternehmensberater und IT-Controller tätig. Er beschäftigte sich in dieser Zeit mit der Einführung von Controlling-Systemen, der Prozessoptimierung und der Verbesserung des IT-Controllings in zahlreichen Unternehmen. Seine Erfahrungen, Diskussionen mit Führungskräften und theoretischen Reflexionen mündeten in eine Reihe von Veröffentlichungen, Vorträgen und Seminaren.

# Stichwortverzeichnis

2829642R00131

Printed in Germany
by Amazon Distribution
GmbH, Leipzig